高等院校师范类专业系列教材

数学课程标准研修与教材分析

杨光伟 编著

裴娣娜 主审

ZHEJIANG UNIVERSITY PRESS
浙江大学出版社

内容简介

本书由两大板块构成:第一块是对数学课程标准的研修,包括课程标准的时代背景,对课程标准一些内容的阐释,课程标准与数学教学,课程标准的专题探讨;第二块是对课程标准实验教科书的有关分析,包括中学数学教材研究,不同版本高中数学实验教科书的介绍,人教 A 版高中数学实验教科书以及浙教版初中数学实验教科书的部分内容解析。

本书可以作为高等师范院校数学与应用数学专业本科生教材,也可供在职中学教师和其他数学教学研究人员参考。

图书在版编目(CIP)数据

数学课程标准研修与教材分析 / 杨光伟编著. —杭州:浙江大学出版社,2011.5(2019.2 重印)
 ISBN 978-7-308-08091-0

Ⅰ. ①数… Ⅱ. ①杨… Ⅲ. ①数学课－课程标准－研究－中学 Ⅳ. ①G633.602

中国版本图书馆 CIP 数据核字(2010)第 216076 号

数学课程标准研修与教材分析

杨光伟 编著

裴娣娜 主审

责任编辑	黄兆宁
封面设计	联合视务
出版发行	浙江大学出版社
	(杭州市天目山路 148 号　邮政编码 310007)
	(网址:http://www.zjupress.com)
排　版	杭州中大图文设计有限公司
印　刷	杭州丰源印刷有限公司
开　本	710mm×1000mm　1/16
印　张	18.25
字　数	337 千
版 印 次	2011 年 5 月第 1 版　2019 年 2 月第 4 次印刷
书　号	ISBN 978-7-308-08091-0
定　价	35.00 元

前　言

　　《全日制义务教育数学课程标准(实验稿)》、《普通高中数学课程标准(实验)》的相继颁布,以及相应的课程标准实验教科书的出版发行与使用,掀开了我国基础教育数学课程改革在新世纪的宏伟篇章。目前,新课程正在实践中不断深化,并昭示出强大的生命力。

　　新课程实验不仅给基础教育带来了令人鼓舞的变化,而且也对高等师范教育产生了积极的影响。作为培养未来教师的摇篮,许多高等师范院校在近几年来也不断地修订培养方案,调整课程设置,改进教学方式,大力推进教师教育改革,以提高人才培养的质量,使得师范专业的毕业生能够适应基础教育课程改革的需要,适应师范生专业发展的需要。

　　就是在这样的一个背景下,浙江师范大学与时俱进地开设了"课程标准与教材分析"这样一门课程,并作为师范专业本科学生的专业必修课,从 2008 年开始实行。该课程的目标在于:通过该课程的学习,师范生能够领会并掌握课程标准的基本理念,并在标准理念的指导下逐步形成分析教材、处理教材以及驾驭教材的能力,从而为教育实习、教学实践,以及今后走向教学岗位胜任新时期的教育教学工作奠定必要的基础。

　　应该承认,设立这样的一门课程是高等师范院校课程体系建设中出现的新事物,编写相应的教材也是一个崭新的、艰苦的工作。《数学课程标准研修与教材分析》既不是系统地研修课程标准,也不是系统地分析课程标准实验教科书。这有两个方面的原因。其一,数学课程标准研制组对"两套标准"进行了系统的解读(即《全日制义务教育数学课程标准(实验稿)解读》、《普通高中数学课程标准(实验)解读》,分别由北京师范大学出版社、江苏教育出版社出版发行);其二,以人民教育出版社发行的数学课程标准实验教科书来说,相配套的教师教学用书对教科书也进行了细致的分析(相关书籍的电子版本可以在线阅读,并可下载)。试图在该课程中全面地研修课程标准以及实验教科书,既不现实,也无必要。因为,不论是对课程标准的理解,还是对实验教科书的把握,对于作为准教师的师范生而言都是一个不断深入的过程,转化为自己的行动实践更是一个开拓创造的过程。

因此,我们在编写本书的时候,其基本的指导思想就是:不求面面俱到,力求促进读者的思考。考虑到数学课程的特色,本书与其他学科的"课程标准研修与教材分析"在体例上略有不同。在每一章首先给出学习目标,然后以目标为主线展开相关的内容,最后都设计了一个专题研修活动,并确立了相关内容与相应的建议。此外,为了加深学生对课程的理解,还在书中设计了许多"做一做"、"议一议"、"想一想"、"谈一谈"、"查一查"、"记一记"、"看一看"等小栏目。

实际上,我们在编写本书中所进行的一些探索,也是力图改变目前高校课堂中依然普遍存在的灌输教学模式。我们坚信:任何课程的学习过程绝不应只限于接受、记忆、模仿和练习。我们希望:使用本书的师生能够在课堂上有真正的交流与互动。

让我们在交流中集思广益,让我们在互动中深入思考。

因为,研修标准,需要我们深入思考;分析教材,更需要我们相互交流。

最后,需要说明的,本书在编写过程中引用了《全日制义务教育数学课程标准(实验稿)》、《普通高中数学课程标准(实验)》,以及《义务教育数学课程标准(修改稿)》其中的内容。为了行文的简洁,一律简称为《标准》,相信读者能够结合具体内容区分开来。另外,在本书的最后一章,我们有选择地分析了浙教版初中数学实验教科书,主要是考虑到部分师范毕业生将会到初级中学从事数学教学。该章也可以作为选学内容,根据实际教学课时,灵活机动地处理。

目 录

第一章
数学课程标准的时代背景

 本章提要

制订数学课程标准,是贯彻《基础教育课程改革纲要(试行)》精神的重要举措,也是我国数学课程发展迈向现代化进程中的一个重要事件。围绕数学课程标准的开发与设计,数学课程标准研制组开展了一些奠基性的课题研究,获得了在新的时代背景下对于数学以及数学教育价值的一些新的认识,广泛调查并分析了社会发展对数学课程的时代期望,客观分析了我国数学课程的发展优势与固有局限,探讨了国际数学课程的改革特点与经验。通过本章的学习,应该达到如下的一些目标:

❖ 掌握数学的价值以及数学教育的价值;
❖ 理解社会发展对数学课程的期望;
❖ 了解我国数学课程的发展状况;
❖ 掌握国际数学课程的改革经验。

第一节　数学以及数学教育的价值

数学对于推动人类进步与社会发展,形成人类的理性思维,促进个体智能发展等多方面具有重要的作用。数学以及数学教育的价值内涵也随着时代的发展呈现出不断丰富的过程。

一、对数学价值的认识

认识数学的价值涉及一系列关于数学本质问题的思考,诸如"什么是数学""数学有什么用"等等。而要回答这些问题,必须要从历史、社会、文化、传统等不同的角度来理解数学以及数学的意义。为了既说明问题,又节省篇幅,我们这里只从两个层面来认识数学的价值。

(一)数学为探索自然现象与社会现象的基本规律提供了重要的语言、工具与技术

1.作为语言的数学

早在 400 年前,享有"近代自然科学之父"尊称的伽利略就指出,展现在我们眼前的宇宙像一本用数学语言写成的大书,如果不掌握数学的符号语言,就像在黑暗的迷宫里游荡,什么也认识不清。

事实也确实如此,在自然科学的研究中,正因为使用了明白而简洁的数学语言,才使得自然科学的理论研究有可能走到很远的地方。在自然科学研究中,特别是在一些所谓"精密科学"的领域,不熟悉数学语言,就无法深入这些学科领域。

(1)数学语言的发展

数学语言伴随着数学的产生而产生、发展而发展,凝结着人类的智慧。

数学语言的发展大致包括如下方面:由各种计数法发展成为国际通用的记数法;阿拉伯人发明的代数术语言;牛顿—莱布尼茨创立微积分使用的极限语言;19 世纪中出现的 $\varepsilon-N$,$\varepsilon\delta$ 语言(标志着数学推理的算术语言);20 世纪以来康托儿创立的集合论语言以及数理逻辑语言;20 世纪纯粹数学处理高维空间图形所采用的同伦与同调等基本语言;以计算机程序化为特征的机器语言。

(2)数学语言的优越性

数学语言符号系统的优越性在于它的精确化与简约性。

人们在进行科学交往中需要用最少量明确的语言传达最大量、最准确的信息,数学语言没有含糊不清或者产生歧义的缺点。量子力学创始人波尔指出:"数学语言的精确化,给普通语言补充了适当的工具来表述一些关系,对这些关系用普通的语句是不精确的或者过于纠缠的。"实际上,当代物理学的基本规律——牛顿力学的运动规律,牛顿万有引力定律,电磁场原理,热力学第一、第二定律,统计力学原理,狭义相对论原理,广义相对论原理,量子力学定律,电子的相对论波动原理,规范场论等的表述,如果没有数学语言,是不可想象的。

所以,爱因斯坦也高度评价数学语言的作用,在他看来,理论物理学在描述各种关系时,要求尽可能达到最高标准的严格精确性,只有运用数学语言才能做到如此。

(3)数学语言是科学的通用语言

数学语言是各种科学的通用语言。虽然各种科学都要使用一定的、具有学科特点的符号表达系统,但其中所使用的数学语言是通用的。

在今天,不仅物理学、化学、生物学等自然科学要运用数学语言,而且社会科学和人文科学也加入到运用数学语言的行列。科学数学化、社会数学化的过程,乃是数学语言的运用过程。

这种各门科学对数学语言的运用，并不只是把数学语言作为研究的工具，而更是把数学语言作为表述自身科学理论的语言。可以说，如果没有数学这样一种科学的语言，就不可能有自然科学与社会科学的现代成就，也就不可能有对自然现象与社会现象的深入认识。正是在这样的意义上，马克思才说，一种科学只有在成功地运用数学时，才算达到了真正完善的地步。

（4）数学语言是世界的通用语言

数学语言还是世界各国各民族的通用语言。数学语言比任何语言都更具有世界性。

世界各国各地区都有自己的语言系统，甚至同一个地区的不同地域也都有自己独特的语言表达方式。但是，数学语言对于所有民族都是公共的，只要一看到数学符号，大家都知道是什么意义，而无需再翻译。

也正因为如此，世界各国一般都普遍重视"母语"、"外语"和"数学"主课，这三门课程实际上都是关于语言的，前两种属于日常用语，而数学则是科学用语。

一个公式胜过一打文字说明。数学语言的高度简约性与概括性，尽可能地消除了交往过程中的冗余信息，当之无愧地成为一种世界语言。人们甚至认为，数学语言应该是有智慧的生物的共同语言，不是有人建议把勾股定理 $a^2 + b^2 = c^2$ 作为星际生物间通讯的媒介语言吗？

更要看到的是，在现代社会，数学与社会的关联更加紧密。数学语言已经成为人类社会信息流通、信息交往的重要手段和重要媒介。使用数学语言可以使得人们在表达思想时做到清晰、准确、简洁，在处理问题时能够将问题中的各种因素之间的复杂关系表述得条例清楚、逻辑连贯、结构分明。

2. 作为工具的数学

数学从它萌芽之日起，就为人们解决各种实际问题提供工具，只不过现代数学的巨大发展所带来的多样化成果极大地丰富了数学的"工具库"，拓展了数学的用武之地。数学不仅为人们的日常生活中的各种问题的解决提供常规的数学工具，也为现代科学技术的发展甚至是新技术领域的开辟提供专用的工具，更为各门学科中形形色色问题的解决以及理论基础的建构提供特有的工具。

（1）数学作为自然科学的工具

利用数学作为工具探索自然现象的例子，在科学史上可以说是俯拾皆是。仅仅以天文学的发展就能窥其一斑。哥白尼在提出日心说时，并没有多少观测证据，甚至在某种程度上，一些结果还不如原来的地心说准确，正是他依据数学的理论、运用数学的方法建立起新的天文学理论；开普勒则进一步在天文学上应用数学，他利用第谷·布拉赫的大量观测数据，通过大量的计算和数学分析工作，最终使得他抛弃了从古希腊人开始就一直认为行星具有圆形轨道的观点，从而建立起新的行星运行理论；到了伽利略和笛卡儿那里，数学就成了一般的科学方法。

 想一想

你可以再举一些科学史上成功使用数学工具的例子么？

（2）数学作为人文科学的工具

在众多人文学科中，运用数学最早、迄今最为成功、成果也最为显著的当推经济学。

经济学中研究商品的价格、供给、需求、利润等诸多问题，无不借助数学工具来定量刻画。数学在经济学中的成功运用，不仅解决了若干重大的经济问题，而且也推动了数理经济学的发展，特别是计量经济学的建立与发展。现代社会，运用数学工具对经济指标进行统计分析，确定各种经济要素之间的函数关系，以及对生产组织和资源分配进行优化配置，已经成为经济学家和经济管理人员寻求经济规律、降低成本、创造财富的常用手段。

即使在一些过去看来与数学难以"亲密接触"的人文学科，例如历史学、考古学，也成功运用数学工具改变了人们的看法。计量史学运用数理统计方法，分析人类历史上的人口、户籍、生产量、进出口贸易额等数据，建立数学模型进行解释，进而作出预测；而数量考古学利用碳－14断代技术测定出土文物、古迹化石的年代，从而为最后的科学判断提供依据。

查一查

除了经济学、历史学、考古学以外，在其他的人文社会科学中，还有哪些使用数学工具而获得成功的？

（3）计算机使得数学工具更具威力

电子计算机的发明与使用是第二次世界大战以来对人类文明影响最为深刻的科技成就之一。电子计算机是数学与工程技术相结合的产物，而在其发展的每一个历史关头，数学都起到了关键的作用。

更为主要的是，计算机的出现与发展给数学研究与发展带来的重大变化，比望远镜、显微镜给天文学、生物学带来的影响更加广泛和深刻。人们看到的是，借助计算机技术，数学的工具价值更是如虎添翼。数学在计算机时代愈加充满活力，焕发出青春。

首先，计算机强大的计算能力极大地改变了传统的计算方式，极大地改变了数学工具运用的有效性。它使得过去由于太复杂、需要大量重复运算而只能"纸上谈兵"的问题都可以实现。

其次,由于计算机技术与数学的"完美联姻",在传统的逻辑演绎与实验研究之间产生了一种新的数学认识方法,这就是数学实验。当代对天文学中超新星的爆炸过程、地质学中地壳运动以及人口控制、人身健康、战争结果等,都无法在实验室对其本身进行实验,却可以借助计算机通过数学模型的模拟来对各种理论解释进行实际检验。

毫无疑问,在数学的未来发展历程中,计算机将继续发挥它巨大的威力,并不断地拓展数学的使用范畴,数学的工具价值必将在现代社会生活的各个领域得到淋漓尽致的展现。

3. 作为技术的数学

把数学视为一种技术,是现代数学发展到今天人们对它形成的另一个新的认识。

(1)数学具有技术的品质是数学发展的结果

数学的技术品质的凸显是现代数学发展的必然结果。它表明社会经济、科学技术的发展与竞争已经不满足于数学只是通过为其他学科提供辅助性工具间接地为其服务,而是需要数学直接为社会增长财富,同时,它也表明社会对数学的倚重与需求都得以增强。

实际上,数学在早期的发展也表现出一种实用的技术,广泛应用到解决处理人类生活与社会活动中的各种实际问题。例如食物、牲畜、劳动工具以及生产资料的分配与交换,房屋、仓库等的建造,丈量土地,兴修水利,编制历法等。近代以来,随着数学的发展与社会文明的进步,数学逐渐深入到更一般的技术领域、科学领域以及人文社会科学领域,并在当代使得各门科学的数学化程度成为一种强大的趋势。

(2)数学具有技术的品质是数学应用的结果

人类从蛮荒时代的结绳计数,到如今用电子计算机指挥宇宙航行,无时无刻不受到数学的恩泽。今天,数学正以崭新的面貌与姿态活跃在现实世界和人们的生活之中。

数学在当代社会中的许多出乎意料的应用,越来越彰显出数学的技术品质。在当代,高新技术的基础是应用数学,而应用数学的基础是数学,也越来越成为不可否认的现实。尤其是随着计算机科学的迅猛发展,数学兼有了科学与技术的双重身份,现代科学技术也越来越表现为一种数学技术。当代高新技术的高精度、高速度、高自动、高质量、高效益等特点,无一不是借助数学模型与数学方法并通过计算机的控制来实现的。并且,由于运用计算机技术与手段,数学理论和数学模型借助计算机的强大功能直接"物化"为科技产品的核心部分。

可以毫不夸张地说,今日的数学,已经不甘于站在台后,而是大踏步地从科学技术的幕后走向了前台,直接参与创造生产价值。现代数学与计算机结合所产生的威力无穷的"数学技术",已经广泛渗透到与人类生存息息相关的各个领域,并成为一个国家综合实力的重要组成部分。

总而言之,数学的广泛应用使得数学科学自身已经成为现代社会中一种普遍适用的技术。数学具有技术的品质标志着数学的应用达到了一个崭新的阶段,也标志着数学在现代社会中的地位得到了进一步的提高。

(二)数学为人类进步与社会发展提供了重要的思想、方法与模式

1.作为思想的数学

数学思想应包括两个部分:论证的思想和公理化的思想。论证的思想是逻辑的论证,不是一般的归纳,对于一般的归纳出来而没有加以证明的结论只能作为猜想。公理化思想是对一些在实践中或理论中得到的一些零散的、不系统的思想和方法进行分析,找出一些不证自明的前提(公理),从这些前提出发,进行逻辑的论证,形成严密的体系。论证的思想和公理化的思想是数学最重要的特点之一,古希腊欧几里德从古巴比伦、古埃及在实践和理论证明中得到的零散的、不系统的数学思想和方法进行分析,找出一些不证自明的前提(公理),然后从这些前提出发,逻辑地演绎出严密的几何公理体系。现代分析数学体系也经历了这样的过程,从牛顿不太严密的微积分,经历了欧拉等一大批伟大的数学家发现分析数学的丰富的结论和方法,在这个基础上,到 19 世纪、20 世纪之交,形成了一个严密的逻辑的数学分析体系。其他的大部分数学分支也都大致上经历了这样的过程。这种思维模式不仅对于数学的发展,而且对于科学的发展和人类思想的进步都起了重要的作用。西方的科学家和思想家常常以这种思维模式来思考和研究科学、社会、经济以至政治问题。从柏拉图、培根(F. Bacon,1561—1626)、伽利略、笛卡儿(R. Descartes,1596—1650)、牛顿、莱布尼兹一直到近代的很多思想家常常遵循这种思维模式。例如,牛顿从他发现的力学三大定律(他称之为"公理或运动定律")出发,逻辑地建立了经典力学系统。美国的独立宣言是又一个例子,它的作者试图借助公理化的模式使人们对其确实性深信不疑。"我们认为这些真理是不证自明的……",不仅所有的直角相等,而且"所有的人生来平等"。马克思从商品出发,一步步演绎出资本主义经济发展的过程和重要结论,实际上,这个过程也受到了公理化思想的影响。

实际上,欧几里德公理化的思想受了某种哲学思想的影响。古希腊时代,占主流的知识分子大都认为自然界是按照数学的规律运行的,所以非常重视数学,才由此形成对数学的整理、系统化,出现了欧几里得几何。后来文艺复兴笛卡儿的思想、希尔伯特统一的思想、罗素主义等,都受着某种哲学思想的指导。因此,他们不仅仅研究纯粹数学,而且描述了自然界。而我国古代社会和文化传统对于数学直至科学技术并不重视,只是作为编纂历书、工程、运输、管理等方面的计算方法。在这种背景下,我国古代可以提出一些很好的算法或朴素的

概念和思想,如位值制、负数、无理数、极限的思想,但没有上升到理论体系,在文化传统中不占主流地位,甚至明朝有的皇帝认为机器是奇技淫巧。近代的数学主要是向西方逐步学习的,而且并没有研究(至少没有认真研究)数学在思想方面的作用,数学仍然没有融入我国的文化传统。因此,我们讲授数学不只是数学本身及其应用,而是要让人们知道,如果不从数学在思维方面所起的作用来了解她,不学习运用数学思维方法,我们就不可能完全理解人文科学、自然科学、人的所有创造和人类世界,从而为人类作出更大的贡献,我们应该特别重视数学思想在人类进步和社会发展中的重要作用。

 读一读

　　数学是研究空间形式和数量关系的科学,是刻画自然规律和社会规律的科学语言和有效工具。数学科学是自然科学、技术科学等科学的基础,并在经济科学、社会科学、人文科学的发展中发挥越来越大的作用。数学的应用越来越广泛,正在不断地渗透到社会生活的方方面面,它与计算机技术的结合在许多方面直接为社会创造价值,推动着社会生产力的发展。数学在形成人类理性思维和促进个人智力发展的过程中发挥着独特的、不可替代的作用。数学是人类文化的重要组成部分,数学素质是公民所必须具备的一种基本素质。

——摘自于《普通高中数学课程标准(实验)》

2. 作为方法的数学

从方法论的角度看,数学作为人类认识世界与改造世界的方法是独特的。这种独特性集中体现在两个方面:数量分析与模式抽象。

(1)数学方法强调数量分析

数学所反映的并不是客观事物和现象的质的内容,而仅仅是量的属性。由于数学是从数量关系和空间形式方面来刻画并反映现实世界的内在规律,必然体现和揭示客观世界普遍存在的秩序、统一、结构等特征。客观世界的这些特征便在数学的概念上、数学图形的性质中、数学空间的结构里和数学知识的系统中得到反映。正如感受到自然界的美并用美丽的语言去讴歌她,这就是诗歌;用美丽的色彩去表现她,这就是绘画;而感受到存在于数和形的美,并以理智引导下的证明去表现她,这就是数学。

数学这部交响曲大体上由四个乐章组成,它们是精确数学、随机数学、模糊数学和突变数学,其发展的过程经历了初等数学、高等数学、现代数学这样的三个阶段。作为数学研究对象的数和形,在这三个阶段的含义是很不同的。初等数学阶段的数是常量,形是孤立的、简单的几何形体;高等数学阶段的数是变量,形是曲线和曲面;而现代数学研究的对象是一般的集合、各种空间和流形,已很难区分数和形的具体范畴了。可以说,现代数学所具有公理化、结构化、统一化、泛函性、抽象性、应用性、非线性、不确定性等特点,已经极大地扩充了数学的研究对象,远远超出了原先理解的数量关系和空间形式的范围。也就是说,现代数学所研究的各种结构可由非数量的关系产生,而且可以导致不同于通常理解的空间形式。这也从另一个侧面极大地丰富了现代数学方法在数量分析上的多样性、广泛性。

从毕达哥拉斯学派的"万物皆数"的信念开始,数学方法就以数量关系的把握作为打开一切问题和科学大门的钥匙,时至今日,从定量分析入手到作出定性分析,使得数学方法成为人们心目中可靠性程度最高的方法。因为数量分析所舍弃的是事物或对象的物理特性,保留下来的是事物或对象的本质特征。许多不同学科领域的不同问题,表面看起来是完全不相同的,但是经过数量分析后却可以用同样的方式来表达,反映出它们之间所具有的共同性质,即它们的本质。

例如,$dx/dy=ky$,这是一个最简单的一阶微分方程。

这个微分方程可以用来描述放射性同位素的衰变过程(化学),可以用来描述某种细菌的繁殖过程(生物),可以用来描述某种条件下的热传导过程(物理),也可以用来描述某地区的人口变化过程(社会学)等等。

从数量关系的角度反映各种不同领域诸多问题的本质联系,体现出数学方法的普适性特点,从而也使得人类获得更加深刻的洞察力,促进人类对客观世界的理解程度。

(2)数学方法强调模式抽象

数学与其他学科相比,最主要的也是最基本的特点,就是它所研究的对象是抽象化的思维材料。物理、化学、生物、天文、地理等学科研究的对象是客观世界具体的物化形式或具体的运动形态。可以凭借感觉器官(视觉、听觉、嗅觉、触觉)来感知它们的实际存在,或者借助一定的仪器设备来观测。而数学对象,诸如点、线、面、体、群、环、域、方程、函数、算子、空间、向量等等,虽然可以找到它们形成的客观背景,但现实世界中并没有这些对象的实际存在,它们是人类思维的产物。由于数学对象是抽象的形式化的思想材料,这就决定了数学研究活动必然是以思辨的方式,也就是数学研究活动是人类抽象的思想活动。

模式抽象形成了当今普遍运用的数学模型方法。数学模型提供了人类看世界、看社会、看形形色色问题的特有"框架"。更重要的是,数学模型方法不仅能以适当的模式或模型去刻画现实对象,更能运用模型自身所具有的推理运算功能解决所提出的问题。也正因为如此,数学方法的有效性得到了公认。

对于数学模型,有的可以用现成的数学理论加以解决,有的没有现成的数学成果可以利用,这就为数学家们提供了新的研究课题,由此现成新的数学理论,从而达到问题的解决。

应该强调的是,一些数学方法事实上已经超越了数学学科本身的范畴而上升为一般的科学方法层面。仔细分析一下数学学科,会发现它们都和某个哲学范畴或某对基本矛盾相联系。例如,微积分方法处理运动与静止,概率方法研究偶然与必然,数理逻辑方法处理原因与结果,拓扑方法研究局部和整体,计算数学方法讨论近似与精确,控制论方法处理可能与现实,等等。一般地说,重大的数学思想方法,都会反映某个哲学范畴或基本矛盾的数量方面。

3.作为模式的数学

数学作为一门抽象性学科,主要是研究理想化的"量化模式"。一般说来,数学模式是指按照某种理想化的要求(或实际可应用的标准)来反映(或概括地表现)一类或一种事物关系结构的数学形式。例如,自然数是数学史上产生最早的模式,三角形、圆、函数、导数、定积分等都是一些常见的数学模式。

(1)数学模式的特点

数学模式的外延极其广泛。大而言之,每一个数学分支理论(包括按公理化方法表现的各种数学理论结构体系)都可以看做一个大型数学模式;小而言之,一个数学公式、一条数学定理、一种计算方法、一类数学问题的合理提法和一般处理方式,甚至按科学抽象法则概括出来的一个数学概念,也都可以视为一个小型的数学模式。这些数学模式们所反映的已不是某一特定事物或现象的量化特征,而是一类事物在量的方面的共同特征。

数学模式具有一定的特性,具体表现在如下两个方面。第一,就模式这个概念而言,数学模式都必须具有精确性、一定条件下的普适性与逻辑上的演绎性。第二,就模式的研究活动而言,数学模式的研究必须遵循:真理性,以体现数学的科学性;形式化,以体现数学的抽象性;层次性和多样性,以体现数学的统一性。

(2)数学是模式的科学

1988 年,美国著名数学家、美国数学联合会前主席斯蒂恩,在《科学》杂志上发表论文,提出"数学是关于模式的科学",并阐述了模式对于数学的重要作用——数学家在数中、在空间中、在科学中、在计算机中以及在想象中寻找模式,数学理论解释模式间的关系;函数和映射、算子和映射将一类模式与另一类模式联系起来,产生持久的数学结构。数学应用则是利用这些模式"解释"和预测符合它们的自然现象。模式可以启发新的模式,常常产生模式的模式。通过这种方式,数学按照其自身的逻辑,从科学的模式开始,通过添加由此派生的所有模式而结束。

应该指出的是,由于"空间形式"、"数量关系"、"量"、"结构"均可纳入"模式"这个概念,因此,众多的数学家和哲学家都认为"数学是模式的科学"这一命题体现了对数学价值的新的认识。

✎ 记一记

在你看来,数学是什么呢?

数学是＿＿＿＿＿＿＿＿＿＿＿＿＿＿＿＿＿＿＿＿＿＿＿＿＿＿＿

数学是＿＿＿＿＿＿＿＿＿＿＿＿＿＿＿＿＿＿＿＿＿＿＿＿＿＿＿

数学是＿＿＿＿＿＿＿＿＿＿＿＿＿＿＿＿＿＿＿＿＿＿＿＿＿＿＿

数学是＿＿＿＿＿＿＿＿＿＿＿＿＿＿＿＿＿＿＿＿＿＿＿＿＿＿＿

数学是＿＿＿＿＿＿＿＿＿＿＿＿＿＿＿＿＿＿＿＿＿＿＿＿＿＿＿

数学是＿＿＿＿＿＿＿＿＿＿＿＿＿＿＿＿＿＿＿＿＿＿＿＿＿＿＿

二、对数学教育价值的认识

数学教育是学校教育的重要构成部分,是基础教育的核心要素。基础教育的重要任务是全面实施素质教育,因此,认识数学教育的当代价值必须从素质教育的高度出发。

(一)数学教育应该向被教育者提供进一步学习以及终身发展所需的数学基础知识

数学知识的产生与发展,在一定程度上就是数学发展的一个缩影。数学知识的发展,其内在的一个特点就是新知识总是在原有知识基础之上的进一步拓展与深化,在知识的"抽象度"上越来越高,知识的应用范围越来越广。而知识与知识之间具有内在的逻辑关联,若干有关的知识点形成了"知识块",若干"知识块"构成知识的网络。数学的知识体系随着人类认识的不断深化而不断拓展、不断完善、不断精致。在数学的知识体系中,其基本的构成细胞就是数学的基础知识。学校数学的基础知识,特别是那些经过精心挑选与组织的数学知识,例如初等数学的基本事实、概念、定义、定理、公式、法则与性质等,是数学几千年发展所积淀的宝贵的精神财富,它们不仅是数学发展的"原始胚胎",也是学生进一步学习高级数学的基石与阶梯,它们所承载的基础性与发展性,对于现代社会公民的数学素养而言都是有价值的、必要的和必需的。

从数学的发展历程中,我们认识到,数学的基础知识不仅包括结果是什么,也还包括过程是什么,即问题是怎样提出的,概念是怎样形成的,结论是怎样探索和猜测到的,以及证明的思路和计算的想法是怎样形成的;而且在有了结论以后,还应该理解结论的作用和意义等。因此,让学生掌握必要的数学基础知识,就要让学生理解知识的来龙去脉,"知其然,也知其所以然"。只有学会分析想法,分析思考的脉络,又能理解来龙去脉,才能真正理解数学知识的本质,才能使学生在需要应用所学的知识时能够比较自如地应用它。

（二）数学教育应该向被教育者提供必要的思维训练过程，掌握数学思维的基本技能，逐步提高思维的水平

数学的基本技能是在数学学习过程中，通过训练而形成的一种动作或心智的活动方式。如测量、查表、实验、尺规作图、使用计算工具（计算器、计算机等）、画统计图表等动作技能；数与式的计算与运算、代数式的恒等变形、估算、猜想、归纳、论证、反驳、推理等心智技能。数学技能的学习总要经过一个从示范模仿到自动化的熟练阶段，要经历一个从"会"到"熟"以至"巧"的过程。要使得学生熟练掌握数学的基本技能，这需要操练，需要有目的、有意识、有针对性的"变式训练"（而不是机械地、低认知水平的重复）。在变化中进行重复，在重复中获取变化，最终能够"以不变应万变"。

心理学的研究表明，技能的获得是一个累积的过程，每一层次的技能学习都是以前一层次的学习结果为前提条件的。学习较复杂的技能，主要取决于是否已掌握较简单的技能。基本技能掌握得越熟练，提取的时候就越容易，同时也就有可能迁移到学习较为复杂的技能中去。事实上，基本技能的熟练，不仅为更高一级的技能学习奠定了良好的基础，而且，在面对复杂的"高级规则学习"的时候，它也有利于释放更多的智力资源分配到新的学习情景之中，从而赢得学习的效率。

 读一读

数学教育作为教育的组成部分，在发展和完善人的教育活动中、在形成人们认识世界的态度和思想方法方面、在推动社会进步和发展的进程中起着重要的作用。在现代社会中，数学教育又是终身教育的重要方面，它是公民进一步深造的基础，是终身发展的需要。数学教育在学校教育中占有特殊的地位，它使学生掌握数学的基础知识、基本技能、基本思想，使学生表达清晰、思考有条理，使学生具有实事求是的态度、锲而不舍的精神，使学生学会用数学的思考方式解决问题、认识世界。

——摘自于《普通高中数学课程标准（实验）》

（三）数学教育应该向被教育者提供发现问题和提出问题、分析问题和解决问题的各种机会，以积累基本的数学活动经验

基本活动经验是指学生亲自或间接经历了活动过程而获得的经验。从培养创新型人才的角度说，教学不仅要教给学生知识，更要帮助学生形成智慧。知识的主要载体是书本，智慧则形成于经验的过程中，形成于经历的活动中，如教师为学生创造的思考的过程、探究的过程、抽象的过程、预测的过程、推理的过程、反思的过程等。智慧形成于学生应用知识解决实际问题的各种教育教学实践活动中。通过这些活动,让学生亲身感悟解决问题、应对困难的思想和方法,就可以逐渐形成正确思考与实践的经验。

培养学生利用所学的数学知识分析问题并解决问题的能力,经历多年的历史验证无疑是合适的,也是必须继续坚持的。但是,分析问题与解决问题涉及的是已知,而发现问题与提出问题涉及的是未知。因此,发现问题与提出问题比分析问题与解决问题更重要,难度也更高。对中小学生来说,发现问题更多的是指发现了书本上不曾教过的新方法、新观点、新途径以及知道了以前不曾知道的新东西。这种发现对于教师可能是微不足道的,但是对于学生却是难得的。因为这是一种自我超越,可以获得成功的体验,可以积累创造的经验,可以培养学习的兴趣,可以树立进步的信心。

数学界有一个相当普遍的共识:学好数学的有效途径是"做数学"。因此,数学教育要给被教育者提供各种各样的机会去做数学,让被教育者在发现问题、提出问题、分析问题、解决问题的各种过程中,不断积累基本的数学活动经验。自然,问题应是"好"的问题,是对课程内容及其思想方法的深入理解和掌握有帮助的问题,是学习中自然产生的、带有思考性的基本问题,而不是那些造作的偏题、怪题与难题。

(四)数学教育应该向被教育者展示数学的不同侧面以及数学与其他学科、与实际生活之间的联系,使之领会、掌握并理解蕴藏其中的基本数学思想

数学思想体现出对数学知识的本质认识,是从某些具体的数学内容和对数学的认识过程中提炼上升的数学观点,它在认识活动中被反复运用,并带有普遍的指导意义。数学思想蕴含着一定的数学方法,数学方法体现出一定的数学思想。领会数学思想,把握数学方法,才能高屋建瓴,极目望远。只有掌握了数学的基本思想,学生才能真正获得数学学习的自主与自由,可以无师自通,可以触类旁通,可以举一反三,可以事半功倍。

数学在形成人类的理性思维方面起着核心的作用。许多在实际工作中成功地应用了数学,并且取得突出成绩的数学系毕业生都有这样的体会:在工作中真正需要用到的具体数学分支,具体的数学定理、公式和结论,其实并不很多,学校里学过的一大堆数学知识很多都似乎没有派上什么用处,但所受的数学训练,所领会的数学思想,却无时无刻不在发挥着积极的作用,成为取得成功的最重要的因素。因此,如果仅仅将数学作为知识来学习,而忽略了数学思想对学生的熏陶以及学生数学素质的提高,就失去了(至少是部分地)开设数学课程的意义,如果将数学教学仅仅看成是一般数学知识的传授(特别是那种照本宣科式的传授),那么即使包罗了再多的定理和公式,可能仍免不了沦为一堆僵死的教条,难以发挥作用;而掌握了数学的基本思想和精神实质,就可以由不多的几个公式演绎出千变万化的生动结论,显示出无穷无尽的威力。

要使得被教育者真正领会数学的基本思想,就应该充分揭示数学既有逻辑演绎的一面,也有实验归纳的一面,充分揭示数学知识之间的内在联系,以及数学与其他学科、与实际生活的广泛联系。

数学基础知识的掌握离不开基本技能的熟练,基本技能的熟练离不开基础知识的巩固。基础知识与基本技能的学习过程不仅是发展数学思想的主要载体,也是积累基本活动经验的重要举措。把握了数学的基本思想就能够得心应手地驾驭数学的知识与技能。拥有了丰富的数学活动经验就能够促进知识学习的效果,提高技能训练的效率,提升思想渗透的效应。基础知识、基本技能、基本思想、基本活动经验,这"四维一体"的教育价值追求,是"双基"教育价值追求适应素质教育的必要发展。坚持"四基",不可偏废。

第二节　社会发展对数学课程的期望

数学发展与数学课程的发展和社会的发展进步息息相关。在当代,数学已经广泛地渗透到人类社会活动的所有领域,成为推动人类文明的不可或缺的重要力量,从而,社会也不断地对学校数学课程提出新的要求。

一、数学课程应该满足公民基本的数学需求

现代社会发展的根本标志在于定量化和定量思维,而定量化和定量思维的实质(至少核心部分)是数学思维和数学的应用。数学在天文、地质、工业、农业、经济、军事、国防、医学等社会各行各业的渗透和应用,不仅要求从事科学研究和技术开发的人必须掌握高深的数学理论,也要求每一个公民都必须掌握更多的、有用的数学知识,并能有效地运用和使用数学的知识、思想和方法。换句话说,更多的人应该掌握数学,这是一种社会的需要。

(一)普通大众在日常生活中需要有用的数学

衣、食、住、行是普通公民日常生活的基础。过去人们追求的是解决温饱问题,随着经济实力的不断攀升,现代公民追求的是生活质量的提高。同样是衣、食、住、行,现在人们讲究的是服装穿着更时尚、食物营养更均衡、住房条件更舒适、外出行走更便捷。而在衣、食、住、行的方方面面,人们无处不与数学打交道。数学也无处不在。即使是解决其中的某一个很简单的问题,也需要公民具有一定的数学知识。

在现代生活中,浏览网页、阅读报纸、看电视、听广播几乎是日常生活中不会缺少的活动。只要稍加留意这些媒介传播的有关信息或数据,就会发现一则

报道、一个新闻、甚至一个故事很可能就是一个数学问题,涉及相关的数学知识。

大众媒体以及日常交流中也用到越来越多的数学概念,如每日天气预报中用到的降水概率、穿衣指数、正数、负数及表示空气污染程度的百分数;分数、小数、比例、经度、纬度、统计图、统计表、变化率等等也频繁见于报端。如"三下五除二就把它解决了"涉及算盘口诀,"不管三七二十一"则与乘法口诀相关;"指数爆炸"、"直线上升"、"事业坐标"、"人生轨迹"也是人们耳熟能详的常用词汇。

在现代生活中,一个较为普遍的认识就是:没有一定数学知识的人就是没有文化,就是文盲;社会面临的任务不是扫除文化盲,而是扫除数学盲。因此为适应现代生活,人们应当具有一定的数学知识。

(二)普通大众在社会生活中需要有价值的数学

为了更好地参加社会生活,不能不要求普通公民具有更高标准的数学意识。

在社会生活中,就学、就业、医疗、保险、退休、养老、投资、理财等模式都在发生变化,变得越来越具有可选择性,越来越需要减少依赖、增强自主,需要百姓运用自己的头脑分析批判,作出决策。不同的选择意味着不同的机会,风险大小来源于决策分析。数学可以帮助人们作出合理的决策。人们掌握了数学,就可以认识到我们面临的许多问题的条件是变化的,结论不总是唯一的,结论不是绝对可靠的,事物的多样性是普遍的,而必然性和绝对性则是相对的、有条件的。

在选择中,人们常常考虑的是这样一类问题,即怎样才能达到"最近、最省时间、最短距离、最佳效益"等优化问题。寻求优化是人类的一种本能,一个没有受过任何教育的孩子也知道两点间的距离最短。在公民的社会生活中,类似的问题几乎随处可见。例如,如何利用有限的空间储存或运送更多的货物;如何在激烈的市场竞争中调整商品的价格,获得最多利润;如何合理安排人员配置,使全员劳动生产率最高;如何使有限的生产资料得到最充分的利用;如何选择出行的最佳路线等等。解决这些问题离不开数学。

市场经济需要人们掌握更多的数学。随着承包制、股份制、租赁制的进一步推行,市场经济的逐步完善,无论是城市还是农村,生产者也是经营者,都要涉及成本、利润、投入、产出、风险、效益、预测、评估等一系列经济活动。相应的,理解掌握与这些经济活动相关的数学知识、思想和方法,诸如比和比例、利息与利率、统计与分析以及预算与决策等,是一个公民素质必不可少的重要组成部分。

时代的迅速发展,特别是信息时代的到来,要求人们具有更高的数学素养。信息化的实质是数学化。人们需要借助数学才能对现代社会纷繁复杂的信息进行选择、收集、整理、统计、分析，并作出有效的判断。这种对信息的感知、识别与处理的能力也已经成为现代社会公民必须具备的数学能力的重要组成部分。

议一议

什么样的数学是有价值的？什么样的数学是没有价值的呢？

二、数学课程应该体现数学与社会生活的广泛联系

数学在社会生活中具有广泛的应用，数学课程应该体现出数学与社会生活之间的密切联系。当数学课程呈现的内容是现实的、生活化的，并贴近学生的生活现实，不仅有助于提高学生学习数学的兴趣，体会数学与社会之间的关系，而且有利于学生认识数学的价值，增进对数学的理解和应用数学的信心。

数学来源于生活，它是具体的，但数学又经过了抽象。数学课程应该将数学抽象的内容附着在现实的背景中，让学生去学习从现实生活中产生、发展的数学，并把所学到的数学理论知识再应用于解决实际问题的过程之中。数学建模提供了这样的机会。实际上，在建立模型、形成新的数学知识以及解释应用的过程中，学生能体验从实际情境中发展数学的过程、体会数学"再创造"的过程，学生能更加体会到数学与社会生活之间的天然联系。数学课程应该带领学生贴近生活、观察生活，从中收集数学素材，引导学生主动地去发现、体会、理解生活中的数学，用所学的知识解决生活中的实际问题。

社会生活中包含着丰富的数学。数学课程应该要把这样丰富的内容展现在学生的面前，避免把数学的面孔搞得那么严肃、与生活那么格格不入。走出对数学理解的种种误区，还数学一个真实的面目，让学生真正理解数学、认识数学、运用数学为自己和社会服务。这是数学课程改革的重要任务。

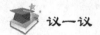

议一议

数学生活化与生活数学化两者之间具有怎样的联系呢？

社会的发展牵引着数学课程与数学教育的变革。当代社会的发展对数学的需求范围越来越大，对数学课程的期望也越来越深刻，数学课程改革随着这些需求的增长、期望的增加而日益艰巨。然而，唯有改革才能使数学课程适应社会的发展，才能培养出满足社会需要的合格的公民。

第三节 国际数学课程的改革经验

近十几年来,数学教育的观念、数学内容和方法正在发生着深刻的变化,国际数学课程改革进入了重要时期。在这一时期,国际数学课程改革是在两个重要的背景下展开的。首先,现代信息技术与数学课程的整合趋势不断增强,逐步改变着数学课程的面貌。其次,数学的应用领域不断拓展,数学教育大众化的趋势越来越显著。这两方面的背景构成了当前国际数学课程改革的重要基础,并逐渐发展成为当代国际数学课程改革的主流趋势。

一、注重信息技术与数学课程的整合

20世纪50年代,美国诞生了最早的计算机辅助教学系统。随着计算机辅助教学系统的不断完善与快速发展,课堂教学的空间结构正在由传统的三维结构"教师—知识—学生"逐步转变为新型的四维结构"教师—技术—知识—学生"。现代信息技术已经成为中学数学的重要组成部分,并日益改变着数学课程的面貌。在当代,加强现代信息技术与数学课程的整合是国际数学课程改革的一个突出特点。

(一)从美国的数学课程标准看信息技术与数学课程的整合

全美数学教师联合会(National Councilor Teachers of Mathematics, NCTM)于1989年发布了《学校数学课程与评价标准》。该标准明确规定应该一贯而适当地使用多种计算技术。2000年修订的《美国学校数学教育的原则和标准》中,数学教育的原则明确提出了六个至关重要的、根本性的观点:公平原则、课程原则、教学原则、学习原则、评估原则和科技原则。

 读一读

科学技术在数学教育中起着至关重要的作用。它不仅影响所教的数学内容,而且能提高学生的学习。

计算器和计算机这样的电子技术是教师的教学、学生的学习和数学问题解决中必备的工具。它们能够提供数学观念的直观图像,有助于组织和分析数据,能够用于准确快速的计算。计算器和计算机能够帮助学生在几何、统计、代数、度量和数等每一分支进行数学探索。现代科技的应用,使学生把注意力集中在决策过程、反思、推理和问题解决上。

通过恰当地利用现代科技,学生能较深入地学习更多的数学。当然,现代科技并不能替代学生对数学的基本理解和感受,而应是促进学生的理解和感受。在数学教学中,现代科技应在提高学生的数学学习的前提下,广泛并合理地得到应用。

——摘自《美国学校数学教育的原则与标准》(NCTM,2000)

该标准强调指出:

1.现代科技能够提高学生的数学学习

现代科技能够帮助学生的数学学习。例如,用计算器和计算机,学生能比用纸笔计算考察更多的例子和表达方式,从而使他们更容易地做出猜想和研究猜想。现代科技的图像功能也提供了强有力的视觉模型,而没有现代科技的辅助,学生不能独立获得这样的视觉模型。现代科技的计算功能,使学生能够解答更多的数学问题并能快而且准确地进行常规性的操作或运算,从而使得他们有更多的时间思考原理和建模过程。

现代科技能够促使学生从事和掌握抽象的数学观念。现代科技也提供了从多角度探索数学观念的机会,从而大大丰富了探索的范围和质量。例如,在动态几何的情景中移动一个点,屏幕上的形状就会改变。又如,改变电子表格中的定义规则,看相应的值是如何改变的。现代科技也使得师生的讨论,集中在屏幕上各种元素以及多种动态变化下的相应效果。

现代科技也为教师根据学生特点的需要选择教学提供了可能的选择。容易分心的学生可能更专心于应用计算机来解决问题;有组织困难的学生可以从计算机情景所提供的组织中受益;对基本操作和运算有困难的学生能够发展和表现其他方面的理解能力,这种理解能力最终反而有利于他们掌握基本的运算或操作;特定的科技大大提高了身体残障学生学习的可能性。

2.现代科技有助于卓有成效的数学教学

课堂教学中能否有效地运用现代科技取决于教师。现代科技不是万灵药。任何教学工具都有可能被很好地利用,也有可能被不恰当地利用。教师应该充分地利用现代科技高效的绘图、运算功能来选择或设计数学问题,从而增加学生的学习机会。例如,教师能利用模拟和仿真让学生获得在没有科技辅助下难以进行的探索问题情景的经验;或者他们能用因特网或世界互联网上的数据和信息设计数学问题。电子表单、动态几何软件和计算机软件是提出有价值的数学问题的强有力的工具。

然而现代科技并不能替代数学教师。当学生使用现代科技时,似乎他们是在不需要教师的情况下独立地花时间学习,但这是一种误导的印象。在广泛应用现代科技的课堂教学中,教师扮演几个重要的角色,他们的决策在很大程度上影响学生的学习。教师首先必须决定是否、何时、怎样使用现代科技。其次,教师必须重新思考学生应该学习什么、如何才能学得更好。当学生在课堂上使用计算机、计算器时,教师有机会观察并引导学生的思维。当学生利用现代科技解决数学问题时,他们可以呈现通常难以观察到的数学思维方法。因此,现代科技有助于评估,使得教师能够考查学生探索数学的过程和结果,从而大大丰富了教师用来制定教学决策的信息。

3. 现代科技影响对所教数学的确定

现代科技不仅影响着怎样教和学数学,而且还影响着教什么以及一个内容在课程中何时出现等问题。拥有现代科技,小学低年级学生能够解答涉及较大数目的问题,或能用动态的几何软件探索图形的特征。小学高年级学生能够组织和分析大量的数据。通过计算机的表征和计算器的实验系统,初中学生能够学习线性关系、斜率和单变量函数关系。高中学生能用模拟和仿真学习样本分布,能用计算机代数系统有效地从事绝大多数的符号运算,而这些符号运算在传统的高中代数中是重点。代数学习不必局限于涉及直截了当的符号运算的简单情况。利用现代科技,学生能够进行像参量变化这样抽象的推理,并能为以前无法进行的复杂问题建模并解答它们。现代科技能让学生用一个领域的数学概念去更好地理解另一个领域的概念,从而打破了代数、几何和数据分析等分支之间的人为隔离。

现代科技有助于教师把技能的培养和更一般化的数学理解结合起来。当以前被认为是关键的一些技能因为科技工具而变得不太必要时,我们要求学生向更概括和抽象的水平发展。用实际操作的计算机仿真或 LOGO 计算机程序,小学低年级的学生能够拓展他们的实际经历,像算术运算一样,对复杂观念有初步的认识。动态几何软件能使得学生进行各种几何图形的实验,并着重强调几何图形间的转换。同样,画图功能有利于探索各种函数的特征。正是因为现代科技的发展,离散数学中的许多内容成为当今数学课堂中的新重点,数学分支间的界限也随之改变了。

此外,NCTM 还专门为书面版的标准配备了相应的电子网络版,提供了大量的形象化电子版的数学案例,使得教师懂得怎样在教学实践中去运用现代信息技术。这种数学教育技术化的趋势是令人瞩目的,NCTM 的宗旨就是保证高质量的数学教育。

信息技术是数学教学中的基本要素,会影响数学课堂的教学效果。技术(计算器与计算机)是教数学、学数学与做数学的必要工具。数学教学应当为学生进入技术性不断增强的社会做好准备,并合理地利用现代信息技术。

(二)从新加坡的数学教材看信息技术与数学课程的整合

新加坡的数学教育在东亚地区是颇具特色的。由于新加坡学生在第三次国际数学和科学研究(TIMSS)的杰出表现,新加坡数学课程改革的经验引起了全世界尤其是西方国家的高度关注。与此同时,新加坡的中小学数学教材质量在国际上也备受推崇,不少西方国家更是直接引进新加坡的数学教材作为教科书使用。

由新加坡教育部审定,2002 年起使用的 *New Mathematics Counts* 是按照新加坡数学教学大纲编写的一套全英文教材,共 5 册,适合于普通中学阶段使用。整套教材贯穿了新加坡教育部所积极倡导实施的三个理念:思维技能、信息技术和国民教育。该套教材中,信息技术的运用主要体现在以下三方面:

1.计算器的使用

该教材注意估算、心算等技能的学习,也提倡计算器的使用,要求学生能使用计算器来解决较为繁杂的计算问题。特别地,在课堂教学、课外作业、实践活动以及考试中,都允许学生使用计算器,鼓励学生用计算器进行探索规律等活动。

2.在线数学

在线数学是一种基于网络环境的数学学习。网络作为现代社会获得信息的主要途径,是开发课程资源的重要方面。该教材系列特别强调"在线数学"的学习,并在公众网站(http:www.teol.com.sg)提供了有关的资料,随时供教师和学生浏览、下载等。

3.动态几何软件(几何画板)与教学光盘在数学活动中的应用

教材中的许多数学活动经常都会使用几何画板或动态几何软件,如:利用几何画板作一次函数、二次函数的图像并总结出图像的性质等等。另外,该教材具有配套的教学光盘(CD-ROM),如:"动态数学系列光盘"中的"代数世界",在课外为学生提供了代数式、代数式的运算、因式分解、分式的运算等交互式学习内容;"线性方程库"为学生解线性方程(组)提供了交互的学习;"图形软件"为学生坐标几何的学习提供了交互式的方式;关于全等和相似软件为学生提供了多边形的全等和相似的交互式的学习;关于对称的软件为学生提供了多边形的全等和相似的交互学习。另外,教材还提供了"创造数学的乐趣"的光盘,让学生使用电子表格进行一列数的规律的探索活动。

强调现代信息技术的运用,是新加坡数学教材 *New Mathematics Counts* 着力追求的目标。它拓展了数学学习的时空,拓展了数学学习的主体,拓展了数学学习的方式,拓展了数学学习的内容。

 议一议

现代教师的信息技术素养体现在哪些方面?

信息技术与数学课程整合的重要性已形成广泛共识。数学教育的技术化趋势已经成为当代数学课程改革的引人注目的焦点,而且日趋活跃。可以预料,现代信息技术将极大地影响数学教育的现状与未来,数学教育将逐步走入信息化的时代。我们应该努力提高信息技术素养,增加数学教育的技术含量,这是一项刻不容缓的任务。

二、强调数学课程的应用品质

20世纪90年代以来,世界各国各地区的数学课程目标都发生了很大的变化。虽然这些变化发生在不同的文化背景下,不同国家和地区的数学课程目标有各自的价值取向,在促进社会进步、适应学生发展以及反映数学科学进展等方面也各有侧重,但是,普遍重视数学应用是各国各地区数学课程的一个突出特点。

(一)从英国数学课程看数学应用

20世纪80年代末,英国国家课程委员会认为数学教育中的主要问题是基础知识的教学与应用能力的培养之间存在脱节现象,因此,提出了有关加强数学应用能力培养的意见。目前,在英国的数学课程中,数学应用被确定为单独的教学目标,并且是首要和基本的目标,这一目标延伸与渗透到其余教学目标中,构成数学教学的基本框架。

概括地说,关于使用和应用数学,有三个方面的要求:①在实践工作处理问题以及使用物质材料的过程中,获取知识和技能,增进理解;②运用数学解决一系列现实生活问题,处理由课程其他领域、其他学科提出的问题;③对数学内部的规律和原理进行探索研究。具体地说,关于使用和应用数学,包括以下三类数学活动。

①处理实际问题。执行一项任务,选取合适的材料和数学内容;讲究方法地作出计划和进行工作;检查所得到的信息是否充分;在合适的阶段回顾所取得的进展;检查结果的合理性;运用尝试与改进的方法;完成任务;提出替换的解法。

②进行数学交流。正确认识任务;说明数学信息;在解决问题过程中谈论工作和提出问题;系统的探索和记录工作;以较敏捷的办法向别人提出结果。

③发展论证观念。提出诸如"如果……,则……"的问题;作出,并检查预言;提出,并检查命题;进行概括,作出并检查假设;理解争论及其论据,对有效性作检查;猜想,定义,证明和反驳。

上述活动处于数学教学的中心地位,学生能从中感受到数学的力量,并能促进数学学习。

为了全面地、系统地培养学生的数学应用能力,英国国家课程委员会还提出一条途径,从三个不同的方面由小学低年级起就对儿童进行能力训练,即从实际任务中学习、处理现实生活的问题和探索数学本身的问题。英国国家课程委员会要求,英格兰和威尔士所有学校,都要重视数学应用能力的培养,共同发展一种教与学的途径,使运用与应用数学能渗透到数学教学的所有方面,保证从 5 岁到 16 岁的少年儿童都能接受有关训练。这应该成为学校教学的重要任务。教师在制订计划时,不但要保证学生有充分时间从事数学实践活动,即使在基础知识教学和基本技能训练中,也要贯彻数学应用的思想。

在系统培养学生应用能力过程中,英国数学课程强调了两种教学策略。第一,以课题覆盖大纲的策略。为了帮助儿童在学习活动中达到大纲所规定的不同要求,数学教学可以从某个专题、某项任务、某一活动入手,使课题能覆盖大纲所提出的一系列教学要求。这些开放性的教学活动,往往也使学生有机会接触多个教学目标,跨越多个学习水平。第二,根据大纲设计课题的策略。即从学习大纲的特定因素着手,设计与之相关的教学活动。教师可以以教学目标的某一项及学习大纲的某个水平为出发点,组织教学活动。这类活动针对性强,内容集中,便于教学组织,能使较多学生达到某个水平的学习要求。

此外,在英国数学课程文件和实践中,课程交叉被提到突出地位,从而使数学在贯彻国家课程总体目标中发挥重要作用。在这种思想指导下,英国的数学教学生动活泼,充满生活气息,学生的素质和能力得到良好的培养。英国数学教学中的课程交叉工作主要体现在三个方面:①从现实生活题材中引入数学;②加强数学与其他科目的联系;③打破传统格局和学科限制,允许在数学课中研究与数学有关的其他问题。

课程交叉是数学应用思想的延续和发展。一方面,数学应用本身具有综合性的特点。解决实际问题时,往往不只涉及数学的个别内容,也不只用到数学的一招一式,这是一个综合性的思维活动,有助于发展许多一般能力,如实验、分析、推理、观察、交流、预见等等。另一方面,数学应用也具有多科性的特点。事实上,数学不仅与物理、化学、生物、地理等自然学科有关,也与语文、历史等社会学科有关。因此,数学可以从这些科目中找到应用的途径,也可以从这些科目中吸收丰富的教学营养。如同其他各科目一样,也应寻找数学的核心与基础的关系,也要研究与数学关系,制订课程交叉的计划。通过课程交叉,既能够更好地反映现实生活问题,提高学生的实践能力和认知水平,也有助于跨学科的教学活动形成系统,相互支持,更有效地利用时间,提高教学质量。

英国数学课程在应用性、实践性方面的特点是令人瞩目的。一句话,英国的数学课程是扎扎实实地与数学应用联系在一起的。

查一查

通过网络搜索引擎,查阅英国的国家数学课程标准,初步了解其数学课程的基本理念。

(二)从日本数学课程看数学应用

和中国一样,日本的数学教育具有东亚文化的传统。考试文化等在数学教育中具有重要作用。日本文部省于 1998 年颁布并于 2002 年开始实施《中小学数学学习指导要领》,揭开了日本新一轮数学课程改革的序幕。

日本新数学课程改革提出了两个基本原则:第一,通过小学(1—6 年级)、初中(7—9 年级)和高中(10—12 年级)的学习,学生能够获得关于数、数量和几何图形的基础知识和基本技能,并在此基础上形成一定的创造能力。例如,从不同角度看问题的能力、逻辑思维能力、数学地用正确的方法分析问题的能力,以及进一步应用知识的能力。第二,为了能够达到这些目标,对数学课程内容进行了一些调整,以使学生能够通过对数学与日常生活联系的认识,愉快和自信地学习,并自觉地解决一些问题。

这些原则体现在数学的教学目标中:"通过与数量和图形有关的数学活动,掌握基础知识和技能,在培养学生全面地、有条理地思考日常生活事物的能力的同时,体会数学活动有愉快性和处理数据的优越性,培养学生在生活中有效运用数学的态度。"这里,也将数学与现实生活的联系、运用数学的态度作为数学课程的重要目标,而且体现数学应用的内容是课题学习。

新"要领"指出:"为了促进以学生为主体的学习,培养学生的数学观点和思考方法,要设置将各部分内容综合起来的、和日常生活相联系的课题,通过操作、观察、实验、调查等活动进行课题学习,并要把这种课题学习放在各个年级教学计划的适当位置加以实施。"新"要领"强调,在数学课程中设置综合学习具有多方面的学习目的:学生综合地运用各科的知识和技能,养成综合解决问题能力;培养自己发现问题的意识;培养自己思考判断的能力,掌握信息的收集、调查、总结的方法;培养以问题解决、探究活动为主的创造能力。

为配合"课题学习"的实施,2001 年日本出版的中学数学教科书都有课题学习的内容,选择的课题分布在中学数学的数式、图形、数量关系(包括函数和概率)等内容之中。课题的设置既考虑到数学的需要,又考虑到教育的需要。有的与现代信息技术有关,有的与数学应用有关,有的与数学的模型化、一般化有关,有的与数学美、数学的优越性、趣味性有关。例如,由教育出版株式会社 2001 年出版的中学《数学》教材中,共设置了 18 个课题,这些课题可分为四种类型:应用性课题、综合性课题、发展性课题与数学史有关的课题。每个课题学习不但给出了要解决的问题,还处处注意启发学生思考,由浅入深地给出了思考问题的方法。

在数学课程中设置课题学习形式,更深层次的目的是使得学生获得对数学的正确看法,养成灵活应用数学的态度。总之,日本新数学课程改革的基本特点是倡导具有愉快感、充实感的数学学习活动,提倡综合学习和选择性学习,进一步体现数学课程个性化、活动化和实践性方面的走向。

查一查

　　通过网络搜索引擎，查阅关于日本数学课程改革情况的论文，初步了解其数学课程的基本理念。

　　数学具有抽象性，同时数学也具有广泛的应用性。让学生了解数学的应用，会运用数学的知识方法解决现实问题，是使学生建立学习数学的动机、了解数学价值的一个重要方面。数学教育的目标并不仅仅是为了让学生学到一些知识，更重要的是要让学生能够把数学应用于现实世界，解决实际问题。数学应用，不仅重要，而且必要。

第四节　我国数学课程的发展状况

　　要更深入地理解数学课程标准的当代价值，把握我国数学课程的未来走向，就必须要了解我国数学课程的一些发展情况。通过粗线条的历史梳理，了解我国数学课程演变的基本过程，并从中获得对我国数学课程发展现状的初步认识。

一、我国数学课程发展的历史回顾

（一）新中国成立前我国数学课程的发展简史

　　我国是世界文明古国之一，数学教育有着悠久的历史，数学课程早在奴隶社会就开始萌芽。

　　据《周礼》记载，周代的学校教学科目有"六艺"——"礼、乐、射、御、书、数"，数即指数学。春秋战国时期，诸子百家大多带徒讲学，其中或多或少包含着数学的知识内容。如墨家经典《墨经》一书，其中就涉及一些几何学的定义、定理；《庄子》篇中的"一尺之棰，日取其半，万世不竭"，朴素地体现了早期的极限思想。

　　秦汉时期，相继出现了《周髀算经》和《九章算术》等数学著作。其中，《九章算术》标志着我国的古代数学已开始形成体系，这部书成为其后一千多年历史中我国传授数学知识的主要教科书。以《九章算术》为代表，我国古代数学课程表现出明显的技术实用性，强调实用，注重结果，注重统一的算法形式。直至宋、元时期，我国的数学课程仍然表现出以程序化算法为核心的数学体系。

　　到了明代，西方的传教士不断来到中国，他们在传教的同时，也把西方的数学带进我国。明万历十年（公元 1582 年），意大利传教士利马窦来到中国。

1607 年,他和徐光启合译了欧几里得的《几何原本》前六卷,这是我国翻译西方数学书籍的开始。

1840 年鸦片战争以后,从清政府"废科举、兴学堂"开始,在"中学为体,西学为用"的思想指导下,数学课程在内容、目的、方法等方面,与古代数学课程相比,都有了很大的差异。数学教科书中涉及了代数、几何、三角、数学分析等内容。

20 世纪初,我国的数学课程开始逐步走上制度化、正规化的道路。1904 年颁布实施了第一个学制(癸卯学制),相应地制定数学课程标准;1912 年公布的《中学校令施行细则》以及 1916 年的《国民学校令施行细则》中都有数学的要目;1940 年公布《中学数学课程标准》。这些制度颁布和实施的积极意义使得我国的数学课程跳出了强调实用的狭隘性,趋向于更合理的结构与内容。但是,在封建的和半封建半殖民地的旧中国,不可能结合我国的国情真正学到西方先进的科学、文化。

(二)新中国成立前后我国数学课程发展的历程

我国的数学课程真正得到飞速发展是在 1949 年中华人民共和国成立以后。60 年来,先后颁布了十几个教学大纲,从全面学习苏联,到 1958 年的教育大革命,以及 1963 年的调整、巩固、充实、提高,乃至 20 世纪 80 年代以来的一系列改革,经历了多次重大的变革。

1. 全面学习苏联时期

新中国成立后不久,教育部门就着手制定全国统一的中学数学教学大纲,1950 年颁布了《数学教材精简纲要》,出版了一套全国使用的教材。1952 年,在全面学习苏联的方针下,制定了《中学数学教学大纲(草案)》,并在 1954 年、1956 年分别作了修订。与此同时,人民教育出版社以苏联 10 年制学校的数学课本为蓝本,按照先搬后化的方针,编译出版了我国中小学数学教材。这一时期,我国的数学教学明确了为社会主义建设服务的方向,加强了数学基础知识、基本技能的教学和思想品德教育;同时,也改变了新中国成立前我国数学教育杂乱无章的状态,建立了以中央的集中领导、大纲和教材全国统一的数学课程体制。这些无疑是正确的。但是,由于片面强调向苏联学习,盲目照搬苏联经验,不适当地把苏联 10 年制学校的教学内容安排在我国 12 年学制来学习,延长了学习时间,而且取消了解析几何课,在一定程度上降低了数学教学的水平。这是我国在学习外国经验中不结合自身实际的一次深刻教训。

2. 教育大革命时期

在我国"大跃进"和国际数学教育现代化运动的背景下,兴起了 1958 年的教育大革命。不少数学家、数学教育家、大学师生和广大中小学数学教师对数学教育的目的、任务、大纲和教材、数学课程现代化等问题展开了热烈讨论,提出了各种改革方案,进行了各种数学教学改革的试验。这次改革有其积极的一面,例如,指出了中学数学教材内容贫乏、陈旧落后、脱离政治、脱离实际、繁琐重复等问题,强调了数学教学应该符合学生的学习水平和认识能力,概念教学应该从实际引入、由具体到抽象、由浅入深等。但是,由于对传统的数学内容否定太多(尤其是几何),又增加了许多内容,如微积分初步、概率统计初步、解析几何、数理逻辑初步、向量、矩阵等,使得学生负担太重,学得不牢固,基本训练不够,而且师资培训也跟不上,造成教学质量也有所下降。这一时期的所有试验基本上都没有获得预期的效果。

3.“调整、巩固、充实、提高”时期

在中共中央提出的“调整、巩固、充实、提高”的方针指引下,认真总结了全面学习苏联和教育大革命的经验教训,1961 年和 1963 年教育部先后两次修订了中学数学教学大纲。1961 年 10 月制定的《全日制中小学数学教学大纲(草案)》,提出了确定教学内容的原则:必须选择算术、代数、几何、平面三角、平面解析几何等主要知识;适当增加近似计算、概率、视图等知识;注意与高等数学衔接;注意反映我国数学上的优良传统和成就,如勾股定理、祖暅原理、祖冲之圆周率、杨辉三角等。1963 年 5 月,在“六一”大纲的基础上又编制了 12 年制的《全日制中学数学教学大纲(草案)》,第一次明确提出要“培养学生正确而且迅速的计算能力,逻辑推理能力和空间想象能力”的要求。根据这个大纲,人民教育出版社编写了 12 年制中小学数学课本,即人们所说的“六三课本”。它吸收了国外一些教材的优点,总结了我国编写教材的经验,删去了一些繁琐陈旧的内容,注意了基础知识和基本技能。当时普遍认为这是我国新中国成立以来编写得最好的一套教材,增加的内容比较适合我国的国情,使我国的中学数学教育质量得到了稳步的提高。

4.“文化大革命”时期

1966 年到 1976 年期间,数学教育遭到严重破坏,数学课程发展陷入停滞局面,数学教学的质量和知识水平降低到新中国成立以来的最低水平。

5.新时期以来

1976 年粉碎“四人帮”以后,我国开始进入社会主义四个现代化建设的新时期。

1978 年制定了《全日制学校中学数学教学大纲(试行草案)》,首次提出了“逐步培养学生分析问题和解决问题的能力”,这是数学课程目标的又一进步,这也体现了国际数学教育中不断发展对解决问题的认识和实践的趋势。这份大纲对数学教学内容的确定提出“精简、增加、渗透”的六字方针,即:精减了传统的中学数学内容,删去了一些用处不大的内容;增加了微积分以及概率统计、逻辑代数等初步知识;把集合、对应等思想渗透到教材中去。

1982 年制定的《全日制六年制重点中学数学教学大纲（征求意见稿）》开始注意知识、技能与能力的关系。大纲指出：学生的能力是通过知识、技能的掌握而形成和发展起来的，这些能力一经具备，又有助于学生更好地去获取知识和运用知识；并明确地提出了"逐步形成运用数学来分析和解决实际问题的能力"。

1983 年 11 月，《高中数学教学纲要》中提出了两种教学要求：基本要求与较高要求，在基本要求中又区分为必学内容和选学内容；与此同时，还编写了甲、乙两种版本的教材，迈出了数学教学区别化的步子，体现出数学课程的统一性和灵活性相结合的原则。

1986 年 11 月，国家教委又按照"适当降低难度，减轻学生负担，教学要求尽量明确具体"的三项原则制定了《全日制中学数学教学大纲》，正式把"双基"和"三大能力"作为中学数学教学目标的核心内容。

1988 年 11 月，国家教委制定了《九年义务教育全日制中学数学教学大纲（初审稿）》，1992 年颁布了《九年义务教育全日制中学数学教学大纲（试用）》。这一大纲与前期的大纲相比，有一个根本性的转变，这就是数学教育的目标要由升学教育转变为公民的素质教育。这是教育性质、任务和目标的巨大变革，反映了数学课程改革的正确方向，是科学主义与人文主义相结合的现代教育目的观的具体表现。与此同时，国家教委还组织编写了适应不同地区（沿海、内地）、不同学制（"六·三"制、"五·四"制）的六套数学教材，实现了"一纲多本"的教材基本格局。这些变化都具有里程碑式的意义。无论在课程的目标、内容，还是在课程的体制上都进行了实质性的改革。

为了与九年义务教育数学课程方案相衔接，1996 年 5 月教育部颁布了《全日制普通高级中学数学教学大纲（供试验用）》。经过一轮试验，于 2000 年颁布了《全日制普通高级中学数学教学大纲（试用修订版）》，2002 年又颁布《全日制普通高级中学数学教学大纲》。该大纲的一个变化就是将"逻辑思维能力"改为"思维能力"，应该说这是对数学教育功能认识的又一提升。事实上，数学给我们的不只是逻辑思维能力，数学也给我们求真务实的态度、质疑批判的精神，以及探索创新的意识等。

应该说，到 20 世纪末，我国数学课程经过多次改革后，其教学目的、教学内容、评价方法、课程结构等方面都有了很大的改进。但是，课程结构单一、知识面狭窄、内容陈旧、练习繁难、评价滞后等问题仍然不同程度地存在。为此，教育部在本世纪之初全面启动了新一轮的课程改革，2001 年颁布了《全日制义务教育数学课程标准（实验稿）》，2003 年颁布了《普通高中数学课程标准（实验）》，我国数学课程改革在新的时代背景下开始迈上了一个新的台阶。

二、对我国数学课程现状的应有认识

客观地分析和认识我国数学课程中的优点以及局限,是使我国数学课程改革健康发展的重要前提。

(一)我国数学课程的一些特点

新中国成立以来,我国的数学课程通过不断的变革有了长足的进步,经过长期的历史积淀,也逐渐形成了具有自身特色的数学教育传统。尤其是改革开放以来,随着对外学术交流的推进和我国学生在国际测试与竞赛中的不俗表现,我国数学教育经验也开始受到国际数学界的普遍关注。

我国的数学课程内容比较系统,重视数学理论。

我国的学生在数学学习中,注重"双基",基础知识掌握得比较扎实,常规计算等基本技能比较熟练,这是为大家所公认的。"看重基础,强调熟练,要求严谨"已经成为国际数学界对我国学生数学学习特点的一个最主要的评价。

我国的数学课堂上勤于习题演练,重视系统训练,注重知识的梳理和结构的掌握,并进行多种多样的"变式训练",通过"练题"来及时巩固和强化所学的知识,"精讲多练"成为普遍的教学模式。

我们的学生与国外同龄学生相比,更擅长于数学应试和数学竞赛,书面解题的能力表现比较突出。我们的留学生与其他学生相比,在常规测试中能获得高分,考试成绩也大多是优秀的。

我们的学生与国外同龄学生相比,对于数学学习的艰苦性有更好的理解和认识,从整体上反映出在数学学习过程中具有较强的意志力和勤奋、刻苦的精神。

我们的教师在数学课程的实施中,不仅具有强烈的敬业精神,而且具有一定的钻研精神。在课堂教学中对于巩固"双基"、培养"三大能力"、渗透数学思想方法,也有我们自己的认识和做法。

此外,我们设有各级教研机构,指导、规范教师的教学和教学研究活动,从整体上保证了我国的数学教育有一个较为整齐的水平。

(二)我国数学课程的部分局限

在充分肯定我国数学课程有了巨大发展的同时,我们也应该正视存在的问题。其中,有些问题是在过去就已经显露出来而始终未能得到很好的解决的问题,而更多的问题则是不适应时代发展和推进素质教育的要求显露出来的弊端。正因为如此,真正认识清楚这些局限,除了要做实事求是的分析外,更要有发展的眼光,立足于新时代对数学课程的要求来寻找差距,进行反思。分析我国数学课程的问题与局限,主要表现在以下几个方面:

1.课程的单一性

无论是课程的设置、目标、内容,还是评价方式,都较为单一。

首先是课程设置单一,缺乏选择性,除了有文、理科内容的区分外,几乎所有学生都学同样的内容。这就造成一部分学生感到所学内容难以接受;而对另一部分优秀学生,或者对数学感兴趣的学生来说,与许多国家相比,又感到内容偏少、知识面偏狭窄。这既不利于人才的培养和成长,也不符合现代社会对不同层次人才需要的客观规律。

其次是课程目标的单一,更多地关注了基本知识和基本技能的掌握,而忽视了学生的感悟和思考过程,忽视了对数学的科学价值、应用价值和文化价值的揭示,忽视了对学生学习兴趣、信心的激发和培育。这是造成我们的学生对数学学习不感兴趣,或者越学越没兴趣,觉得数学就是做题,学了数学没用,或者认为只在考试时有用;以及学生创新意识、创造能力(其中包括提出问题、解决问题、独立思考等能力)弱的重要原因之一。

再次,单一性还表现在课程内容方面。我们的课程内容缺少与学生的生活经验、与社会实际的联系,缺少数学各学科之间、数学与其他学科之间的联系,没有很好地体现数学的背景和应用,没有很好地体现时代发展和科技进步与数学之间的自然联系,这种"掐头去尾烧中段"的内容安排,使学生看不到数学有什么用,也感受不到学了数学有什么用。这也是造成学生对数学学习不感兴趣,认为学了数学没用的原因之一。此外,也是造成我国学生只善于做常规题,与日常事务、日常生活联系的应用意识差,动手能力弱的原因所在。

最后,就是评价的单一性,无论是评价主体、评价目标,还是评价方式,都较为单一。通常只是教师或学校对学生的评价,关注的往往只是结果,方式是以笔试为主,在很多情况下,甚至可以说是唯一确定学生命运的依据。忽视了对学生发展的全面考察,包括学生在数学教学活动中表现出来的兴趣和态度的变化、学习数学的信心、独立思考的习惯、合作交流的意识、认知水平的发展水平,等等。总之,对评价的激励和发展功能重视不够,忽视了对学生发展的全面考察,这既不利于学生潜力的发挥,也不利于人才的培养。

2.忽视数学课程的教育价值

数学教育,作为素质教育的重要组成部分,它在发展和完善学生的思维品质、文化素养方面,在促进学生形成认识世界的科学态度和理性精神方面,发挥着独特的作用。但是,在以往的课程中,我们对数学课程的人文价值重视不够,数学应有的文化魅力未能得到充分的展现,更多关注的是知识与技能的学习和掌握情况。

此外,在课程中也忽视了对于学生独立思考能力和创新意识的培养,教学活动中被动接受、死记硬背的现象较为突出,这也是不利于学生的发展和人才培养的。

3.忽视对数学本质的认识和理解,存在过分形式化的倾向

数学的基本概念和模型常常是以具有典型性而且有深刻内涵的例子为基

础,加以归纳和抽象出来的;而且在抽象的过程中需要有一个抓住本质并对本质有准确理解的思维过程。人们对这些概念和模型的理解,当然首先要从文字含义的角度去准确理解,但是绝不能只停留在字面的理解上,而是应该结合一些典型的实例理解它的本质含义,而且,后者是更重要的、更实质性的要求。

同样的,数学结论的证明是逻辑演绎的,但是结论以及证明的方法是如何形成的,研究者通常有某种"直观"的想法为背景。这就是说,可能是对某些例子的观察和试探而得来的,也可能是基于研究者过去在别的问题上的经验的升华。还有一个很重要的方面是:当结论成立以后,还需要分析理解它的本质、它的变型和发展、它与其他问题(实际的或理论的)的联系等等。更一般地说,数学还有一个特点是按公理体系建立,即追求从不证自明的少数几个前提(公理)出发,逻辑地演绎出整个系统,这种体系立论清晰、逻辑严密、富有理性。但是,在平面几何的教学中,如果只是强调它的逻辑严密,过分强调逻辑推理的训练是不全面的。更重要、更本质的是:要注意学习公理方法的实质,即学习如何用分析的方法,从纷繁的大量事实中找出基本出发点;用讲道理(逻辑)的方式将其他事实演绎地陈述出来。

然而,在我们的几何课中教学,关注更多的却是形式化的演绎证明步骤,却忽视了几何证明的实质、几何证明的教育功能。在代数概念以及数学公式的教学中也存在类似的问题。除此以外,在统计课中,我们要求得更多的是计算统计量,也忽视了从样本(局部)估计总体(整体)的统计的基本思想方法,忽视了让学生经历收集数据、整理数据、分析数据、从数据中获取信息,并作出判断的过程。

 谈一谈

结合你自己的学习经历,谈一谈数学课堂教学中所存在的一些不足。并对克服这些不足提出你的一些建议。

不足之处有:

我给数学教学献一策:

淡化形式,突出实质。需要我们在进行基础知识的教学和基本技能训练的过程中,真正领会数学知识的本质。中国的数学教育受惠于"双基"教学,中国的数学教育也受累于"双基"教学。这是一个沉重的话题。如何夯实基础,如何谋求发展,值得每一个数学教育工作者认真思考,积极探索,不断创新。

研讨活动

活动主题

信息技术与数学课程
——工欲善其事，必先利其器

研讨目标

■了解课程标准如何体现信息技术与课程内容的整合；

■体会信息技术对于数学教学的作用；

■认识如何更好地利用信息技术进行数学教学；

■掌握利用信息技术进行数学教学的注意问题。

研讨方式

通过问题思考、阅读材料、案例分析、小组讨论、大组交流等活动方式，使得研讨参与者领悟上述研讨目标，把握研讨内容。

研讨内容

活动卡
1.阅读课程标准中的课程内容部分，寻找课程内容因信息技术而发生的变化，并把相关的内容制作成一个表格。 2.有看法认为：信息技术只是"黑板搬家"，你同意这种的观点吗？计算器、计算机智能给学生呈现思维的结果，而无法体现发生、发展的过程，因而无助于学生数学思维能力的培养。你的看法如何？ 3.搜集一个令你印象深刻的利用信息技术进行数学教学的案例，并与同伴交流对此案例的感想。你认为现代信息技术给数学教师的教学方式以及学生的数学学习方式带来了怎样的变化？ 4.试就你的体会，谈一谈应该如何更好地整合信息技术与数学课程。

研讨建议

1.研讨者独立阅读数学课程标准的有关内容，找出相关的重点。

2.主持人组织大组交流，汇总所有重点，共同完成活动卡中的问题 1 根据实际情况，可以选择一些重要内容做深入的讨论，也可提出一些进一步讨论的问题，鼓励参与者活动后完成。

3.主持人注意引导参与者交流对信息技术的看法，并注意捕捉重要信息，组织全班对其中的关键问题进行讨论。

4.主持人可以结合具体的教学案例进行评述，使得参与者体会如何将信息技术与数学教学有机结合起来,以促进学生数学理解水平和思维能力的提高。

5.围绕研讨卡的具体问题,主持人可以提供一些有关的阅读材料,或者相关的网络资源等。

6.主持人应该及时提炼和引导,并根据研讨目标进行小结。

7.活动时间:1课时。

思考问题

1.数学家高斯说"数学是科学的皇后";数学史家比尔说"数学是科学的仆人"。你如何理解这两种反差极大的说法呢?试就"数学与科学的关系"谈一谈你的看法。

2.图 1-1 是一个关于数学教育结构的数学教育三角形模型。其中,S 表示由个人或社会构成的主体,R 表示构成客观世界的各个真实部分,T 表示真实的数学理论知识。落实到数学教学上,S、R、T 分别表示学习者或学习共同体、数学真实或数学情景、数学知识及理论。

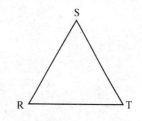

图 1-1　数学教育三角形

从这样的一个框架出发,你认为数学教育的价值体现在哪些方面呢?

3.现代社会的公民有怎样的数学需求?试设计一个问卷进行小范围的调查,并撰写一份调查报告。

4.有这样的一个报道。一个教授问一群外国学生:"12 点到 1 点之间,分针和时针会重合几次?"那些学生都从手腕上拿下手表,开始拨表针;而这位教授在给中国学生讲到同样一个问题时,学生们就会套用数学公式来计算。评论说,由此可见,中国学生的数学知识都是从书本上搬到脑子中,不能灵活运用,很少想到在实际生活中学习、掌握数学知识。你认为,数学课程中有哪些因素可能会造成这样的一种现象?

5.我国的数学课程标准在哪些方面体现出数学应用的特点?

进一步阅读的资料以及拓展资源

1.黄翔.数学教育的价值.北京:高等教育出版社,2004.

2.涂荣豹.数学教学认识论.南京:南京师范大学出版社,2004.

3.全美数学教师理事会.蔡金法等译.美国学校数学教育的原则和标准.北京:人民教育出版社,2004.

4.童莉,黄翔.追求信息技术与数学课程的整合:新加坡新数学教材 *New Mathematics Counts* 的特点之一.数学教学通讯,2003(172):1−3.

5.李淑文,张守波.日本中学数学教材中的"课题学习".数学通报,2004(6):30—32.

6.魏群,张月仙.中国中学数学课程教材演变史料.北京:人民教育出版社,1996.

7.涂荣豹等.新编数学教学论.上海:华东师范大学出版社,2004.

第二章
数学课程标准的内容与阐释

 本章提要

本章主要针对课程标准的有关内容进行一些阐释,主要包括初中数学学习内容所涉及的六个核心概念和四个学习领域,高中数学课程的基本框架以及内容简介等。通过本章的学习,应该达到如下的目标:

❖ 理解数感、符号意识、空间观念、统计观念、应用意识以及推理能力的具体含义,掌握其培养的基本途径;

❖ 知道初中数学课程四大领域的主要内容;

❖ 了解高中数学课程标准的内容框架及其特点;

❖ 熟悉高中数学课程必修以及选修的基本内容。

第一节　初中数学学习内容的六个核心概念

初中数学课程涉及六个核心概念,即"数感"、"符号意识"、"空间观念"、"统计观念"、"应用意识"、"推理能力"。本节结合《全日制义务教育数学课程标准(实验稿)》以及《全日制义务教育数学课程标准(修改稿)》(以下简称《标准》),对此进行一些剖析。

一、数感及其培养

理解数感,让学生在数学学习过程中建立数感,是《标准》十分强调和重视的问题。

(一)对数感的认识

数感主要是指关于数与数量表示、数量大小比较、数量和运算结果的估计、数量关系等方面的感悟。

在人们的学习和生活实践中经常要和各种各样的数打交道,人们常常会有意识地将一些现象与数量建立起联系。如走进一个会场,在我们面前的是两个集合,一个是会场的座位,一个是出席的人,有人会自然地将这两个集合作一下估计,不用计数,就可以知道这两个集合是否相等,哪个集合大一些,这就是一种数感。

数感是人的一种基本的数学素养。它是建立明确的数概念和有效地进行计算等数学活动的基础,是将数学与现实问题建立联系的桥梁。数感强的人眼中看到的世界,可能与其他人不同,遇到可能与数学有关的具体问题时,能自然地、有意识地与数学联系起来。

(二)数感的主要表现

在关于学习内容的说明中,《标准》描述了数感的主要表现。包括:

- 理解数的意义;
- 能用多种方法来表示数;
- 能在具体的情境中把握数的相对大小关系;
- 能用数来表达和交流信息;
- 能为解决问题而选择适当的算法;
- 能估计运算的结果,并对结果的合理性作出解释。

这是对数感的具体描述,是义务教育阶段培养学生数感的主要内容。

(三)数感的培养

数感是在学习过程中逐步体验和建立起来的,教学过程中应当结合有关内容,把数感的培养体现在数学教学过程之中。让学生在认识数的过程中,更多地接触和经历有关的情境和实例,在现实背景下感受和体验数的意义,会使学生更具体、更深刻地把握数概念,建立数感。

1.联系生活,体验数感

教学中应该引导学生联系自己身边的具体事物,通过观察、操作、解决问题等丰富的活动,感受数的意义,体会数用来表示和交流的作用,初步建立数感。

例如,认识大数目时,要引导学生观察、体会大数的情境。了解大数在现实生活中的应用,有助于学生体会数的意义,建立数感。如国庆游行时的一个方队的人数,体育场一面的看台上能坐多少人,学校操场能容纳多少人,一万名学生手拉手大约有多长等,通过这样一些具体的情境,让学生切实感受到大数。在学生头脑中一旦形成对大数的理解,就会有意识地运用它们理解和认识有关的问题,逐步强化数感。

2.合理运算,获取数感

对运算方法的判断,运算结果的估计,都与学生的数感有密切的联系。

例如,当学生为了求一个问题的答案需要计算时,他(她)应该意识到需要选择方法;如果一个近似答案就足够了,那么他应该估算;如果需要精确的答案,那么必须选择合适的程序。许多问题通过心算就可以解决;如果计算不太复杂,那么应该利用笔算解决它们;对于比较复杂的计算,应该使用计算器。并不是只用一种方法找到答案,也不是只有一个唯一的答案。学生在探索实际问题的过程中,会切实了解计算的意义和如何运用计算的结果。

　　3.重视估算,增强数感

　　估算是发展数感的重要方面。估算的能力和习惯依赖于对数的理解。估算有助于学生发展对数及运算的理解,增强他们运用数及运算的灵活性,促进他们对结论的合理性的认识,提高他们处理日常数量关系的能力。

例 2-1　已知 $S=\dfrac{1}{\dfrac{1}{1980}+\dfrac{1}{1981}+\cdots+\dfrac{1}{2000}}$,求 S 的整数部分。

解:因为 $\dfrac{1}{2000}<\dfrac{1}{1999}<\cdots<\dfrac{1}{1981}<\dfrac{1}{1980}$

所以 $\dfrac{1}{1980}+\dfrac{1}{1981}+\cdots+\dfrac{1}{2000}<\underbrace{\dfrac{1}{1980}+\dfrac{1}{1980}+\cdots+\dfrac{1}{1980}}_{21个}$

$=\dfrac{21}{1980}$(运用"放大"的思想)

且 $\dfrac{1}{1980}+\dfrac{1}{1981}+\cdots+\dfrac{1}{2000}<\underbrace{\dfrac{1}{2000}+\dfrac{1}{2000}+\cdots+\dfrac{1}{2000}}_{21个}$

$=\dfrac{21}{2000}$(运用"缩小"的思想)

这就是说,S 的分母类在 $\dfrac{21}{2000}$ 和 $\dfrac{21}{1989}$ 之间。

则 S 的大小在 $\dfrac{1980}{21}$ 和 $\dfrac{2000}{21}$ 之间。即 $94\dfrac{2}{7}<S<95\dfrac{5}{21}$

故 S 的整数部分是 95。

培养学生的数感是中小学数学教育的重要目标之一,在实际教学中需要结合具体的教学内容有意识地设计具体目标,提供有助于培养学生数感的情境,有利于发展学生数感的评价方式,以促进学生数感的建立和数学素养的提高。

二、符号意识及其培养

符号是数学的语言,是人们进行表示、计算、推理、交流和解决问题的工具。

(一)对符号意识的认识

符号意识主要是指能够理解并且运用符号表示数、数量关系和变化规律;知道使用符号可以进行一般性的运算和推理。建立"符号意识"有助于学生理解符号的使用,是数学表达和进行数学思考的重要形式。

(二)符号意识的表现

在关于学习内容的说明中,《标准》指出了符号意识主要表现在:

①能从具体情境中抽象出数量关系和变化规律,并用符号表示;

②理解符号所代表的数量关系和变化规律;

③会进行符号间的转换;

④能选择适当的程序和方法解决用符号所表达的问题

学习数学的目的之一是要使学生懂得符号的意义,会运用符号解决实际问题和数学本身的问题,发展学生的符号意识。

(三)符号意识的培养

1. 介绍数学符号的形成过程

数学符号是约定俗成的,是抽象思维的产物,但并不是不可捉摸的。数学符号的创设总是由于研究某种课题的需要而受到某种数学思想的指引,它总是在交流传播过程中不断改进的,受到文化、经济和印刷条件等社会背景的影响,有的甚至还经历过戏剧性变化,这里单讲零号。

我国零号的演变过程是很清楚的。例如,2306 表示成 =|||⊥,空一格的地方表示零,自然也可以用□来表示。因此:=||| ⊥就变成=|||□⊥,在书写的时候,字体常写成行书,而方块也就容易写成圆圈了。人们为了写得快,而把□写成○,这本是无意的,但圆圈一经出现即取代方框,因为用圆圈比方框方便。这就叫"无心插柳柳成荫"。以○作零号,最早可在金《大明历》中看到。这样,=|||□⊥又演变成=二||○⊥。到秦九韶的《数书九章》便大量使用○号。到了 19 世纪末,印度·阿拉伯数码传入我国后,二||○⊥又慢慢变为23○6。后来,人们进一步发现用圆圈作零号还有缺点。一方面,写圆圈不方便,要想写规范,须用圆规;另一方面,圆圈与其他数字排在一起不美观,因此,人们又改用扁圆 0 作零号,23○6 演变为 2306,这就形成现代的零号。

数学符号虽然是抽象的,但其创造过程是生动活泼的。

2. 重视对数学符号的句法和语义分析

符号是概念的物质外壳,如果学生不了解符号的含义,那就什么也不知道。而且对于一个符号,学生如果只是一知半解地使用它,那是很难掌握和运用自如的。学生学习知识表面化的根源往往在于数学语言的学习中形式和内容的脱节,其实质就是数学符号和公式与它们所表示的东西脱节,这也就是教师在教学中对数学语言的语义注意不够的结果。如此,学生在从具体材料抽象概括出抽象结论时,容易受具体对象的非本质特征的干扰而不能正确理解抽象结论的语义内容。

数学教学必须重视对符号的语义分析。有些数学表达式在形式结构上似乎没有多大差别,但其语义内容却完全不一样。例如:$a_1+a_2+\cdots+a_n$ 与 a_1+

$a_{n+2}+\cdots+a_n+\cdots$似乎相差无几,但两者却代表完全不同的数学概念。语义分析还包括分析数学符号的内在条件,例如$\frac{1}{a}$,a^0及$\sqrt{a}$都各有其存在的条件。在重视对符号语义分析的同时,还要注意数学符号的句法。所谓句法,即是指数学符号的合成规则和习惯用法。如$2a$不写成$a2$,通常用大写字母表示三角形顶点等。

3.学会用数学符号进行推理

有些问题从表面看来比较复杂,甚至不像数学问题,但是,只要经过适当的符号处理之后,就可使问题简化。

例 2-2 设有 11 只茶杯,杯口全部朝上,若将其中 4 只杯子翻转过来,称为一次运动。问是否可经过有限次运动,使得茶杯的杯口全部朝下。

分析:在该题中最关键的事情是"杯口向上"与"杯口向下"两种状态。为了使问题数学化,我们将杯口向上、向下的状态分别用$+1$、-1表示。这样,每次运动就是将其中 4 个数改变符号,亦即用-1分别去乘 4 个数。而原问题就变成:能否经过有限次的运动将 11 个$+1$全部变成-1。考虑 11 个数的乘积:由于每次运动相当于将 4 个数都乘以-1,而$(-1)^4=1$,故不论经过多少次运动,11 个数的乘积将保持不变,从而不能把 11 个$+1$变为 11 个-1,也就是不能使11 只杯口变为全部朝下。

应该指出的是,对符号运算的训练要适当地、分阶段地进行,但是不主张进行过多、过繁琐的形式运算的训练。学生符号意识的形成不是一蹴而就的,而是伴随着学生数学思维层次的提高逐步发展的。

三、空间观念及其培养

传统的几何课程,内容差不多都是计算和演绎证明。到了初中以后,几何几乎成了一门纯粹的关于证明的学问。课程标准提出"空间观念",弥补了传统几何课程的不足。

(一)对空间观念的认识

空间与人类的生存紧密相关,了解、探索和把握空间能使人类更好地生存、活动和成长。空间观念是创新精神所需的基本要素,没有空间观念,几乎谈不上任何发明创造。因为许许多多的发明创造都是以实物的形态呈现的,作为设计者要先从自己的想象出发画出设计图,然后根据设计图做出实物模型,再根据模型修改设计,直至最终完善成型。这是一个充满丰富想象和创造的探求过程,也是人的思维不断在二维和三维空间之间转换、利用直观进行思考的过程。空间观念在这个过程中起着至关重要的作用。所以,发展学生的空间观念,对培养学生具有初步的创新精神和实践能力是十分重要的。这就是标准把"空间观念"作为义务教育阶段重要学习内容的意义所在。

(二)空间观念的表现

在关于学习内容的说明中,《标准》描述了空间观念主要表现在:

①能由实物的形状想象出几何图形,由几何图形想象出实物的形状,进行几何体与其三视图、展开图之间的转化;

②能根据条件做出立体模型或画出图形;

③能从较复杂的图形中分解出基本的图形,并能分析其中的基本元素及其关系;

④能描述实物或几何图形的运动和变化;

⑤能采用适当的方式描述物体间的位置关系;

⑥能运用图形形象地描述问题,利用直观来进行思考。

(三)空间观念的培养

1.观察是培养学生空间观念的基本方法

观察是培养学生空间观念的基本方法,教师需要在教学中逐步引导学生学会观察,让学生经历观察的过程,学习观察的方法,形成自己的体验。

例 2-3 画出几何体(a)的三视图。

分析:从正面观察立体图形共有三层,最上层有 1 列,中间一层有 2 列,最下层有 4 列;因此,可画出它的正视图(b)。再从左面观察,立体图形共有 2 列,第一列有 3 层,第二列有 1 层;因此,画出它的左视图(c)。用类比的方法,画出俯视图(d)。

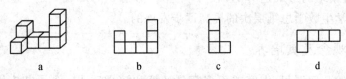

a   b   c   d

图 2-1   几何体及其三视图

2.操作是培养学生空间观念的重要手段

空间观念的形成仅靠观察是不够的,教师必须借助于几何体的自然存在性,引导学生动手操作,在操作中体会生活中几何体的特性,在研究中发现其中的数学道理,逐渐积累空间感知。

例 2-4 画正方体的展开图。

分析:可采用剪一剪、折一折的方法进行操作,得到表面展开图共有 11 种(图 2-2)。这些平面展开图可以有 2 层,也可以有 3 层。如果是 2 层,就是 3-3 型;如果是 3 层,有 1-4-1 型、2-3-1 型、2-2-2 型。

3.想象是培养学生空间观念的必要途径

除了观察、操作外,还必须教会学生学会想象。学生展开想象是从实物模型向数学模型的升华、感知空间向思维空间的飞跃,所以想象是培养学生空间

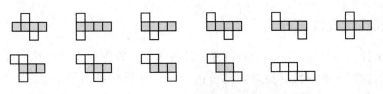

图 2-2 正方体展开图

观念的必要途径,这是一个十分艰巨的任务。教师要经常创设问题情境,引导学生展开想象,调动学生思维的积极性,从而进一步建构空间观念。

例 2-5 用一些小立方块搭一个几何体,使得它的正视图和俯视图如图 2-3 所示,最少需要几个小立方块? 最多需要几个小立方块?

分析:依据俯视图,在头脑中勾画小立方块的摆法,这个由小立方块组成的几何体有 3 行 3 列,第一行有 3 块,第二行有 2 块,第三行有 2 块;根据正视图借助想象得到每列的最高层次,第一列最多有 3 层,第二列最多有 2 层,第三列只有 1 层;而第一列中有 3 行,第二列中有 3 行,第三列中有 1 行。所以最少摆法中所需小立方块的个数为:3+1+1+2+1+1+1=10;最多摆法中所需小立方块的个数为:3+3+3+2+2+2+1=16。

正视图   俯视图

图 2-3 正视图和俯视图

空间观念是从现实生活中积累的几何知识体验出发,在感知过程中逐步建立起来的。培养学生的空间观念,需要在实际操作过程中不断探索有利于学生形成空间观念的内容、情景和教学方式。

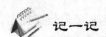

记一记

数感、符号意识与空间观念具体表现在哪些方面?

数感表现在:

符号意识表现在:

空间观念表现在:

四、统计观念及其培养

将统计的初步知识纳入义务教育阶段数学课程在国际上早已达成共识,许多国家的课程标准和教材中对这部分内容都有比较详细的要求。"统计观念"是《标准》首次纳入数学课程的重要目标之一。

(一)对统计观念的认识

统计与人们的日常工作和社会生活密切相关,生活已先于数学课程将统计推到了学生的面前。现代社会的公民越来越需要与数据打交道,在处理实际问题时人们越来越注重对数据的收集、整理和分析,这就是一个统计的过程。在以信息和技术为基础的现代社会里,人们面临着更多的机会和选择,常常需要在不确定情境中,根据大量无组织的数据作出合理的决策。而统计正是通过对数据的收集、整理和分析,来为人们更好地制定决策提供依据。

(二)统计观念的表现

在关于学习内容的说明中,《标准》描述了统计观念的表现:

①能从统计的角度思考与数据有关的问题;

②能通过收集数据、描述数据、分析数据的过程,作出合理的决策;

③能对数据的来源、处理数据的方法,以及由此得到的结果进行合理的质疑。

(三)统计观念的培养

1.使学生经历统计活动的全过程

"观念"的建立需要人们亲身的经历,要使学生逐步建立统计观念,最有效的方法是让他们真正投入到统计活动中:提出问题,收集数据,整理数据,分析数据,作出决策,进行交流、评价与改进等。

2.使学生在现实的情景中体会统计的作用

统计和概率的现实生活素材是非常丰富的,在教学中应当注意充分挖掘。既可从报纸杂志、电视广播、网络等许多方面寻找素材,也可从学生的生活实际中选取,如有关学校周围道路交通状况的调查,本地资源与环境的调查,对自己所喜爱的体育比赛的研究等。还可以安排一些实践活动、社会调查等,使学生亲自经历解决实际问题的过程。使学生在解决实际问题的过程认识到统计的作用,逐步树立从统计的角度思考问题的意识。

3.培养学生利用数据说话的本领

统计的教学,应该让学生学会统计思想,认识统计的作用,既能有意识地、正确运用统计来解决一些问题,又能理智地分析他人的统计数据,以作出合理的判断。

例2-6 某工厂有5个股东,100个工人。工人的工资总额与工厂的股东总利润如表 2-1 所示。该工厂老板根据表中的数据,作出工人工资与股东利润对比图(见图 2-4),并声称股东和工人"有福共享、有难同当",你如何看待他的说法?

表 2-1　工人工资总数与股东总利润的对比

年　度	工人工资总额	股东总利润
1990 年	10 万元	5 万元
1991 年	12.5 万元	7.5 万元
1992 年	15 万元	10 万元

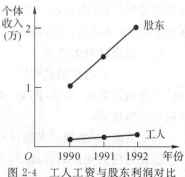

图 2-4　工人工资与股东利润对比

分析:乍一看统计图,人们会得到工人的工资总额与股东的总利润是平行增长的,并且总高于股东的总利润。确实是"有福共享,有难同当",工人应当满足。但换一个角度来分析这些数据,会得到截然不同的结论。我们可以比较工人工资增长的百分比与股东利润增长的百分比(见图 2-5),或者比较工人个人年收入和股东个人年收入(见图 2-6),就会发现股东得到的"好处"远比工人多。

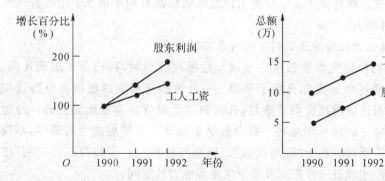

图 2-5　工人工资与股东利润增长的百分比对比　　图 2-6　工人年收入与股东年收入的对比

总之,统计学习应注重过程、思想和观念的学习。目的是使学生体会统计的基本思想,认识到统计的作用,逐步发展统计观念。

五、推理能力及其培养

在日常生活、学习和工作中,人们经常要对各种各样的事物进行判断,判断事物的对与错、是与非、可能与不可能等。判断是对事物的情况有所断定的思维形式。由一个或几个已知判断推出另一未知判断的思维形式,叫做推理。

(一)对数学推理的认识

推理是数学的基本思维方式,也是人们学习和生活中经常使用的思维方式。推理贯穿在整个数学学习中。推理一般包括合情推理和演绎推理。合情推理是从已有的事实出发,凭借经验和直觉,通过归纳和类比等推测某些结果。演绎推理是从已有的事实(包括定义、公理、定理等)出发,按照规定的法则(包括逻辑和运算)证明结论。在解决问题的过程中,合情推理有助于探索解决问题的思路、发现结论;演绎推理用于证明结论的正确性。

(二)推理能力的表现

在关于学习内容的说明中,《标准》阐述了推理能力的主要表现:

①能通过观察、实验、归纳、类比等获得数学猜想,并进一步寻求证据、给出证明或举出反例;

②能清晰、有条理地表达自己的思考过程,做到言之有理、落笔有据;

③在与他人交流的过程中,能运用数学语言合乎逻辑地进行讨论和质疑。

(三)数学推理能力的培养

1.在基础知识的教学活动中培养推理能力

把推理能力的培养融入基础知识教学活动过程之中,让基础知识、基本技能与推理得到和谐的发展,是培养初中学生推理能力的基本途径。

如在概念、定理和公式的教学中,通过实例引导学生猜想、归纳概括形成概念、定理和公式。在计算中让学生说出计算的依据都有利于培养学生的合情推理和演绎推理能力。

2.把推理能力的培养落实到不同内容领域之中

以往,人们在研究数学教学中发展学生推理能力时,往往首先想到几何。事实上,数学的各个分支都充满了推理——合情推理和演绎推理。应当认识到:几何为学习论证推理提供了素材,几何教学是发展学生推理能力的一种途径,但绝不是唯一的素材和途径。数学教学中发展学生推理能力的载体,不仅是几何,而且广泛地存在于"数与代数"、"概率与统计"和"实践与综合应用"之中。只有这样,才能进一步拓宽发展学生推理能力的空间。

3.在问题解决过程中发展学生的推理能力

毫无疑问,学校的教育教学(包括数学教学)活动能推进学生推理能力更好地发展。但是,除了学校教育以外,还有很多活动也能有效地发展人的推理能力。例如,人们在日常生活中经常需要作出判断和推理,许多游戏活动也隐含着推理的要求等。所以,要进一步拓宽发展学生推理能力的渠道,使学生感受到生活、活动中有"学习",养成善于观察、勤于思考的习惯。

六、应用意识及其培养

当代国际数学教育的改革呈现出三大趋势,即"大众数学"、"解决问题"、"数学应用",而究其实质,都强调了数学的应用。注重培养学生的应用意识,有助于学生对数学有一个比较完整的了解,树立正确的数学观。

(一)对数学应用意识的认识

所谓数学应用意识,是一种用数学的眼光观察、分析周围生活中问题的思维倾向。最终体现为应用数学知识和方法解决实际问题的能力。

培养学生的数学应用意识和应用能力,能帮助学生对数学的内容、思想和方法有一个直观生动而深刻的理解,有助于学生正确认识数学乃至科学的发展道路,了解数学用以分析问题和解决问题的思维方式,使学生真正懂得数学究竟是什么,从而对他们的终身发展产生深远的影响。

(二)数学应用意识的表现

在关于学习内容的说明中,《标准》对应用意识作了如下刻画:

①认识到现实生活中蕴含着大量的数学信息、数学在现实世界中有着广泛的应用;

②面对实际问题时,能主动尝试着从数学的角度运用所学知识和方法寻求解决问题的策略;

③面对新的数学知识时,能主动地寻找其实际背景,并探索其应用价值。

(三)应用意识的培养

1. 兼顾数学的理论与数学的应用两方面的平衡

作为数学应用意识而言,必须以一定的数学知识、数学能力作为基础,离开了数学知识的训练、数学应用能力的培养,数学应用意识也就失去了意义。因此,教学中要保持理论与应用双方面的平衡。

数学教学既要向学生提供一些基本的公式、定理,为学生理解数学、应用数学打下基础,同时还要向学生提供运用数学解决各领域内实际问题的机会,诸如用数学来分析一些自然科学、社会科学、消费购买问题和日常生活中遇到的一些其他问题等。既有抽象的理论演绎,也有具体的实际内容,以让学生形成一个完整的数学概念,真正体现出数学来源于实践,又以更大的动力反作用于实践的过程。

2. 联系实际,注重数学知识的来龙去脉

数学应用意识的培养发展,非一朝一夕的事,而是一个不断深化的过程。因此在数学教学中,引入新知识应当联系生活实际,注重知识的来龙去脉。从生活实际引入新知识,有助于学生体会数学知识的应用价值,为学生主动地从数学的角度去分析现实问题、解决现实问题提供示范。

在实际教学中,教师尤其应关注现实世界中数学的应用,从现实生活中发现数学问题,把"实际"与"知识"联系起来,注意搜集数学应用的事例,介绍给学生,让学生了解数学的广泛应用。这样既可以帮助学生了解数学的发展,体会数学的应用价值,激发学习兴趣,更可以帮助学生领悟数学知识的应用过程。

例如,在日常生活中存在着丰富的"具有相反意义的量"、"不同形式的等量关系和不等量关系"以及"变量与变量之间的函数对应关系"等等,这些正是我们在数学中引入的"正负数"、"方程"、"不等式"、"函数"等实际背景。实际上,许多数学知识都有具体和直接的应用,应该让学生充分实践和体验这些知识是如何应用的。在此基础上让学生感受和体验数学的应用价值,了解数学知识的来龙去脉是形成数学应用意识的重要组成部分。

3.开阔学生的视野,了解数学的应用价值

在数学教育中,应该关注学生对于数学基础知识、基本技能以及数学思想方法的掌握。同时,也应该帮助学生形成一个开阔的视野,了解数学对于人类发展的价值,特别是它的应用价值,学生要有知识更要有见识。在培养学生的应用意识时,需要以知识、实践、能力的培养为基础,教师还应该主动地向学生展示现实生活中的数学信息和数学的广泛应用,向学生介绍数学在各个领域中的应用情况,比如数学在CT、核磁共振、高清晰度彩电、飞机设计、天气预报等等这些重要技术中所发挥的核心作用,让学生深刻了解数学的应用价值。

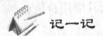 记一记

统计观念、推理能力与应用意识具体表现在哪些方面?

统计观念表现在:

推理能力表现在:

应用意识表现在:

第二节 初中数学课程内容的四大领域

《标准》将数学学习内容分为数与代数、几何与图形、统计与概率、综合与实践四大领域。本节主要针对7—9年级的内容加以介绍。

一、数与代数

在本学段中,学生将学习实数、代数式、方程与方程组、不等式和不等组、函

数等知识,掌握必要的运算(包括估算)技能,探索具体问题中的数量关系和变化规律,体验从具体情境中抽象出数学符号的过程,掌握用代数式、方程、不等式、函数进行表述的方法。通过用代数式、方程、不等式、函数等表述数量关系的过程,体会模型的思想。

(一)基本内容

该领域的基本内容包括:

1.数与式

具体包括:有理数、实数、代数式、整式与分式、二次根式。

2.方程与不等式

具体包括:一元一次方程、一元二次方程、二元一次方程组、一元一次不等式与一元一次不等式组。

3.函数

具体包括:探索具体问题中的数量关系和变化规律、函数、正比例函数与一次函数、反比例函数、二次函数。

(二)与传统内容的比较

与传统内容相比,"数与代数"领域加强的方面:

①强调通过实际情境使学生体验、感受、理解数与代数的意义;

②增强应用意识,渗透数学建模思想;

③加强学生的自主活动,重视对数与代数规律和模式的探求;

④重视计算器和计算机的使用,并提出了加强对近似计算和估算的要求。

削弱的方面:

⑤降低运算的复杂性、技巧性和熟练程度的要求;

⑥减少公式,降低对记忆的要求;

⑦降低对于一些概念过分"形式化"的要求。

(三)内容定位

对于"数与代数"的定位主要是关注模型、表示与计算。方程(或不等式)是刻画现实世界数量关系(相等或大小)的数学模型,函数是刻画现实世界数量变化关系的数学模型。在数与代数的教学中,应该结合具体教学内容采用"问题情境—建立模型—解释、应用与拓展"的过程来进行。例如对数的认识是以"新数产生的背景—新数的特征—新数的表示与运算"方式展开的,突出新数产生的真实背景,展示新数与旧数之间的差异所在,帮助学生理解新数的基本特征。又如,对于方程的学习首先是关注方程模型——作为表达现实情境中一类数学关系的模型;其次是解方程的过程,特别是解方程的思想方法(化归)以及方程的应用;最后,从方程与函数的联系的角度提高学生对方程的认识。千万不要把各种问题的解法当成现成的结论来教,而是尽可能给学生提供合适的问题情境,让学生在自主探索、研究中去寻求或发现解决问题的方法,感受方程、不等式、函数等是刻画现实世界的数学模型,领会数学建模的思想和基本过程,提高解决问题的能力。

总之,在"数与代数"的教学中,应帮助学生建立数感和符号意识,发展运算能力,初步形成模型思想。

二、图形与几何

在本学段中,学生将学习探索并理解平面图形的平移、旋转和轴对称;探索并掌握相交线、平行线、三角形、四边形和圆的基本性质与判定,掌握基本的证明方法和基本的作图技能;认识投影与视图;探索并理解平面直角坐标系。

(一)基本内容

该领域的具体内容包括:

1. 图形的性质

具体包括:点、线、面、角,相交线与平行线,三角形,四边形,圆,简单几何体,尺规作图,定义、命题、定理。

2. 图形的变化

具体包括:图形的轴对称、图形的旋转、图形的平移、图形的相似、图形的投影。

3. 图形与坐标

具体包括:坐标与图形的位置、坐标与图形的运动。

(二)与传统内容的比较

与传统内容相比,图形与几何加强的方面包括:

①强调内容的现实背景,联系学生的生活经验和活动经验;

②增加了图形变换、位置的确定、视图与投影等内容;

③加强了几何建模以及探究过程,强调几何直观、培养空间观念;

④突出"图形与几何"的文化价值;

⑤重视量与测量,并把它融合在有关内容中,加强测量的实践性;

⑥加强合情推理,调整"证明"的要求,强化理性精神。

削弱的方面包括:

①削弱了以演绎推理为主要形式的定理证明;

②减少了定理的数量;

③删去了大量繁难的几何证明题;

④淡化几何证明的技巧;

⑤降低了论证形式化的要求和证明的难度。

(三)内容定位

图形与几何领域的呈现方式较过去有较大差异,不以欧几里得几何的公理体系为主线,不严格按照知识的逻辑顺序呈现这个领域,核心学习主题不再是证明的过程和技巧,而是建立空间观念,突出空间与图形的文化价值;主要的呈现方式是以探索对象的类别、复杂情况、思维活动的抽象过程等若干条线索并举,二维与三维相互转换,展现丰富多彩的几何世界;学生认识图形、空间的方式首先是具体的"操作性活动",随后才是想象、推理与论证等抽象的思维活动。例如,"三角形全等"的内容就可以先通过各种"操作性活动"(折叠、变换、作图等),探索两个三角形全等所必需的条件、具备的性质,然后在建立若干"公理"的基础上展开对相应命题的证明。

总之,学习"图形与几何"应该帮助学生建立空间观念,注重培养学生的几何直观与推理能力。

三、统计与概率

在本学段中,学生将进一步体验数据收集、处理、分析和推断过程,理解抽样方法;体验用样本估计总体的过程;理解频率,知道用频率可以估计概率;能计算一些简单事件的概率。

(一)基本内容
该领域的具体内容包括:

1.抽样与数据分析
具体包括:统计表、条形统计图、折线统计图、扇形统计图、频数与频率、频数分布直方图、频数分布折线图、抽样、加权平均数、中位数、众数、方差和标准差。

2.事件发生的概率
具体包括:事件的可能性、简单事件的概率、估计概率。

(二)与传统内容的比较
与传统内容相比,"统计与概率"强调和注意的方面包括:
①突出统计与概率的实际意义和应用;
②突出统计与概率的过程性目标;
③注意统计与概率和其他内容的联系;
④注意统计与概率和现代信息技术的结合;
⑤注意避免单纯的统计量的计算和对有关术语的严格表述。

(三)内容定位
在"统计与概率"中,帮助学生逐渐建立起数据分析的观念是重要的。数据分析包括:了解在现实生活中有许多问题应当先作调查研究、收集数据,通过分析作出判断,体会数据中是蕴含着信息的;体验数据是随机的和有规律的,一方面对于同样的事情每次收集到的数据可能会是不同的,另一方面只要有足够的数据就可能从中发现规律;了解对于同样的数据可以有多种分析的方法,需要根据问题的背景选择合适的方法。

在概率的学习中,所涉及的随机现象都基于简单随机事件:所有可能发生的结果是有限的,每个结果发生的可能性是相同的。

可见,统计概念的学习方式是进行统计活动,而不是记忆概念,在统计教学中要让学生经历统计与概率思想产生的全过程,帮助学生在原有的知识和经验的基础上主动构建,探究现实生活中的数据和随机现象,发展对数学的理解和认识。

四、综合与实践

"综合与实践"是一类以问题为载体,学生主动参与的学习活动,是帮助学生积累数学活动经验、培养学生应用意识与创新意识的重要途径。针对问题情境,学生综合所学的知识和生活经验,独立思考或与他人合作,经历发现问题和提出问题、分析问题和解决问题的全过程,感悟数学各部分内容之间、数学与生活实际之间、数学与其他学科之间的联系,加深对所学数学内容的理解。

"综合与实践"应当保证每学期至少一次。它可以在课堂上完成,也可以在课外完成,还可以课内外相结合。

 查一查

在中学阶段,数学教科书安排了哪些课题学习(或类似于课题学习)的主题或内容?

初中阶段的有:

高中阶段的有:

第三节　高中数学课程标准的内容框架

依据《基础课程改革和发展纲要(试行)》,普通高中课程由学习领域、科目、模块三个层次组成。普通高中课程一共设置了八个领域,数学自身构成一个单独学习领域。在数学课程这个领域中,不再划分科目,直接由模块组成。

一、高中数学的课程结构

高中数学课程分必修和选修。必修模块由 5 个模块组成;选修课程有 4 个系列,其中系列 1、系列 2 由若干个模块组成,系列 3、系列 4 由若干专题组成;每个模块 2 学分(36 学时),每个专题 1 学分(18 学时),每 2 个专题可组成 1 个模块。课程结构如图 2-7 所示。

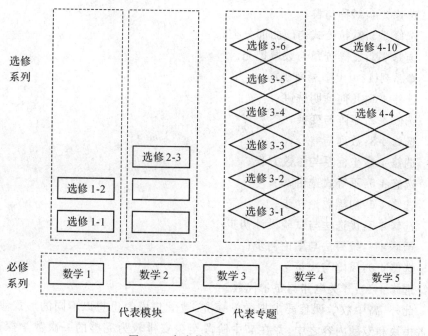

图 2-7　高中数学课程的基本框架

其中,必修课程是每个学生都必须学习的数学内容,包括五个模块。

数学 1:集合、函数概念与基本初等函数Ⅰ(指数函数、对数函数、幂函数);

数学 2:立体几何初步、平面解析几何初步;

数学 3:算法初步、统计、概率;

数学 4:基本初等函数Ⅱ(三角函数)、平面上的向量、三角恒等变换;

数学 5：解三角形、数列、不等式。

选修课程由系列 1、系列 2、系列 3、系列 4 等组成。

◆系列 1：由两个模块组成。

选修 1-1：常用逻辑用语、圆锥曲线与方程、导数及其应用；

选修 1-2：统计案例、推理与证明、数系的扩充与复数的引入、框图。

◆系列 2：由三个模块组成。

选修 2-1：常用逻辑用语、圆锥曲线与方程、空间中的向量与立体几何；

选修 2-2：导数及其应用、推理与证明、数系的扩充与复数的引入；

选修 2-3：计数原理、统计案例、概率。

◆系列 3：由六个专题组成。

选修 3-1：数学史选讲；

选修 3-2：信息安全与密码；

选修 3-3：球面上的几何；

选修 3-4：对称与群；

选修 3-5：欧拉公式与闭曲面分类；

选修 3-6：三等分角与数域扩充。

◆系列 4：由十个专题组成。

选修 4-1：几何证明选讲；

选修 4-2：矩阵与变换；

选修 4-3：数列与差分；

选修 4-4：坐标系与参数方程；

选修 4-5：不等式选讲；

选修 4-6：初等数论初步；

选修 4-7：优选法与试验设计初步；

选修 4-8：统筹法与图论初步；

选修 4-9：风险与决策；

选修 4-10：开关电路与布尔代数。

此外，高中数学课程要求把数学探究、数学建模的思想以不同的形式渗透在各模块和专题内容之中，并在高中阶段至少安排较为完整的一次数学探究、一次数学建模活动。高中数学课程还要求把数学文化内容与各模块的内容有机结合。

 想一想

你对高中数学课程的选修系列 3、系列 4 中的各个专题都熟悉吗？自己能胜任这些内容的教学要求吗？

二、高中数学的课程新意

新课程新在何处？与以前的高中数学课程相比，我们认为，课程的新意体现在以下的几个方面。

（一）为不同学生的发展提供了不同的课程内容

高中数学课程之所以分为必修课程和选修课程，就是充分考虑到不同学生对数学的不同需要，一改以往单纯划一的弊端。必修内容确定的原则是：满足未来公民的基本数学需求，为学生进一步的学习提供必要的数学准备。必修内容还增加了向量、算法、概率、统计等内容，反映了信息时代对公民数学素养的基本要求。

选修课程内容确定的原则是：满足学生的兴趣和对未来发展的需求，为学生进一步学习、获得较高数学修养奠定基础。其中，系列1是为那些希望在人文、社会科学等方面发展的学生而设置的，系列2则是为那些希望在理工、经济等方面发展的学生而设置的。系列1、系列2内容是选修系列课程中的基础性内容。系列3和系列4是为对数学有兴趣和希望进一步提高数学素养的学生而设置的，所涉及的内容反映了某些重要的数学思想，有助于学生进一步打好数学基础，提高应用意识，有利于学生终身的发展，有利于扩展学生的数学视野，有利于提高学生对数学的科学价值、应用价值、文化价值的认识。其中的专题将随着课程的发展逐步予以扩充，学生可根据自己的兴趣、志向进行选择。

（二）倡导积极主动、勇于探索的学习方式

丰富学生的学习方式、改进学生的学习方法是高中数学课程追求的基本理念。学生的数学学习活动不应只限于对概念、结论和技能的记忆、模仿和接受，独立思考、自主探索、动手实践、合作交流、阅读自学等都是学习数学的重要方式。在高中数学教学中，教师的讲授仍然是重要的教学方式之一，但要注意的是必须关注学生的主体参与，师生互动。

高中数学课程不仅倡导积极主动、勇于探索的学习方式，还专门设立"数学探究"、"数学建模"等专题内容，为学生形成积极主动的、多样的学习方式进一步创造有利的条件，力求通过各种不同形式的自主学习、探究活动，以激发学生的数学学习兴趣，鼓励学生在学习过程中，养成独立思考、积极探索的习惯，让学生体验数学发现和创造的历程，发展他们的创新意识。

（三）注重数学知识与实际的联系，发展学生的应用意识和能力

为了发展学生的应用意识和创新能力，课程内容明显增加了与实际联系比较紧密的内容，如线性规划、统计案例、优选法与试验设计初步、统筹法与图论初步、风险与决策、开关电路与布尔代数等。

《标准》建议,在数学教学中,应注重发展学生的应用意识;通过丰富的实例引入数学知识,引导学生应用数学知识解决实际问题,经历探索、解决问题的过程,体会数学的应用价值。帮助学生认识到:数学与我有关,与实际生活有关,数学是有用的,我要用数学,我能用数学。在有关内容的教学中,教师应指导学生直接应用数学知识解决一些简单问题。例如,运用函数、数列、不等式、统计等知识直接解决问题。还应通过数学建模活动引导学生从实际情境中发现问题,并归结为数学模型,尝试用数学知识和方法去解决问题。还可向学生介绍数学在社会中的广泛应用,鼓励学生自己收集数学应用的事例,开阔他们的视野。

(四)关注数学的文化价值,促进学生科学观的形成

数学是人类文化的重要组成部分,是人类社会进步的产物,也是推动社会发展的动力。数学课程应该引导学生了解数学科学与人类社会发展之间的相互作用,体会数学的科学价值、应用价值、人文价值,开阔视野,探寻数学进步的历史轨迹,受到优秀文化的熏陶,提高文化素养,养成求实、说理、批判、质疑等追求真理的精神。

《标准》建议:在教学中,应尽可能结合高中数学课程的内容,介绍一些对数学发展起重大作用的历史事件和人物,反映数学在人类社会进步、人类文化建设中的作用,同时也反映社会发展对数学发展的促进作用。例如,教师在几何教学中可以向学生介绍欧几里德建立公理体系的思想方法对人类理性思维、数学发展、科学发展、社会进步的重大影响;在解析几何、微积分教学中,可以向学生介绍笛卡儿创立的解析几何,牛顿、莱布尼兹创立的微积分在文艺复兴后对科学、社会、人类思想进步的推动作用;在数系的教学中,可以向学生介绍数系的发展和扩充过程以及人类理性思维对数学产生和发展的作用。

(五)注重信息技术与数学课程的整合

现代信息技术的广泛应用正在对数学课程内容、数学教学、数学学习等产生深刻的影响。在教学中,应重视利用信息技术来呈现以往课堂教学中难以呈现的课程内容。同时,应尽可能使用科学型计算器、计算机及软件、互联网,以及各种数学教育技术平台,加强数学教学与信息技术的结合。教师应恰当使用信息技术,改善学生的学习方式,引导学生借助信息技术学习有关数学内容,探索、研究一些有意义、有价值的数学问题。

重视信息技术与数学课程内容的有机整合,整合的原则是有利于对数学本质的认识。如,算法初步已经作为必修内容,教师在教学中应注意它与有关内容的整合。又如,统计中数据的处理、方程的近似求解等都体现了信息技术与数学课程内容的整合,教师在教学中应予以关注。信息技术与数学课程内容的整合还有较大的开发空间,教师可在这方面进行积极的、有意义的探索。

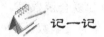

记一记

高中数学课程标准中提出了十大理念,这些理念是什么?

第四节　高中数学课程的基本内容

前一节介绍了高中数学课程的基本框架,本节继续介绍框架所涉及的一些具体内容以及内容方面的一些变化。

一、高中数学课程的必修内容

(一)数学1

1.具体内容

在本模块中,学生将学习集合、函数概念与基本初等函数 I(指数函数、对数函数、幂函数)。具体内容包括:

(1)集合

具体包括:集合的含义表示、集合间的基本关系、集合的基本运算。

(2)函数概念与基本初等函数

具体包括:函数、指数函数、对数函数、幂函数、函数与方程、函数模型及其应用、实习作业等。

实习作业的内容是根据某个主题,收集 17 世纪前后发生的一些对数学发展起重大作用的历史事件和人物(开普勒、伽利略、笛卡儿、牛顿、莱布尼兹、欧拉等)的有关资料或现实生活中的函数实例,采取小组合作的方式写一篇有关函数概念的形成、发展或应用的文章,在班级中进行交流。

2.与传统内容的比较

与传统内容相比,集合与函数这部分的主要变化有:

①只将集合作为一种语言学习,不对集合"三性"作严格要求和技巧训练。

②强调函数是刻画现实事物变化规律的模型。关注背景和应用,增加了函数模型及其应用。注重思想和联系,增加了函数和方程,用二分法求方程的近似根。

③强调在整个高中数学中多次接触函数概念,逐步加深对函数实质的真正理解。

④削弱和淡化了一些内容,如函数的定义域、值域、反函数和复合函数等。如只要求指数函数 $y=a^x$ 和对数函数 $y=\log_a x(a>0,a\neq1)$ 互为反函数。不要求一般地讨论形式化的反函数定义,也不要求求已知函数的反函数。互为反函数的两个函数的图像关于直线对称性质,只通过具体函数讨论。

⑤加强了与信息技术整合的要求。如利用计算器、计算机描绘指数函数、对数函数、幂函数的图像,探索、比较它们的变化规律,研究函数的性质,求方程的近似解等。

(二)数学 2

1.具体内容

在本模块中,学生将学习立体几何初步、平面解析几何初步。具体内容包括:

(1)立体几何初步

具体包括:空间几何体,点、线、面之间的位置关系。

(2)平面解析几何初步

具体包括:直线与方程、圆与方程、空间直角坐标系。

2.与传统内容的比较

与传统内容相比,对立体几何和解析几何的内容是分三个层次设计的,即必修课程中的几何,选修系列1、系列2中的几何,选修系列3、选修系列4中的几何。主要变化有:

①遵从整体到局部的设计,先整体后局部,先几何直觉后逻辑推理。

②以长方体为载体,体现直观感知、操作确认、思辨论证、度量计算的几何学习过程。体现合情推理与逻辑推理的有机结合。强调三种语言(图形语言、自然语言、符号语言)的协同训练。

③仅要求认识柱、锥、台、球及其简单组合体的结构特征;对棱柱,正棱锥、球的性质由掌握降为不作要求。

④增加了三视图、空间直角坐标系,删去了三垂线定理以及逆定理。

⑤解析几何初步同样强调观察了解、操作探索,确定直线与圆的几何要素,并由此探索掌握直线与圆的几种形式的方程和一些距离公式。

(三)数学 3

1.具体内容

在本模块中,学生将学习算法初步、统计、概率。具体内容包括:

(1)算法初步

具体包括:算法的含义、程序框图,基本算法语句。

(2)统计

具体包括:随机抽样、用样本估计总体、变量相关性。

（3）概率

具体包括：频率与概率、互斥事件的概率加法公式、古典概型和几何概型。

2.与传统内容的比较

与传统内容相比，这部分内容主要变化有：

①增加了算法的内容，注意算法思想在其他知识方面的渗透。

②由先学概率后学统计变为先学统计后学概率；由先学计数原理后学概率变为先学概率后学计数原理，进一步再学习概率的某些内容。

③强调体会统计的作用和基本思想；对统计中概念（如"总体"、"样本"等）结合具体问题进行描述性说明，不追求严格的形式化定义；强调统计教学必须通过案例来进行；强调统计思想与运用统计思想解决实际问题的能力。

④在强调表示样本数据的不同方式基础上，增加了表示样本数据的茎叶图方法。增加了几何概型和用模拟方法估计概率的内容。

（四）数学4

1.具体内容

在本模块中，学生将学习三角函数、平面上的向量（简称平面向量）、三角恒等变换。具体内容包括：

（1）三角函数

具体包括：任意角、弧度，三角函数。

（2）平面向量

具体包括：平面向量的实际背景及基本概念、向量的线性运算、平面向量的基本定理及坐标表示、平面向量的数量积、向量的应用。

（3）三角恒等变换

具体包括：两角差的余弦公式，两角和与差的正弦、余弦、正切公式，二倍角的正弦、余弦、正切公式。

2.与传统内容的比较

与以往内容相比，主要变化有：

①把三角函数的内容分开在数学4和数学5两个模块中。

②把三角函数作为描述周期函数现象的重要数学模型来学习，增加了"三角函数模型的简单应用"，提高了对解三角形应用的要求。

③重视数形结合思想的学习，如借助于单位圆理解三角函数的定义和增减性等。

④更重视基础性和数学的简约性，如删去了余切、正割、余割的定义，删去了"已知三角函数值求角"、"反三角函数"等内容；降低了"给角求值"、"三角恒等式证明"、"公式推导"等要求。

⑤把向量作为高中学生必学的基本概念来学习，删去了线段定比分点公式和平移公式。

（五）数学 5

1.具体内容

在本模块中，学生将学习解三角形、数列、不等式。具体内容包括：

（1）解三角形

具体包括：正弦定理、余弦定理。

（2）数列

具体包括：数列的概念和简单表示法、等差数列、等比数列。

（3）不等式

具体包括：不等关系、一元二次不等式、二元一次不等式组与简单的线性规划问题、基本不等式。

2.与传统内容的比较

与以往内容相比，主要变化有：

①将数列、等差数列和等比数列都作为一种特殊的函数、一种数学模型来学习，加强了与函数的联系，更注重背景和应用，要求感受这两种数列模型的广泛应用，并利用它们解决一些实际问题。

②提高了对不等式背景和应用的要求。

③关注不等式的几何意义。

④删去解绝对值不等式、分式不等式、证明不等式等内容，将这些内容安排到选修课去学习。

 想一想

这 5 个模块的内容为什么构成了高中数学课程的共同基础？

二、高中数学课程的选修内容

由于受篇幅限制，这里仅就系列1、系列2和系列3、系列4的部分内容择要介绍。

（一）选修系列 1、系列 2 的主要内容

1.主要内容

本系列中，学生将学习常用逻辑用语、圆锥曲线与方程、导数及其应用、推理与证明、空间向量与立体几何、数系扩充及复数的引入、框图、计数原理、概率、统计案例等内容，具体包括以下方面。

①常用逻辑用语。具体包括：命题及其关系、充分条件与必要条件、简单的逻辑联结词、全称量词与存在量词。

②圆锥曲线与方程。具体包括：曲线与方程、椭圆及其标准方程、椭圆的简单几何性质、双曲线及其标准方程、双曲线的简单几何性质、抛物线及其标准方

程、抛物线的简单几何性质。

③导数及其应用。具体包括:变化率与导数、导数的计算、导数在研究函数中应用、生活中的优化问题举例、定积分的概念、微积分基本定理、定积分的简单应用。

④推理与证明。具体包括:合情推理与演绎推理、直接证明与间接证明。

⑤数系的扩充与复数的引入。具体包括:数系的扩充与复数的引入、复数代数形式的四则运算。

⑥框图。具体包括:流程图、结构图。

⑦空间向量与立体几何。具体包括:空间向量及其运算、立体几何中的向量方法。

⑧计数原理。具体包括:分类加法、分步乘法计数原理、排列与组合、二项式定理。

⑨随机变量及其分布。具体包括:离散型随机变量及其分布列、二项分布及其应用、离散型随机变量的均值与方差、正态分布。

⑩统计案例。具体包括:回归分析的基本思想及其初步应用、独立性检验的基本思想及其初步应用。

⑪数学文化。具体包括:收集有关微积分创立的时代背景和有关人物的资料,并进行交流;体会微积分的建立在人类文化发展中的意义和价值;通过对实例的介绍(如欧几里得《几何原本》、马克思《资本论》、杰弗逊《独立宣言》、牛顿三定律),体会公理化思想;介绍计算机在自动推理领域和数学证明中的作用。

2.与传统内容的比较

与以往内容相比,主要变化有:

①强调通过实例理解常用逻辑用语,避免形式化。常用逻辑用语的学习重在使用。

②强调圆锥曲线的来龙去脉及其几何背景;圆锥曲线作为刻画现实世界重要的数学模型使用。

③突出导数概念的本质,强调导数的实际背景和应用。

④删去了复数的三角形式,复数的三角形式的乘法、除法、乘方、开方等内容,突出了数学的扩充过程,复数的代数表示法及代数形式的加减运算的几何意义。

⑤增加了统计案例,随机变量及其分布,推理与证明,框图,数学文化等内容。

(二)选修系列 3、系列 4 的主要内容

系列 3、系列 4 主要以专题形式呈现,内容十分丰富,这里仅以浙江省高中数学课程实施方案的开设内容为例加以介绍。

1. 数学史选讲

通过生动、丰富的事例,了解数学发展过程中若干重要事件、重要人物与重要成果,初步了解数学产生与发展的过程,体会数学对人类文明发展的作用,提高学习数学的兴趣,加深对数学的理解,感受数学家的严谨态度和锲而不舍的探索精神。本专题分六讲。第一讲是早期的算术与几何,内容包括:古埃及的数学、两河流域的数学、丰富多彩的记数制度;第二讲是古希腊数学,内容包括:希腊数学的先行者、毕达哥拉斯学派、欧几里得与《原本》、数学之神——阿基米德;第三讲是中国古代数学瑰宝,内容包括:《周髀算经》与赵爽弦图、《九章算术》、《大衍求一术》、中国古代数学家;第四讲是平面解析几何,内容包括:坐标思想的早期萌芽、笛卡儿坐标系、费马的解析几何思想、解析几何的进一步发展;第五讲是微积分诞生,内容包括:微积分诞生的历史背景、科学巨人牛顿的工作、莱布尼兹的"微积分";第六讲是千古谜题,内容包括:三次、四次方程求根公式的发现,高次方程可解性问题的解决,伽罗瓦与群论,古希腊三大几何问题的解决。课标中的其余各讲各校自行选择。

议一议

高中数学课程中安排这样的一些数学史内容有什么作用?

2. 坐标系与参数方程

坐标系是坐标法思想得以实现的平台,是解析几何的基础。学生学习极坐标系、柱坐标系、球坐标系等不同的坐标系,可以丰富对坐标系的认识,体会不同坐标系在刻画几何图形或描述自然现象上的特点,从而学会如何选择适当坐标系使建立的方程更加简单,研究更加方便。

参数方程是以参变量为中介来表示曲线上点的坐标的方程,是曲线在同一坐标系下的又一种表示形式。某些曲线用参数方程表示比用普通方程表示更方便。学习参数方程有助于学生进一步体会解决问题中数学方法的灵活多变。

本专题是在学习直线与方程、圆与方程以及圆锥曲线与方程的基础上,对解析几何内容的进一步深化。

本专题分两讲。第一讲是"坐标系",内容包括:平面直角坐标系、极坐标系、简单曲线的极坐标方程和柱坐标系与球坐标系简介;第二讲是"参数方程",内容包括:曲线的参数方程、圆锥曲线的参数方程、直线的参数方程和渐开线与摆线。

3. 不等式选讲

在自然界中存在着大量的不等量关系和等量关系,不等关系和相等关系是基本的数学关系。它们在数学研究和数学应用中起着重要的作用。

本专题将介绍一些重要的不等式和它们的证明、数学归纳法和它的简单应用。本专题特别强调不等式及其证明的几何意义与背景,以加深学生对这些不等式的数学本质的理解,提高学生的逻辑思维能力和分析解决问题的能力。本专题分为四讲。第一讲不等式和绝对值不等式,内容包括:不等式、绝对不等式;第二讲是证明不等式的基本方法,内容包括:比较法、综合法与分析法、反证法与放缩法;第三讲是柯西不等式与排序不等式,内容包括:二维形式的柯西不等式、一般形式的柯西不等式、排序不等式;第四讲是数学归纳法证明不等式,内容包括:数学归纳法、用数学归纳法证明不等式。

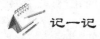 记一记

高中数学涉及哪些重要的不等式?

研讨活动

活动主题
高中数学新课程的基础观

研讨目标
■探讨高中数学新课程所倡导的基础观的含义;
■从课程目标、内容、教学、评价等方面,理解新课程所倡导的基础观。

研讨方式
通过问题思考、阅读材料、案例分析、小组讨论、大组交流等活动方式,使得研讨参与者领悟研讨内容,达到研讨目标。

研讨内容

活动卡
1.说到基础,你首先想到的是什么?   2.结合某一个具体的内容(例如函数),谈谈你对新课程所倡导的基础观的理解。   3.新课程所倡导的基础观对于课程的目标、内容、教学、评价等方面带来了哪些变化?   4.思考自己的疑惑及想要进一步了解的问题,选择其中最重要的三个,写下来,并与同伴交流。

研讨建议

1. 研讨者独立阅读课程标准的相关部分,体会新课程所倡导的基础观在课程目标、内容、教学以及评价等方面的具体表述。

2. 主持人组织分组研讨,交流自己的认识和体会;交流中,可根据情况进行必要的解释和说明,引领研讨者从不同侧面理解新课程所倡导的基础观。

3. 主持人组织全班进行交流,并在此基础上可以把新课程所提出的基础知识与基本技能列出来,使得研讨者理解新课程关于数学基础的新内涵。

4. 主持人鼓励研讨者列出自己的疑虑及想要进一步了解的问题;对有关问题汇总,选择重要的问题让研讨者继续研究。

5. 活动时间:1课时。

思考问题

1. 你是如何认识初中数学课程内容中的六个核心概念的,如何培养?

2. 你是如何理解初中数学课程四大领域之间的关系的,谈谈你的看法。

3. 高中数学课程标准设置了哪些教学模块? 每一个模块包括了哪些内容?

进一步阅读的资料以及拓展资源

1. 马云鹏,史炳星.认识数感与发展数感.数学教育学报,2002,11(2):47—49.

2. 孙晓天,孔凡哲,刘晓玫.空间观念的内容及意义与培养.数学教育学报,2002,11(2):51—53.

3. 张丹,吕建生,张春莉.统计观念的发展和培养.数学教育学报,2002,11(2):61—63.

4. 钱佩玲等.高中数学新课程教学法.北京:高等教育出版社,2007.

5. 刘云章.讲活符号,发展学生的符号感.湖南教育,2006(3):48—51.

6. 新思考:中国教育资源服务平台.http://www.cersp.com/.

7. 全日制义务教育数学课程标准(修改稿).http://wenku.baidu.com/view/f6d3d788d0d233d4b14e6942.html.

第三章
课程标准与数学教学

 本章提要

树立正确的数学教学观,转变教师角色,改进教学方式,改变评价策略,是贯彻课程标准理念,提高数学教学质量的重要举措。通过本章的学习,应该达到如下的一些目标:

❖ 正确认识教学以及数学教学的本质;
❖ 理解新课程理念下数学教师角色的转变;
❖ 掌握新课程理念下的数学教学方式;
❖ 熟悉数学学习的多元评价方式。

第一节　数学教学的本质

一、教学的基本含义

教学曾被简述为"教师教、学生学的活动",但这样说过于简单,不利于对数学教学的全面理解,没有清楚地指明教师和学生在教学活动中的地位和作用以及两者之间的交互性。

桑代克(Thorndike)将教学定义为:教学是帮助学生获得社会价值化的学习目标。盖奇(Gage)定义教学为一部分人(教师)帮助促进另一部分人(学生)学习的活动总和。苏联教育家斯卡特金认为:教学是一种传授社会经验的手段,通过教学传授的是社会活动中各种关系的模式、图式、总的原则和标准。这是一种侧重于传授内容的总体叙述。美国心理学家布鲁纳(Bruner)认为:教学是通过引导学生对问题或知识体系循序渐进的学习来提高学生正在学习中的理解、转换或迁移能力。这是侧重于学生获得知识发展的叙述。

不管怎样,这些定义都是不完全的,尽管包含我们所提及教学的许多内容,但他们视教学为单向的联系——教师作用于学生或者学生独立获取知识。实际上，教学受学生的影响，也受教师的制约，具有双向的特征。

不论是从认知心理学的角度构筑的数学教学理论，还是着眼于未来，注重学习方法的掌握与创新精神发挥的数学教学理论，都必须研究数学教学过程的本质、数学教学的原则和教学方式及方法的开拓，探讨数学教学的科学性与艺术性及其统一。

《标准》指出，数学教学是数学活动的教学，是师生之间、学生之间交往互动与共同发展的过程。这里，特别强调了数学教学是一种活动，是教师和学生的共同活动，这对于广大教师树立正确的数学教学观具有重要意义。

如果我们将数学教学限制在学校课堂和师生交互的双向性联系的环境下，就可以将数学教学定义为：数学教学是指教师和学生围绕有利于促进学生获得教学目标的数学内容进行的交互活动。

二、对数学教学本质的理解

(一)数学教学过程是教师引导学生进行数学活动的过程

《标准》强调数学教学是数学活动的教学。学生要在数学教师指导下，积极主动地掌握数学知识、技能，发展能力，形成积极、主动的学习态度，丰富数学学习经验，同时使身心获得健康和可持续的发展。对数学活动可以从以下两个方面加以理解：第一，数学活动是学生经历数学化过程的活动，也就是学生学习数学，探索、掌握和应用数学知识的活动。简单地说，在数学活动中要有数学思考的含量。数学化是指学习者从自己的数学现实出发，经过自己的思考，得出有关数学结论的过程。第二，数学活动是学生自己建构数学知识的活动。从建构主义的角度来看，数学学习是指学生自己建构数学知识的活动，在数学活动过程中，学生凭借自己已有的学习经历、经验和知识，与教材及教师产生交互作用，形成了数学认知结构，提取这种认知结构应用于数学学习活动，它们也就转换成了数学知识、技能和能力，进而也发展了情感态度和思维品质。

(二)数学教学过程是教师引导学生经历数学化的过程

我们知道，学生并非空着头脑进入教室，在日常生活中，在以往的学习中，他们已经形成了广泛而丰富的经验和背景知识，从自然现象到农家生活或社区活动，他们几乎都有自己的看法和见解。教师应当依据学生的生活实际和经验，引导学生经历数学知识与数学技能的形成过程，经历数学思维发展与数学能力应用的过程。在此过程中学生学会对现实问题进行数学的数学化，形成概念，引进符号，抽象概括出数量关系式，再对原有问题进行解释。当然这一过程不是几堂课就能体会深刻的，需要一个长期的过程。因此教师要在每次教学中依据教学内容，设计生动、有趣、形象的学习氛围，使学生充分体验数学化过程，增强他们对数学学习认识上的情感体验。例如,现实生活中的分期付款、摸奖、股票走势、人口普查等内容的教学,是学生经历数学化,获得数学知识的典型事例。

(三)数学教学过程是教师和学生之间互动的过程

新课程改革倡导教师与学生是人格平等的主体,教学过程是师生之间进行平等对话的过程。教师首先应考虑的是要充分调动学生的主动性与积极性,引导学生开展观察、操作、比较、概括、猜想、推理、交流等多种形式的活动,使学生通过各种数学活动,掌握基本的数学知识和技能,初步学会从数学的角度去观察事物和思考问题,产生学习数学的愿望和兴趣。教师在发挥组织、引导作用的同时,又是学生的合作者和好朋友,而非居高临下的管理者。

教师的这些作用可以在下面的活动中体现出来:第一,教师要引导学生投入到学习活动中去,调动学生的学习积极性,激发学生的学习动机;当学生遇到困难时,教师应该成为一个鼓励者和启发者;当学生取得进展时,教师应充分肯定学生的成绩,树立其学习的自信心;当学习进行到一定阶段时,教师要指导、鼓励学生进行回顾与反思。第二,教师要了解学生的想法,有针对性地进行指导,起到"解惑"的作用;要鼓励不同的观点,参与学生的讨论;要评估学生的学习情况,以便对自己的教学作出适当的调整。第三,教师要为学生的学习创造一个良好的课堂环境,包括情感环境、思考环境和人际关系等多个方面,引导学生多方位、多角度开展数学活动。

(四)数学教学是师生共同发展的过程

1.教学过程促进了学生的发展

学生的发展包括知识与技能、数学思考、解决问题和情感态度四个方面,或者数学知识与技能、数学过程与方法和数学情感、态度与价值观三个方面。数学思维在学生数学学习中具有重要作用。没有数学思维,就没有真正的数学学习。教师应该使学生能够认识并掌握数学思考的基本方法;使学生能根据已有事实进行数学推测和解释,并养成"推理有据"和反思自己的思考过程的习惯;使学生能够理解他人的思考方式和推理过程,并能与他人进行沟通。数学知识和技能的发展具体体现在学生数学素养的发展上。但是现在对数学素养的要求与过去相比已经有了很大的不同。随着计算机技术的发展,数学运算技能的重要性和对运算技能的需求都发生了显著的变化,数学学习变得更加有趣。同时也有一些数学知识与技能显得更加重要。作为一个有数学素养的人,不能只知道如何计算,而应掌握更广泛的知识和技能,如能阅读、处理数据信息等。

2.教学过程促进了教师本身的成长

在教学中,教师自身也得到了发展。数学教学实践不仅促进了学生的发展,也造就了一大批优秀教师。教学是科学与艺术的统一。一方面,教学必须建立在一定的科学基础之上；另一方面，教育者和受教育者都是人，这就决定了教学要涉及人的情感、精神、价值观等。教学过程充满了教师与学生、学生与学生之间在认知、情感、价值观等方面的冲突。教学工作是一种创造性活动。新的课程呼唤着创造型的教师，新的时代也将造就大批优秀的教师。

（五）数学教学是数学教师专业化发展的过程

前面谈到数学新课程理念强调教师与学生的互动，认为合作学习、主动学习、探索学习是学生学习的主要方式，关注学生的发展，强调教师和学生共同参与课程建设，教师是学生学习活动的组织者、引导者、合作者，等等。这些都为现代教师提出了更新更高的要求。教师不再是真理的化身、知识的权威、课堂的主宰，那种放之四海而皆准的一部教材、一份教案、一支粉笔的教学方式已面临着严重的挑战。由于有了学生的主动参与，课前无法预料的新现象、新问题、新信息在课堂上都会随时出现，教师只有放下架子、摆正心态、敞开心扉，把自己和学生置在同一起跑线上，既把学校视为自己工作的场所，也看做是自己学习的环境，树立终身学习与合作学习的理念，在工作中学习，在学习中工作，不断地对自身的教育教学进行研究，对自己的知识与经验进行重组，才能更有效地发挥自己的专业潜能，才能最大限度地提高课堂效率。在这一过程中，学生的知识、各方面能力得到了发展，教师自身的素质也得到了提升。因此数学新课程为数学教师的课堂教学提出了前所未有的挑战，同时也为数学教师的专业化发展提供了广阔的平台。

（六）数学教学是承认学生差异、张扬学生个性的过程

每一个学生都是一个特殊的个体，在他们身上既体现着发展的共同特征，又表现出在数学基础、数学思维及能力等方面巨大的个体差异。教师必须打破以往按统一模式塑造学生的做法，关注每一个学生的特殊性，承认差异、尊重差异、善待差异，使每一个学生都能得到充分的发展。课堂教学中教师要及时了解学生的个体差异，鼓励与提倡学生用多样化的策略解决问题。对于问题的设计、教学过程的展开、练习的安排等要尽可能地让所有学生都能主动参与，提出各自解决问题的方法，并引导学生与他人交流，吸取他人的经验，从而丰富学生的数学活动，提高他们的思维水平。传统的那种在数学教学中造就 10% 的精英（高分低能），造成约 40% 的学生感到学习困难，导致近一半学生完全放弃数学学习的做法，从某种意义上来讲，是对国家教育资源的巨大浪费，是对后进生教育权利的一种变相剥夺。

议一议

数学教学的本质究竟是什么呢？

第二节　教师角色的转变

数学课程标准的实施为数学教师的成长与发展提供了新的舞台,为数学教师提供了广阔发展的空间,同时也对数学教师的角色转变提出了新的要求。

一、标准理念下的数学教师

数学教师角色的特征是随着社会的发展变化而变化的。历史上,教师的这一社会角色的特征经历了从长者为师到有文化知识者为师,再到教师即科学文化知识传递者的历史演变过程。所谓"师者,传道、授业、解惑也"正是此发展的最好诠释。

纵观我国长期以来形成的传统师生关系,实际上是一种不平等的关系,教师不仅是教学过程的控制者、教学活动的组织者、数学教学内容的制定者和学生数学成绩的评判者,而且是绝对的权威。多年来,教师已经习惯了根据自己的设计思路进行教学,他们总是千方百计地将学生虽不太规范,但却完全正确甚至是有创造的见地忽略或视而不见,按自己的要求"程序化"与"格式化"。

在新的世纪里,教师这一角色的特征在发生新的变化。当今在教师角色的重塑过程中,需要我们站在时代的前列,将历史的和现代的教育意义和价值意义进行重新审视、定位和发展,彻底实现数学教师角色的转变。

新课程强调,数学教师是学生数学学习的合作者、引导者和参与者,数学教学过程是师生交互、共同发展的互动过程。交互意味着人人深度参与,意味着完全平等对话,数学教师将由居高临下的权威转向"平等中的首席者"。在新课程里,传统意义上的数学教师教和学生学,将不断让位于师生互教互学,彼此形成一个真正的、生态的"数学学习共同体",数学教学过程不再只是忠实地、原模原样地执行课程计划的过程,而是师生共同开发课程、丰富课程内容的过程,课程变成一种动态的、发展的系统化过程,这种过程是师生富有个性化的创新过程。

新的数学课程呼唤综合性的数学教师,这是一个非常值得注意的变化。多年来,学校数学教学一直是分科进行的,教师角色一旦确定,不少教师画地为牢,把自己禁锢在学科壁垒中,不再涉猎其他学科的知识;教数学不研究数学在物理、化学、生物中的应用,这种单一的知识结构,远远不能适应新课程的需要。此次数学课程改革,在改革现行分科课程的基础上,设置了以分科为主、包含了综合课程和综合实践活动的课程。

谈一谈

在数学教学中,教师如何体现出组织者、引导者和参与者的角色作用呢?

教师作为组织者,应该:

教师作为引导者,应该:

教师作为参与者,应该:

具体说来,数学教师的角色变化主要体现在以下几个方面。

数学教师的职业观要从"教书匠"式的教师向承担"作为一个数学教育家所应负担的使命"转变。

数学教师的教育主体观要从以教师为本、教材为本和课堂为本转向以学生的数学能力和素养的真正发展为本。

数学教师的价值观要从主要是数学知识的拥有者,转向数学知识水平、能力水平与数学情感、态度和价值观的完美统一者。

数学教师的师生观要从传统的"师道尊严"转变为教师是学生的促进者,师生是互动的合作关系、朋友关系。

数学教师的责任观要从对学生升学负责,转变为"为学生将来发展的一切做规划和准备"。

数学教师的教学观要从"为教而教"转变为"教是为了最终达到不需教"。

数学教师的功能观要从教师角色由知识的传递者转化为学生发展的促进者。这是在新课程实施中,学生的学习方式由传统的接受式学习向探究式学习所决定的。在新课程中,数学教师的角色不再以信息的传递者、传播者、讲授者或组织良好的知识体系的呈现者为主,其主要职能已从知识的传递者转变为学生发展的促进者。

数学教师的管理观由学生的管理观转化为学生全面发展的引导者和服务者。

数学教师自身的发展观和成才观将由一次性拿到教师资格证就可以一辈子当数学教师,转变到必须靠可持续发展的终身学习才可以成为一名好的研究型和学习型的数学教师。

数学教师的课程观由课程与教材的忠实执行者,转化为以教材为知识载体的师生课堂文化的共建者。

二、课程开发中的数学教师

数学教师需要新的工作方式：教师之间将更加紧密的合作，要学会开发利用课程资源。旧的教师职业的一个很大特点是单兵作战，而新课程的综合化特征，需要教师与更多的人在更大的空间内用更加平等的方式从事工作，教师之间将更加紧密地合作。可以说，新课程增强了教育者之间的互动关系，将引发教师集体行为的变化，并在一定程度上改变教学的组织形式和教师的专业分工。

新课程提倡培养学生的综合能力，而综合能力的培养要靠数学教师集体智慧的发挥。因此，必须改变教师之间孤立与封闭的现象，教师必须学会与他人合作，与不同学科的教师打交道。例如，在研究性或选修系列 3 与选修系列 4 的学习中，学生将打破班级界线，根据课题和选修模块的需要和兴趣组成研究或学习小组，由于一项课题往往涉及语文、地理、历史等很多学科或者数学史、数学文化和不同数学分支，需要几位教师同时参与指导。教师之间的活动，教师与实验员、图书管理员之间的配合将直接影响课题或选修模块质量。在这种教育模式中，教师集体的协调一致、教师之间的团结协作、密切配合显得尤为重要。

此外，在未来的新课程中，将出现课程资源的概念。课程资源的开发和利用，是保证新课程实施的重要条件，教师应该学会开发、利用课程资源。而课程资源的获取过程必然要延伸到学校外的环境，那么，数学教师的工作方式也需要延伸到学生家庭、工厂、企业和社区等资源所在地。所以，教师的社会交互能力需要全新的生成和发展。

 想一想

教师作为课程的开发者，其根本的任务是什么呢？

三、课堂教学中的数学教师

随着课程改革的不断推进与深入发展，新课程对数学教师的教学工作提出了更多的要求。教学工作越来越找不到一套放之四海而皆准的模式。教师必须在教学工作中进行反思和研究，在实践中学习和创新。课堂教学中，数学教师的主要任务可以从下列的几个方面来认识。

（一）为学生创设合适的问题情境

问题是数学的心脏。问题解决是从问题情境的设置开始的。教师不是将问题及结论和盘托出，而是在适宜的条件下，为学生创设相适应的问题情境。教师要通过设计有趣味、富有挑战性和包含数学化过程的情景，使学生产生认知冲突,这样能够激活学生已有的知识、经验和联系图式,形成解决问题的强烈意识和愿望。这种情景可以是已学过的知识结构和体系,包含数学化过程的现实材料或背景,也可以是结合学生生活经历的经验。它们都应遵循"让学生跳一跳就可摘到桃子"和满足"儿童最近发展区"的基本原则。

(二)引导学生积极思考,帮助学生解决疑难

在学生的问题解决活动中,展开思维过程,引导学生独立思考,鼓励学生争论,促进学生的学习。问题或观点的争论应该注意以下几个方面:问题设计具有合适的挑战性,能激发思考;注重与现实生活的联系,注意从社会生活中提出新问题,能带来重要的数学事实或信息;注意提炼问题所反映的数学思想和方法,引导学生将结论用一定的数学符号和模式来表示。

(三)组织学生小组互动,发展学生的合作意识

数学教师要努力设计适当的、高水平的数学认知任务,促进学生自主学习和小组互动式合作学习。好的任务应该以一种生动的、真实的线索,吸引学生的兴趣,有足够的难度与复杂度,从而挑战学生问题解决的欲望;但应注意控制难度,不要让学生望而生畏;可以用多种途径解决问题,有利于发展数学与实际的联系。

(四)帮助学生构建数学知识,掌握科学的思维方法

通过数学教师有效地组织课堂教学活动,完成数学的知识技能是数学教学的基本任务,教师要适时地引导学生引导学生归纳、整理所学的知识和方法,纳入知识系统,形成鲜活的、精致化的、可以检索的、灵活运用的知识结构和体系,并帮助学生归纳总结科学的思维方法,促进学生对数学的有意义学习。

(五)指导学生应用数学,增强学生对数学的体验和感受

数学教学的目标之一是促进学生运用数学去认识和影响周围的世界,在运用中体会数学的价值。教师需要注意让学生不断用数学观点分析、探索周围的世界,把学数学与用数学结合起来,形成自然的数学运用意识,自觉地增加社会责任感。例如,对于统计与概率的内容教学应重视渗透统计与概率之间的联系,通过频率来估计事件的概率,通过样本的有关数据对总体的可能性作出估计等。教学还应将统计与概率和其他领域的内容联系起来,从统计与概率的角度为他们提供问题情境,在解决统计与概率问题时自然地使用其他领域的知识和方法,为培养学生综合运用知识解决问题提供机会。

(六)根据学生的年龄特征和认知特点组织教学

数学课程要求教师充分考虑学生的身心发展特点,结合他们已有的知识和生活经验,设计富有情趣的数学教学活动。

例如,初中阶段学生的抽象思维已有一定程度的发展,具有初步的推理能力。除了注重利用与生活实际有关的具体情境学习新知识外,应更多地运用符号、表达式、图表等数学语言,联系数学以及其他学科的知识,在比较抽象的水平上提出数学问题,加深和扩展学生对数学的理解。

在高中阶段,数学教学要鼓励学生根据国家规定的课程方案和要求,以及各自的潜能和兴趣爱好,制订教学计划,自主选择数学课程,在学生选择课程的过程中,教师根据学生的不同基础、不同水平、不同志趣和发展方向给予具体指导。

在新的世纪里,教师这一角色的特征正在发生着新的变化。当今教师角色的重塑过程,需要我们站在时代的前列,用历史的和现代的价值意义重新审视,实现教师角色的转变。

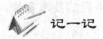 记一记

查阅课程标准,《标准》对数学教学提出了哪些建议呢?

标准建议:

第三节　教学方式的改进

传统的数学课堂通常采用的方式是教师讲、学生听、课上练习、课后作业。这种方式在我国有相当大的普遍性。其长处是,学生能按照指示的逻辑序列比较系统地接受课本知识,而且整个教学过程都是按教师的意图展开,即使偏离也会被教师迅速纠正,有助于教师实现既定的教学计划。但是,在这个过程里,学生付出的精力主要是用于消化理解教师所讲内容,学生头脑中复制的是教的思想和语言,因此,不利于学生积极主动的思维,不利于学生创造性的孕育。这与课程标准所倡导的教学理念之间存在着相当大的距离。

一、数学教学方式发展的趋势

纵观近几年来数学教育改革的发展趋势和教学现状,我国基础教育改革后数学教学方式的发展体现出如下的一些趋势。

①以学生的知识、技能、能力和思想品德的全面发展为目的,注重培养和提高学生的数学素养。

②注重数学问题(概念、原理、法则、公式)的发生、探索、发现、论证以及应

用的全过程,特别强调过程教学,力求全面达成过程性目标。

③突出学生的学习主体地位,调动学生学习的主动性和积极性,教师的主导作用在于促进学生理解数学知识内容的本质。

④以发展学生数学思维能力为核心,注重调动学生积极而深入地参与数学活动,注重培养学生的思维品质和创造力。

⑤对教学方法的评价,强调情感、态度和价值观在教学中的作用,关注学生的差异与个性品质,重视非智力因素对教学的影响,并促进学生非智力因素的协调发展。

⑥注重数学文化素质(数学思想方法、数学史、数学文化)的培养。

⑦课堂教学越来越借助高科技和运用现代教育技术,教学手段的技术含量明显提高。

概括地说,现代化的数学教学方式是以发挥学生的主体作用,注重智能和情感的双重发展,注重知识、技能、能力、品德与个性的全面发展,教学活动是师生和生生多边活动促进学生潜能发展的过程。

二、改进数学教学方式的新变化

(一)课堂教学突出强调以"问题解决"为中心

关于"问题解决",虽然对其内涵的理解各不相同,但对其目的的认识却是一致的,即提高解决非常规的实际问题的能力,而这种能力的培养是通过一个创造性的思维活动过程来完成的。问题解决在素质教育中属于创造性能力的层面,其特点是通过应用数学知识和思想方法,用新颖的方法组合两个或更多法则,去抽象、化归并解决所提出的问题。

问题解决的教学方法,是以问题作为教学的出发点,提供给学生现实的问题情境的材料或设计编选具有趣味性的问题,要引导学生学生积极思考、想象和猜测,去挖掘问题情境中的数量关系与空间形式,形成数学概念,产生数学命题,以数学思想方法为核心,揭示数学的规律。

在数学教学中突出强调以"问题解决"为中心,是将知识、数学方法和应用意识融为一体,实现数学教学方法从以习题演练为基础向以"问题解决"为教学目标的过渡,它不仅有助于强化数学应用的意识,解决实际问题,而且也有利于数学基础知识和基本技能的掌握以及数学创造能力的提高,并使学生在数学思想方法和数学知识的实际应用过程中体验成功的喜悦,激发学生学习兴趣和积极性,锻炼了学生的数学思维能力。

问题解决是数学教学的有效方法,在数学教学方法改革与发展中占有重要地位。不过,值得注意的是,如影响"问题解决"的因素有哪些,如何培养"问题解决"的能力,"问题解决"与数学思想方法的关系如何,数学教学方法中如何实现"问题解决"的迁移能力等等,是值得深入研究的课题。

(二)"再创造"、"发现"、"探究"等教学方式增添了课堂的活力

荷兰数学教育家弗赖登塔尔认为,学生学习数学是一个"再创造"的过程。学生不是被动地接受知识,而是在创造,把前人已经创造过的数学知识重新创造一遍。他指出,数学教学应指导学生向科学家发现真理那样,通过自己的探索和学习,发现事物变化的起因和内在联系,从而找出规律,形成概念。他还提出数学教学过程就是"数学化"和"形式化"的过程,体现教育特征。

发现教学与探究教学在本质上是一致的,其特点是根据学生的认知规律和心理特征,在教师的引导、启发和点拨下,通过调动学生的积极性、主动参与性,指导学生运用实验、观察、分析、综合、归纳概括、类比、猜想等方法,进行自主数学探索、发现。一般地,都涉及情景设疑、探究释疑、归纳疏疑、验证运用、小结反思等几个重要环节。

再创造、发现、探究等教学方式建立在充分发挥学生的主体地位,体现"以人为本"的现代教学理念基础之上。实践表明,这些现代教学方式对于培养学生的创造性思维能力发挥了巨大的作用。但是,把这些教学方式提升为教学模式,形成一个教学的系统,依然是一个相当艰巨的任务。

 读一读

在国内,出现了诸如"自学辅导教学法"、"读、议、讲、练教学法"、"尝试教学法"等。国外的教学方法改革更是活跃,形成了多种流派,影响较大的有"暗示教学法"、"范例教学法"、"发现法"、"纲要信号图示法"等。灵活运用这些教学方式方法对新课程改革具有重要的促进作用。下面我们列举顾泠沅先生主持的大面积提高数学教学质量的"尝试、指导、变式、回授法"的教学结构和方式:

①把问题作为教学的出发点。即不以单纯的感知为出发点,更不宜以直接地告诉现成知识结论为出发点,而是通过创设问题情境启发诱导,激发学生求知欲,让学生在迫切要求下学习。

②指导学生开展尝试活动。在讲授的同时,辅之以指导学生探究、发现、模仿、应用,在活动中学习。

③组织分水平的变式训练,防止机械模仿,向学生提供给出问题条件的机会,逐步增加创造性因素,提高训练效率。

④连续地构造知识结构。实施指导学生归纳所获得的新知识和新技能方面的一般结论,归入知识系统。

⑤根据教学目标,及时反馈,回授调节,随时搜集与评定学习效果,有针对性地进行质疑讲解,对有困难的学生给予补助的机会,使之达到所定

目标的要求。

这种教学方式，来自实践，切实可行，反应和吸收了现代教学论的新思想，而且与传统结合得很自然，也比较适合在新数学课程标准理念下的数学教学。

——节选自顾泠沅著.教学改革的行动与诠释[M].北京：人民教育出版社，2003.

(三)运用现代信息技术手段辅助数学教学越来越普及

借用现代化教学手段是教学方式变革与发展的一项重要内容。目前，可以用于数学教学的信息技术主要有：投影、录像、计算机、科学计算器、图形计算器等。其中，计算机在课堂上得到了最为广泛的应用。

计算机辅助教学，又称 CAI(Computer Assisted Instruction)，是指计算机辅助教师教学和学生学习的各种形式，主要用于管理教学、对各种电化教学工具起程序控制作用，训练、练习、解答问题、个别指导和模拟。这些作用和功能在某个具体的课件中，可以综合运用以达到理想的辅助教学效果。CAI 不仅是教学手段和方式的更新，更为现代化教学模式的实践提供了可靠的平台。

信息技术在数学教学以及学生学习数学中的应用是一种不可阻挡的趋势，它的优越性也十分明显：知识网络化、资源共享、丰富的表现力，以 Basic 语言、几何画板、Authware 集成平台等作为中介，运用动画模拟和过程演示，既可以创设生动活泼的课堂教学气氛，又极大地提高课堂教学效率，优化了教学过程，等等。

随着现代信息技术的不断发展，可用于数学教学的系统软件将有巨大的发展潜力，如函数作图分析系统、集合绘图系统、电子表格的数据编辑系统、整合的网页浏览功能系统、计算机符号代数系统、数据处理系统、微软的系统、程序编辑系统等。此外，几何画板、Z＋Z 智能教育平台，都有待于进一步开发利用。

教学有法，但教无定法。教育心理学、学习理论的不断发展，日益丰富着数学教学的方式。现代数学教学方式呈现出综合性、交融性、复杂性的发展态势。改进教学方式，需要教师汲取各种教学方式的优势，为我所用。根据教学的内容特点，学生的认知发展规律，合理选择教学方式是教学智慧的一种体现。

 说一说

教学方式、教学策略以及教学原则之间具有怎样的逻辑关系呢？

第四节　评价方式的转变

随着课程标准的实施以及课程改革的不断深入，评价问题也越来越成为一个热点话题。本节着重讨论数学学习方式的转变。

一、数学学习评价的概述

(一)数学学习评价的含义和目的

数学学习评价是指有计划、有目的地收集有关学生在数学知识掌握、应用数学知识的能力和对数学情感、态度、价值观等方面的信息，并根据这些信息对数学学习状况或某个课程或教学计划做出结论的过程。这种评价能及时获取反馈信息，适时调节控制，以缩小学习过程与学习目标之间的差距；同时，通过评价，研究教学工作进程，总结经验教训，可以及时改进教学工作。

《标准》强调：评价的主要目的是全面了解学生的数学学习历程，激励学生的数学学习和改进教师的教学。具体讲，数学学习评价针对学生表现为以下几个目的：诊断学生在学习中存在的困难，及时调整和改进学习方法；对学生在数学学习中取得的成就和进步进行评价，激励学生的数学学习；全面了解学生数学学习的历程，帮助学生认识自己在解题、策略、思维方法和学习习惯等方面的长处和不足，提供改进的方向；使学生明确学习中欲达到的目标，便于学生形成正确的学习预期；促使学生对数学树立积极的态度、情感和价值观，帮助学生认识自我，建立信心。数学学习评价针对教师表现为以下几个目的：及时获得学生学习信息的反馈，了解学生学习的进展和遇到的问题；及时了解教师自身在知识结构、教学设计和教学组织等方面的表现，随时调整和改进教学进度和教学方法，使教学更适合学生的学习，更有利于学生的发展。

(二)数学学习评价的内容

对学生数学学习的评价应针对学习的不同方面，从而所选择的收集学生不同方面的有关信息也会不同。知识技能方面的评价包括：对数与代数、空间与图形、统计与概率等有关"双基"掌握情况的评价。数学思考的评价包括：对形成有关的抽象思维能力、形象思维能力、统计观念和推理能力的历程评价。解决问题的评价包括：对提出问题和解决问题的能力、解决问题的策略、创新和实践能力、合作与交流能力以及评价与反思的意识的评价。情感与态度的评价包括：对学生参与学习活动情况、学习的习惯与态度以及学习兴趣与自信心等方面的评价。

不同内容的评价，表现的特征也不一样，采用的评价方法也应有所不同。

评价中还应针对不同学段学生的特点和具体内容的特征,选择恰当的方法。对学生知识、技能掌握情况的评价,可采取定量和定性评价方式相结合。数学思考和解决问题方面的评价,应更多地在学生学习过程和解决实际问题过程中进行考查,可采用形成性评价。而情感与态度方面的评价主要通过教学过程中对学生的参与程度和投入精力等方面的考查,可采用定性的评价方法。不同的评价方法在评价过程中起着不同的作用,常常多种评价方法一起使用。

(三)数学学习评价的结果

应如何对待评价的结果? 不同的学习目标和社会期望有着不同的回答。由于在教学过程中,评价具有相当强的导向作用,所以学习目标准确、社会期望合理定位显得十分重要。正确地利用评价结果,有助于老师对个别学生的数学学习状况或某个课程的教学计划作出合理的解释和评估,从而有助于改进相应的学习、教学、课程和社会期望,并影响下一阶段的评价,形成一个良性的循环过程。

二、数学学习评价的功能

《标准》强调,评价应该激励学生的学习和改进教师的教学。数学学习评价的功能,可以从下列的几个方面来认识。

(一)提供反馈信息,完善教师的教和学生的学

评价为每一个学生提供反馈信息,帮助他们了解自己在知识与技能、数学思考、解决问题和情感与态度各方面的真实情况,而不仅仅限于掌握一些单纯的数学知识和解题技巧,从而使学生明白自己哪些地方掌握了,哪些地方还要努力,造成自己没有掌握的原因是什么,应采取何种形式去弥补。这些方面都要做一一分析,做到心中有数,这样会起到事半功倍的效果。

教师的日常工作,就是为了帮助学生很好地学习数学,而做好这一工作的前提是教师自己必须清楚地了解目前学生已有的数学知识、观念以及思维活动如何。利用评价提供的反馈信息,就能及时帮助教师获得学生的学习情况,从而有助于教师为学生提供及时的、必要的和恰当的帮助。更重要的是它还能有助于教师发现导致学生学习困难的实质原因,找到学生学习困惑的症结所在,在错误被学生当成一个事实,或发展成习惯之前及时地弥补和纠正。

(二)肯定学生的成就和进步,激励学生的数学学习情感

我们可以把学生的学习状况看成一桶没有装满的水,是看装有水的那一部分,还是看没有水的那一部分? 这是激励性评价还是消极性评价的分水岭。《标准》提倡多看装有水的那一部分,即多看其闪光点,看他们在原有的基础上有哪些进步,多进行纵向比较,少用横向比较。例如,从"你为啥考得这样差!"向"你真棒! 你真了不起! 继续努力吧! 相信你一定能学好!"转变,让学生在

激励性评价中产生积极的情感体验,发奋努力,从而不断进步。

（三）帮助学生认识自我、树立信心,使学生形成正确的学习目的

对学生数学学习结果的恰当评价能帮助学生认识自我、树立信心,从而使学生对学习数学产生强大的动力,能克服学习中的困难,主动探索知识。一个成功的评价体系要能做到,让大量从学校毕业后打算不再从事数学领域有关工作的学生,也能常常获得成功的体验,增强他们对未来生活和工作的自信心。相反地,传统的学习评价过于注重甄别和选拔,让很多学生在抽象和繁难的数学试题面前受挫,这进一步又会导致他们在以后的其他工作中缺乏自信。

（四）收集学生数学学习的全面信息,为修改课程和教学设计方案提供依据

通过各种评价方法收集起来的有关学生数学学习状况各方面的信息是判断某个课程和教学设计方案是否达到了欲达到的目标的一个有用的评价依据。对这些项目方案的评价必须将该项目方案中学生的数学知识、对数学的理解、各种数学能力以及对数学的情感等各种因素考虑在内,这样的评价才会更全面客观,随后该项目方案的修改才会更具有建设性。

议一议

考试、测验与评价之间有怎样的区别与联系？

三、数学学习评价的要求

对学生数学学习的评价应从过分强调甄别的功能转向关注学生的发展。以往只是以一张试卷定终身的评价方式,必然会给学生的身体和心理带来沉重的负担,不利于学生全面和谐发展。数学学习评价既要关注学生的知识与技能的理解和掌握,更要关注他们情感与态度的形成和发展;既要关注学生数学学习的结果,更要关注他们在学习过程中的变化和发展。应强调评价的诊断功能和促进发展的功能,注重学生发展进程的评价,强调学生学习变化的纵向比较。要注意发挥评价的教育功能,从单纯通过考试对学生一个阶段的学习情况做鉴定,转变为运用多种手段进行过程性评价,及时发现学习中的问题,及时反馈与矫正,让学生真正体会到自己的进步。

《标准》建议,对数学学习的评价应该关注下列几个方面：

①恰当评价学生基础知识与基本技能的掌握。对基础知识与基本技能的评价,应遵循课程标准的基本理念,以不同学段的知识与技能目标为基础,考查学生在该学段对基础知识与基本技能的理解和掌握程度。应特别指出的是,学段目标是指学段结束时学生应达到的目标,应允许一部分学生经过一段时间的努力,随着知识与技能的积累逐步达到目标的要求。

②重视对学生发现问题和解决问题能力的评价。对学生发现问题和解决问题能力的评价，要注意考查学生能否在教师的指导下，从日常生活中发现并提出简单的数学问题，能否选择适当的方法解决问题，是否愿意与同伴合作解决问题，能否用语言表达解决问题的大致过程和结果，是否养成反思自己解决问题过程的习惯，等等。

③提倡评价主体多元化和评价方式多样化。评价主体多元化是指在评价学生数学学习时，教师不是评价的唯一主体，既可以让学生开展自评和互评，也可以让家长和社区有关人员参与评价过程。提倡评价方式多样化，既可以用书面考试、口试、活动报告等方式，也可以用课堂观察、访谈、问卷、数学日记、成长记录袋等评价方式。

我们可通过下表的对比来把握新课程学习评价的根本要求。

表 3-1　数学学习评价的新理念

提　倡	避　免
评价的诊断和激励功能	评价的甄别和选拔功能
评价是教学过程中一个有机组成部分	评价简化为单一的终结性评价
对学生知道什么，是怎样思考的评价	评价学生不知道什么
关注学生自身的发展	与他人的比较（分等排序）
学生在学习过程中的变化和发展	仅关注学生数学学习的结果
使用多样化的评价手段	仅用纸笔测验
评价的主体多元化	仅有教师对学生的评价
定性评价与定量评价相结合	只有定量评价
注重学生的交流和合作	简单地指出答案是否正确
从不同的评价方式收集反馈信息	仅依据考试一种渠道收集信息
数学情感与态度的形成和发展	仅关注数学知识和技能的理解和掌握

四、数学学习评价的类型

依照数学学习评价所采用的不同参照体系，可以从许多不同的角度对评价方法进行分类和描述。

（一）按照评价目的或过程分类

根据评价在何时进行或评价要达到何种目的，评价可分为以下几种：

1. 前置性评价

前置性评价与学生学习开始时的表现有关，目的是为了确定必需的准备技能，对学习目标的掌握程度和寻求最佳的学习模式。它关注的问题是：① 学生是否具备了进行下一步学习所需要的知识和技能。如学生在学习分数除法之前，教师想了解他们是否熟练掌握了整数除法和分数乘法的相关知识。② 对于下一步学习目标中的理解力和技能，学生已经发展到何种水平。以此来调整学习的进度。③ 学生的兴趣、学习习惯及个性特征是否表明一种学习模式比另一种模式更合适,如小组学习与个别学习相比等等。

2.形成性评价

形成性评价用以监测教学过程中学生的学习进展,其目的是为学生和教师提供关于学会与否的连续反馈。给学生的反馈可强化正确的学习方法,并可以发现具体的学习错误和需要改正的错误观念。教师得到反馈后,就可以及时调整教学,更好地指导小组和个人的学习。形成性评价极大地依赖于为每个教学部分(如单元、章节)特别准备的测验和评价。

3.诊断性评价

诊断性评价的专门化程度很高。如一名学生在调整了学习方法和教师的个别指导后,在学习上仍不断受挫,那就表明需要对这个学生进行更加仔细的诊断。用一个医学术语类比,如果说形成性评价为学习问题提供急救治疗,那么诊断性评价则是为学习问题提供全面而细致的治疗,它不仅需要使用特殊的诊断测验,查明问题是智力的、生理的、情感的还是环境的等因素,还要运用多种治疗技术,为解决学习问题制订出一个恰当的方案。因此,诊断性评价的目的就是查明那些持久的学习问题的成因,并且制订出矫正计划。

4.终结性评价

终结性评价通常在教学过程或单元结束时进行,被用来确定学习目标达成的程度,主要用于给学生的表现打分,或证明学生对预期的学习目标掌握情况。这种评价的信息往往不单是或不主要是呈现给学生,而是呈现给家长、学校或上一级的教育主管部门,带有评估的性质。但它也为判断课程目标是否恰当、学习是否有效提供了信息依据。

(二)按照评价解释结果的标准分类

1.标准参照评价

标准参照评价是在评价对象群体之外,预定一个客观的或理想标准,并用这个固定的标准去评价每个对象,主要用于评价既定学习目标达成的情况。它主要的目的是明确学习任务(如整数的加减法)的具体范围,并对学生的表现进行描述。

2.常模参照评价

常模参照评价描述的是学生在已知群体中的相对位置(如在班上排名第五)。其基本特征在于比较,比较的标准源自于已知的群体,也只适用于该群体,由评价对象组成的群体整体状况决定着每个群体成员的水平。它的主要目的是让评价对象明确自己在群体中的位置,提高学习的动力。

 查一查

查阅课程标准,《标准》对数学学习评价提出了怎样的一些建议呢?

标准建议:

五、数学学习评价的方法

评价方法是解决如何评价的问题。一方面,评价的方法与评价的目的、目标是互动的。根据评价的目的,需设置不同的评价对象与目标,进而运用不同的评价方法。另一方面,一定的评价方法也会反过来影响评价的目的与目标。所以,选择恰当的评价方法能够更好地促进学生数学学习的进步。

(一)定量评价方法

定量评价是指对数学学习欲评价的内容,通过教育测量、统计等方法与手段,收集数据信息,进行定量分析、处理,找到集中趋势的量化指标和离散程度,给出综合性定量描述与判断。这也是传统学习评价主要采用的方法。这种方法的特点决定了其功能的有限性,主要适用于学生对数学"双基"掌握情况的评价,即只适用于可以转化为分数的学习表现的评价。那些无法简单地以数字加以衡量的学习目标,比如,学生的数学学习情感与态度,则难以用定量的方法加以评价。随着评价改革的发展,一些定性的评价方法正被广泛地用到数学学习评价中来。

(二)定性评价方法

所谓定性评价,是对数学学习欲评价的内容,通过观察法、调查法等收集的数学学习的信息,筛选出集中趋势的判断,舍弃非本质的离散现象,对事物本质进行决策性判定。这种评价既能反映学生所获得的数学知识和能力,又能揭示其非认知行为,如数学学习的态度、情感和合作精神等。

1.课堂观察

课堂观察评价主要是教师对学生课堂学习过程的评价。由于这种评价形式既不加重学生的负担,又便于教师及时了解学生的学习情况,因此它是一种"实惠"的评价形式。为了保证观察能获得预期的目的,实施观察前必须进行周密的设计,包括确定观察评价的维度,每一维度涉及的评价因素,以及每一因素可区分的水平。下列的课堂观察检测表,可以供大家参考。

检测表使用说明:

① 课堂上,教师要注意观察各个学生的行为特征的程度,选择学生最突出的一两个方面在课堂观察检测表中用 A、B、C 三种不同的水平记录下来。记录时在相关的栏目中打个"√";若无,则不作任何记号。

② 此评价表可做成卡片的形式使用,每堂课记录 2—3 名学生的情况,一学期对每个学生进行 3—4 次评价记录,最后根据几次的检测情况,综合得出学生一学期的整体课堂学习过程的评价。

③ 课堂检测评价并不只是进行检测记录,而应在检测记录的过程中,对学生及时地进行反馈、鼓励,发挥评价激励与调节的功能。

在具体使用课堂观察检测表时,要结合具体的学习内容,对各个评价要素进行具体的使用说明,以便于具体操作。

表 3-2　课堂观察检测表

学生姓名:　　　　　年级:　　　　　　观察时间:

项　目	因　素	A	B	C	说　明
情感与态度	1.举手发言				A＝积极;B＝一般;C＝不积极
	2.参与活动				
	3.认真情况(做作业、讨论、思考)				A＝认真;B＝一般;C＝不认真
	4.对数学学习的好奇心与求知欲				A＝强;B＝一般;C＝没有
	5.克服困难的意志与自信心				A＝能;B＝较少;C＝不能
	6.对数学与人们生活联系的认识、感悟				A＝较深;B＝一般;C＝没有
知识与技能	7.描述知识特征,说明由来,阐述本对象与有关对象的区别				A＝能 B＝基本能 C＝不能
	8.在理解的基础上将所学的知识用于新情景中				
	9.综合应用知识,灵活、合理选择解决有关数学问题的方法				
思维与方法	10.思维的创造性(独立思考,从不同的角度提出问题,用不同的方法解决问题)				A＝能 B＝一般 C＝不能
	11.思维的条理性(表述清楚,做事有计划)				
	12.解决问题的策略、方法				A＝较好;B＝一般;C＝不好
交流与合作	13.认真听取别人的意见并询问				A＝能 B＝一般 C＝不能
	14.积极表达自己的意见				
	15.完成小组分配的任务				
总　评					

2.访谈

访谈法是评价者通过与学生进行交谈的方式,来获得学生数学学习信息的一种评价方法。采用访谈法前要事前拟定谈话的问题,要注意明确谈话的目的,问题的形式如何呈现,问题的内容如何表述,问题是否适合学生现有的知识水平,避免诱导性的问题等。下面是一个对学生数学学习兴趣进行访谈的方案。

① 访谈目的:了解学生对数学学习的兴趣。

② 访谈内容包括以下几个问题。问题1:你喜欢上数学课吗?上课时,你是喜欢数学教师呢,还是喜欢教师所讲的内容?在学习过程中你感到高兴吗?要是回答问题错了受到批评后,你还是喜欢数学吗?问题2:你喜欢数学教科书吗?你喜欢书上的插图吗?你喜欢做书上的数学题吗?课后业余时间,你看数学书吗?是家长让你看的吗?你还看其他书吗?比较一下你最喜欢看哪一类的书?问题3:你喜欢做数学作业吗?你喜欢自己完成还是和同学一起完成呢?自己完成时要别人帮助吗?当你作业有几次错误时,还是喜欢做数学作业吗?

③ 记录并整理对问题的回答。

④ 说明解释学生的数学学习兴趣。

3.问卷

问卷法是通过设计一套统一、严格的问卷,来获得学生数学学习信息的一种方法。问卷法的标准化程度较高,能快速、高效地获得大量学生的学习信息,获得的信息相对比较真实可靠。比如,如果要全面了解学生对数学学习的情感与态度,除了可采用直接面谈方法外,还可以通过问卷法从家长和同学那里获得更全面、更真实的信息。

4.数学日记

通过写日记这个平台,学生可以对所学的数学内容进行总结,可以像和自己谈心一样写出自己在数学学习过程中的情感、态度、困难之处或感兴趣之处,记录下自己数学学习过程中的成功与失败,反映出学生数学学习的历程。通过学生的数学日记,教师可以对学生数学学习的过程有一个全面的了解和评价。

写数学日记无疑给学生提供了一个用数学的语言或自己的语言表达数学思想、方法和情感的机会。而且,数学日记还可以发展为一个自我报告,评价自己的能力或反思自己解决问题的策略。从这个意义上说,数学日记还有助于数学教师培养和评价学生的反省认知能力。

数学日记有多种形式,如表3-3所示的样式可供参考。

表 3-3 数学日记的格式

年级：	姓名：	日期：
今天数学课的课题是：_____		
所涉及的重要数学概念(法则、公式)有：_____		
理解最好的地方是：_____		
理解不透彻，还要进一步请教老师或同学的地方是：_____		
对所学内容感触最深的是：_____		
此内容包含的数学方法和思想是：_____		
你在课上交流和表达了的内容和问题是：_____		
所学的内容能否用在日常生活中，举例说明：_____		

 查一查

在评价学生的非智力因素方面,有怎样的一些评价量表或工具呢?

研讨活动

活动主题

学习数学教学

研讨目标

■了解课程标准如何体现数学教学方式的转变;

■体会学生探究式学习的数学化过程和作用;

■认识如何更好地利用新课标理念进行数学教学;

■掌握教师在教学中发挥指导者、促进者和合作者角色的注意事项。

研讨方式

通过撰写教案、小组试讲、问题思考、阅读材料、案例分析、小组讨论、大组交流等活动方式,使得研讨参与者领悟上述研讨目标,把握研讨内容。

研讨内容

活 动 卡

1.选取课程标准中的某部分教学内容,先阅读相关的教学建议和评价建议,观看相关教学视频,撰写教案,并在小组中试讲,然后把相关的内容制作成一个表格。

2.有看法认为:教学方式的转变只是"新瓶装旧酒",没多大变化,你同意这种观点吗?学生在问题情境中探究、解决问题,能体现数学知识的发生、发展的过程,因而有助于学生数学思维能力的培养。你的看法如何?

3.分析和讨论关于某教学内容的对比教学视频,并与同伴交流对此案例的感想。你认为传统和新课标理念下,数学教师的教学方式以及学生的数学学习方式有哪些相同点和不同点?

4.根据讨论的结果修改撰写的教案,并在小组中试讲、讨论,请指导教师点评。自己撰写教学反思卡片,并在同伴中交流。

5.试就你的体会,谈一谈在你的试讲中是如何体现教学方式和教师角色的转变的。

研讨建议

1.研讨者独立阅读数学课程标准的有关教学内容,找出研讨的主题。

2.主持人组织大组交流,汇总所有重点,共同完成活动卡中的问题1。根据实际情况,可以选择一些重要教学环节作深入的讨论,也可提出一些进一步讨论的问题,鼓励参与者活动后完成。

3.主持人注意引导参与者交流对两种教学视频的看法,并注意捕捉重要信息,组织全班对其中的关键问题进行讨论。

4.主持人可以结合这两种课的教学案例进行评述,使得参与者体会教师的教和学生的学是如何展开的,跟传统的课例比较有什么转变,以促进师范生教学水平和教学反思能力的提高。

5.围绕研讨卡的具体问题,主持人可以提供一些有关的阅读材料,或者相关的网络资源等。

6.主持人应该及时提炼和引导,并根据研讨目标进行小结。

7.活动时间:1课时。

思考问题

1. 请你查找相关资料,阅读数学课程标准,观看教学视频,体会教师是学生学习的指导者、促进者和合作者的含义和具体做法。

2. 选取某种教学方式,根据教学案例,指出这种教学方式的特征和进行教学的注意事项。

3. 根据你自己的大学数学学习经历,撰写一篇数学日记,体会教师的教法和自己的学法,如自己是怎样把握知识技能、过程与方法的,自己学习数学的情感、态度和价值观发生了什么变化等等。

4. 自己查找评价教学过程的标准,再对照自己试讲的课例,看看自己的教学技能是怎样发展的,自己是怎样评价学生的数学学习的。

5. 思考影响教师教学方式、学生学习方式和学生学习评价方式的主要因素,并寻求改进的策略。

进一步阅读的资料以及拓展资源

1. 课后阅读吕传汉主编的《数学情景与数学问题(7—9年级)》(北京师范大学出版社,2005年第一版)和郑毓信著的《问题解决与数学教育》(江苏教育出版社,1994年第一版),体会以"问题解决"为中心的教学方式的特点和实践经验.

2. 管廷禄等.中学数学教育教学论.北京:科学出版社,2007.

3. 刘影,程晓亮.数学教学论.北京:北京大学出版社,2009.

4. 课后访问 http://www.zgkcjx.cn,更多地了解中国基础教育改革的动态。

第四章
课程标准中的专题内容

 本章提要

数学探究、数学建模和数学文化是体现课程标准理念的专题内容,也是高中数学课程的重要组成部分,它们与数学知识体系的融合构成了数学新课程一道靓丽的风景线。通过本章的学习,应该达到如下的一些目标:

❈ 理解数学探究、数学建模和数学文化的内涵与意义;

❈ 掌握课程标准对数学探究、数学建模、数学文化的教学要求;

❈ 了解数学探究、数学建模和数学文化在中小学数学课程中的实施。

第一节 数学探究

一、数学探究的内涵和意义

数学探究即数学探究性课题学习,是指学生围绕某个数学问题,自主探究、学习的过程。这个过程包括:观察分析数学事实,提出有意义的数学问题,猜测、探求适当的数学结论或规律,给出解释或证明。

数学探究是高中数学课程中引入的一种新的学习方式。有助于学生初步了解数学概念和结论产生的过程,初步理解直观和严谨的关系,初步尝试数学研究的过程,体验创造的激情,建立严谨的科学态度和不怕困难的科学精神;有助于培养学生勇于质疑和善于反思的习惯,培养学生发现、提出、解决数学问题的能力;有助于发展学生的创新意识和实践能力。

二、课程标准对数学探究的要求与建议

(一)内容与要求

具体包括:

①数学探究课题的选择是完成探究学习的关键。课题的选择要有助于学生对数学的理解,有助于学生体验数学研究的过程,有助于学生形成发现、探究问题的意识,有助于鼓励学生发挥自己的想象力和创造性。课题应具有一定的开放性,课题的预备知识最好不超出学生现有的知识范围。

②数学探究课题应该多样化,可以是某些数学结果的推广和深入,不同数学内容之间的联系和类比,也可以是发现和探索对自己来说是新的数学结果。

③数学探究课题可以从教材提供的案例和背景材料中发现和建立,也可以从教师提供的案例和背景材料中发现和建立,应该特别鼓励学生在学习数学知识、技能、方法、思想的过程中发现和提出自己的问题并加以研究。

④学生在数学探究的过程中,应学会查询资料、收集信息、阅读文献。

⑤学生在数学探究中,应养成独立思考和勇于质疑的习惯,同时也应学会与他人交流合作,建立严谨的科学态度和不怕困难的顽强精神。

⑥在数学探究中,学生将初步了解数学概念和结论的产生过程,体验数学研究的过程和创造的激情,提高发现、提出、解决数学问题的能力,发挥自己的想象力和创新精神。

⑦高中阶段至少应为学生安排1次数学探究活动,数学还应将课内与课外有机地结合起来。

(二)说明与建议

具体包括:

①教师应努力成为数学探究课题的创造者,有比较开阔的数学视野,了解与中学数学知识有关的扩展知识和内在的数学思想,认真地思考其中的一些问题,加深对数学的理解,提高数学能力,为指导学生进行数学探究做好充分的准备,并积累指导学生进行数学探究的资源。

②教师要成为学生进行数学探究的组织者、指导者、合作者。教师应该为学生提供较为丰富的数学探究课题的案例和背景材料;引导和帮助而不是代替学生发现和提出探究课题,特别应该鼓励和帮助学生独立地发现和提出问题;组织和鼓励学生组成课题组合作地解决问题;指导和帮助学生养成查阅相关的参考书籍和资料、在计算机网络上查找和引证资料的习惯;一方面应该鼓励学生独立思考,帮助学生建立克服困难的毅力和勇气,另一方面应该指导学生在独立思考的基础上用各种方式寻求帮助;在学生需要的时候,教师应该成为学生平等的合作者,教师要有勇气和学生一起进行探究。

③教师应该根据学生的差异,进行有针对性的指导。在鼓励学生创新的同时,也允许一部分学生可以在模仿的基础上发挥自己的想象力和创造力

④"数学探究"的结果以课题报告或课题论文的方式完成。课题报告包括课题名称、问题背景、对事实的观察分析、对结果的猜测、对结果的论证、对探究

结果的体会或评论、引证的文献资料等方面。

⑤可以通过小组报告、班级报告、答辩会等方式交流探究成果,通过师生之间和学生之间的讨论来评价探究学习的成绩,评价主要是正面鼓励学生的探索精神,肯定学生的创造性劳动,同时也指出存在的问题和不足。

⑥数学探究报告及评语可以记入学生成长记录,作为反映学生数学学习过程的资料和推荐依据。对于学生中优秀的报告或论文应该给予鼓励,可以采取表扬、评奖、推荐杂志发表、编辑出版、向高等学校推荐等多种形式。

三、数学探究的教与学

(一)数学探究教学的策略

1.坚持以问题为中心

设置恰当的问题是开展探究教学的中心,教师应抓住问题、组织教学、创设情景、让学生能在"认识情境—产生冲突—提出问题—分析问题—解决问题—交流评价"的教学模式中进行探究性学习。

(1)设置恰当的问题

问题的难度应该是适度的,"让学生跳一跳就能摘到桃子"。问题应该是开放性的,让学生有足够的发挥空间。问题若能以实际生活为背景,则能让学生用数学知识和数学的思维方式去观察问题、分析问题并解决问题,这将能让学生体会到数学的应用价值,激发学生学习数学的热情。

(2)创设学生感兴趣的问题情境

一个好的数学情境,其内容应是具有启发性的,它能吸引学生的注意力,诱发学生的质疑猜想;其性质应是具有趣味性的,它能给学生思维以触动,引起无限的联想与发现,点燃学生思维的火炬。这样的情境才能吸引学生去探索和发现,去提出和解决问题。

2.注重对探究活动的启发与引导

教学中,教师要精心创设问题情境,引起学生的注意与探究,从而引导其提出问题和解决问题。教师也可以提出一些深入思考的问题让学生去探索解决,在教学中抓住时机、因势利导,进行恰当的点拨,引导学生哪里是思考的重点,用什么方式探索,又如何得到结论等等。并能激发学生的兴趣和动机,引导学生主动学习,使数学活动尽可能丰富、有趣、富有感染力。

教学活动中,因已有知识经验的差异,有的学生不能即时提出和解决问题,出现学习焦虑,教师要及时观察,并恰当处理,引导学生尽可能地参与,在相互交流、合作学习中解决问题。研究表明,和谐的心理环境、合作式的学习方式能增强师生之间积极的心情,提高学习效率。

3.留给学生足够的探究时间

数学探究教学对教师的要求很高,要仔细准备,但这并不意味着老师要解答学生的一切问题,教学中应留给学生足够的思考和讨论的时间,不要急于回答学生提出的一些问题,而是组织学生思考、讨论、交流,让学生回忆是否遇到过相似的问题,而不是直接给学生确切的答案。当问题解决之后,教师不要急于收场,让学生思考有没有更多的解决办法,能否提出新的问题。同时,培养学生的质疑思维、批判思维、创造性思维,树立打破常规,标新立异意识。

4.鼓励学生不断反思探究的过程

反思和感悟是学习的一种重要形式,既可以整理所学知识,又可以引导思维向更深、更广的地方伸展。教学中,老师要多问几个"你是怎么想到的","你的方法还有其他用途吗,能推广这种方法吗","能不能让问题更特殊一些,更一般一些"。同时,组织学生交流解决问题后的体会,特别是学习数学中的发现,引导学生相互学习,让更多创新智慧的火花迸发出来。

(二)数学探究教学应注意的问题

1.把握探究时机

探究教学的使用应该配合教学的大局,在什么时间探究、用多少时间探究、探究到什么程度应该有个恰当的把握,不能什么内容都探究,也不必整节课都用于探究,关键是看教学内容是否适合探究,教学时间是否允许探究,是否有恰当的时机切入探究。比如,课堂中学生提出一个意外的问题,对此不要立即否定或责怪,说不定沿着这条线深入,就是一个很好的探究时机。

2.探究性教学和接受性教学不矛盾

探究性教学在我国确实是相对于接受性教学而提出的,但它们不是一个矛盾体,两种方式应该互补。探究性教学在积累直接经验,培养学生的创新精神、思维和促进理解能力等方面有其独到之处;而接受性教学在积累间接经验、传递系统的学科知识方面,其效率之高是其他教学方法无法比拟的。因此两种教学方式应该互补,在我们现有的大班级授课条件下,接受性教学还应是主要方式,探究性教学应是其必要补充。教师在这点上应该认识清楚,不能说哪个先进,哪个落后,更不能贬低哪一种教学方式的价值。

3.探究性教学设计要落到实处

在课堂教学中,数学探究教学设计要避免过"缓",或者过"陡",要能调动学生积极性,防止学生思维的"惰性"状态,也要避免一些进程被设计得过快,导致许多有探究价值的"中介性"、"过程性"内容被"一滑而过",教学设计应该以启发学生的"最近发展区"为宜。

一些探究性教学看是热闹,其实有形无实,而是一些"工匠式"、"圈套式"、"标签式"等伪数学探究活动。在一些"工匠式"数学探究活动中,教师常常关注学生表面的动手操作,如剪一剪、折一折、量一量、画一画等,缺乏真正的数学内涵,数学思维的质量不高。在一些"圈套式"数学探究活动中,教师一般通过精心设计的一系列"铺垫"性问题,引导学生探究相关的数学概念或者结论,但教学过程中学生因不能清晰地理解每一步"铺垫"的意图产生不了内驱的数学探究需求,相应的探究活动实际上是被教师牵着走,仅仅在教师的设圈下被动地"探究"。在一些"标签式"数学探究活动中,教师一般一开始就抛出一个"探究性问题",让学生探究,但由于缺乏必要的情境铺垫,两者间"潜在距离"过大,难以开展研究,或是所给问题与学生已有知识"潜在距离"过小而缺乏挑战力与探究性,探究性问题事实上成了"一个秀",流于形式,没有落到实处,学生没有得到应有的锻炼价值。

4.要注意学生个体差异

学生的基础不同,思维类型的差异,势必会导致学生在探究教学中产生不同的反应,教师要在教学设计中体现不同学生的不同要求。分组讨论中要合理搭配,让每个学生在课题中能扮演角色,避免让分组成为少数优等生的"表演场"、个别学生的"休闲场"或者热闹低效的"众言堂"等现象。不要低估学生的数学探究能力,要鼓励学生特别是平时成绩一般的学生勇于尝试,敢于在教训中成长。

5.注重过程性评价

由于数学探究学习更强调学生的参与过程,关注探究活动中的过程知识、推理过程、自我监控过程等核心要素,因此,数学探究教学的评价要重视过程。相对于结果,过程更能反映每个学生的发展变化,体现出成长的历程。对学生数学探究学习过程的评价,包括对学生参与数学活动的兴趣和态度、数学学习的自信、独立思考的习惯、合作交流的意识以及数学认知的发展水平等方面的评价。

数学探究过程中,每个学生都会遇到思维瓶颈,这时教师要及时鼓励学生,对提出问题的学生要及时引导,特别是对于一些成绩一般学生提出的所谓"不着边际"的问题不要"一棍子打死"。对学生的鼓励在面上要广,不要停留在少数"优等生"身上,鼓励也有深入,要言之有物,不要流于"很好"、"不错"等表面。合理利用评价机制,激励学生深入探究。

 议一议

在数学课堂教学中如何更有效地开展数学探究活动?

四、数学探究的教学案例:分期付款中的数学问题

(一)教学目的

使学生能应用数列知识中的相关数学模型解决有关分期付款的问题,培养学生分析、解决问题的能力,培养学生的研究能力、研究精神与探究意识。

(二)研究过程

第一步:课题引入。

师:我们已经学习了数列的有关知识,俗话说"学以致用",今天我们就用所掌握的数学知识来解决一个实际问题——分期付款问题。

很多人要购买价格较高的商品,一次性付款有一定的困难,如购买房屋、购买汽车等。因此,日常生活中,一些商家为了便于顾客购买一些售价较高的商品,更是为了促销,在付款方式上给予灵活的变通。可以一次性付款,也可以分期付款。采用分期付款时又可以提供几种方案供顾客选择。说不定你们的家庭也会遇到这一情况。今天我们就一起来对这一问题进行研究。

第二步:背景介绍。

分期付款是怎么一回事呢?下面以一实例说明:

顾客购买一件售价为 5000 元的商品,采用分期付款,在一年内将款全部付清的前提下,商店提出了如表 4-1 所示的几种方案,以供顾客选择。

表 4-1　付款方案表 1

方案类别	分几次付清	付款方法	每期所付款额	付款总额	与一次性付款差额
1	3	购买后 4 个月第一次付款; 再过 4 个月第二次付款; 再过 4 个月第三次付款			
2	6	购买后 2 个月第一次付款; 再过 2 个月第二次付款; …… 购买后 12 个月第六次付款			
3	12	购买后 1 个月第一次付款; 再过 1 个月第二次付款; …… 购买后 12 个月第六次付款			
注	规定月利率为 0.8%,每月利息按复利计算。				

说明:①分期付款中规定每期付款额相同;

②每月利息按复利计算,是指上月利息要计入下月本金;

问题:为了让顾客从上表中选择付款方案时更加便于计算,你能把上表完善起来吗?

第三步:研究的准备阶段。

首先,确认研究目标。

师:大家知道现在要解决什么吗?即我们的研究目标是什么?

生:完善所给表格,也就是要求出在所给的几种方案下每期应付款多少,总共付款多少,这样才便于顾客进行比较。

师:很好! 我们的研究目标就是要求出在所给的几种方案下每期应付款多少,总共应付款多少。

其次,在师生共同讨论的基础上,进一步理解与研究问题背景,确定解决问题的模式。

师:那怎样才能求出几种方案中每期应付款多少,总共应付款多少呢? 我们以方案2为例,你认为在这种方案下每期应付款、总共应付款各如何要求?

(学生开始思索与探究。)

师:顾客在平时购买商品时本应一次性地付清贷款,现在这笔贷款可以拖到何时付清?

生:一年后的今天。

师:假如你是商家,那一年后的今天你还愿意收这件商品的原来贷款5000元吗?

生:不愿意。

师:为什么?

生:我觉得我吃亏。

师:亏在哪儿?

生1:今天我收了5000元后存入银行,明年的今天我除了拿到5000元以外,还应有利息。

生2:收款后可以投资扩大再生产,明年会有更大的收益。

师:很好! 这也就是说,商家在确定两种付款方式的付款额时,要考虑购买后1年贷款在银行里的本金之和。那么,5000元的贷款如何分期支付呢(以方案2说明)?

(在学生独立研究的基础上,引导学生进行讨论。)

生1:5000元及其1年后的利息之和除以6就是我每期所付的款额。

生2:我认为每周所付的款额应比他说的少。

师:为什么?(允许学生讨论。)

生:后一种说法正确。因为顾客前几期的付款也应生利息。

师:很好。这就是说,在贷款全部付清时,一次付清的本息和各期所付款额的增值之和满足什么关系,顾客和商家双方才能都接受? 弄清楚后再设计出本课题解决的基本步骤,大家可以相互讨论。

(全班同学相互之间热烈讨论。)

生:在贷款全部付清时,一次付清的本息与各期所付款额的增值之和应相等,只有这样商家与顾客双方才能接受,课题解决的基本步骤是:

步骤一:先计算在购买后一年贷款全部付清时,其商品售价增值到多少;

步骤二:再计算在贷款全部付清时,各期所付款额增值到了多少;

步骤三:根据各期所付的款额连同到最后一次付款时所生的利息之和,等于商品售价及从购买到最后一次付款时的利息和,列出方程;

步骤四:解方程即可得到答案。

第四步:研究的实施阶段。

首先,方案2的解答。

(学生按上述步骤来求解,四个小组之间展开比赛,每个小组推举一位代表汇报。)

生1:先计算一次付清5000元,1年后本息是多少:

由于月利率为0.008,在购买商品后一个月该商品的售价增值为

$$5000 \times (1+0.008) = 5000 \times 1.008(元)$$

由于利息按复利计算,在购买后2个月后,商品售价增值为:

$$5000 \times 1.008 \times (1+0.008) = 5000 \times 1.008^2(元)$$

……

于是,在该商品购买后12个月(即分期付款的贷款全部付清时),其一次性付款5000元的本息为:

$$5000 \times 1.008^{12}(元)$$

生2:再计算在贷款全部付清时,各期所付款额增值到了多少(假设每期付款 x 元)。

第一期付款 x 元后,过12个月才到款全部付清之时。当付款后1个月时,所付款连同利息之和为:$1.008x(元)$;

当付款2个月时,所付款连同利息之和为:$1.008^2 x(元)$;

……

当付款10个月时,所付款连同利息之和为:$1.008^{10} x(元)$;

即第1期付款 x 元后到款全部付清之时连同利息之和为 $1.008^2 x(元)$。类似地可以推得,第2、3、4、5、6期所付的款额到贷款全部付清时连同利息的和分别为 $1.008^8 x$、$1.008^6 x$、$1.008^4 x$、$1.008^2 x$、x(最后一次付清时,款已全部付清,因此这一期没有利息)。

生3:根据上面两位同学的解答,我们可以得到如下关系式:

$$x+1.008^2 x+1.008^4 x+1.008^6 x+1.008^8 x+1.008^{10} x$$
$$=5000 \times 1.008^{12}$$

$$x(1+1.008^2+1.008^4+1.008^6+1.008^8+1.008^{10})=5000 \times 1.008^{12}$$

生4:上式为一个等比数列,课解得:

$$x \cdot \frac{1-(1.008^2)^6}{1-1.008^2} = 5000 \times 1.008^{12} \Rightarrow x \approx 880.8(元)$$

即每次所付款额为880.8元,因此6次付款额共为 $880.8 \times 6 = 5285(元)$,

它比一次性付款多 285 元。

其次,作为练习,引导学生独立完成方案 1、3 的计算,并将结果填入表中,进行班级交流。

表 4-2　付款方案表 2

方案类别	分几次付清	付款方法	每期所付款额	付款总额	与一次性付款差额
1	3	购买后 4 个月第一次付款; 再过 4 个月第二次付款; 再过 4 个月第三次付款	1775.8	5327	327
2	6	购买后 2 个月第一次付款; 再过 2 个月第二次付款; …… 购买后 12 个月第六次付款	880.8	5285	285
3	12	购买后 1 个月第一次付款; 再过 1 个月第二次付款; …… 购买后 12 个月第六次付款	438.6	5263	263
注	规定月利率为 0.8％,每月利息按复利计算				

最后,实践的升华:寻求一般结论。

师:根据表中的结果,顾客就可以对几种付款方式进行权衡,然后从中选定一种适合自己的付款方式。对于上面三个方案中的表示式,同学们能发现其中有什么共同特点吗? 能够从中概括出一个一般的公式吗?

一般地,购买一件售价为 a 元的商品,采用上述分期付款时要求在 m 个月内将款全部付清,月利率为 p,分 n(n 是 m 的约数)次付清,那么,每次付款数的公式是什么?

第五步:师生对研究结果和内容进行回顾与小结。

第六步:研究结论的应用与拓展。

据了解,银行发放给商家贷款的利率和储蓄的利率是不同的,怎样使商家和顾客双方都不吃亏? 另外,我国银行利率实行的是单利,又应当如何计算分期付款的款额? 同学们可以组成研究小组,通过调查、讨论,提出一个日常生活中的分期付款的策划。

(三)对案例的分析与总结

这是一个典型的基于数学模型的研究性课例,本节课的重点实际上是通过购物时的分期付款这个情境来探究、应用等比数列前 n 项和公式的实际应用。因此,借助于实际的生活情境,来拓展学生对数学知识、思想方法的认识,培养一种数学眼光和数学素养,是这种模式的主要特点。

就这节课例而言,为了使学生探究出分期付款时每期应付款额,案例设计了四个步骤来完成这个目标:

①引导学生探究出商品售出得到的一次性付款到分期付款的贷款全部付清时会不断增值;

②通过老师的点拨让学生探究出顾客每期所付款额到贷款全部付清时也会不断增值;

③理解并利用分期付款中的有关规定列出方程;

④利用等比数列前 n 项和的公式进行有关计算。

就这节课的教学过程而言,主要的步骤是:课题引入、背景介绍、研究的准备阶段、研究的实施阶段、师生对研究过程和内容的回顾和总结,这一步骤还是比较清晰与合理的。在实施过程中,教师基本贯彻了"学生是研究者,是主体"这一基本指导思想,比如,老师让学生转换角色,"假如你是商家","假如你是顾客",把学生置于自主解决问题的地位,带有更大的责任感,激发了解决问题的动机,调动了情感因素。教学中,对于学生研究的结果,教师及时肯定和表扬,并采用讨论的方式,给他们展示成果的机会,激发了研究与探索的精神,把培养非智力因素和智力因素有机结合起来,为数学研究的活动注入了动力机制,有利于应用意识和创新意识的培养。

做一做

以"欧拉公式"的发现设计一个数学探究教学的过程。

第二节　数学建模

数学课程标准指出:中学数学教学在数学应用和联系实际方面需要大力加强。数学课程应提供基本内容的实际背景,反映数学的应用价值,开展"数学建模"的学习活动,设立体现数学某些重要应用的专题课程。

一、数学模型与数学建模

(一)数学模型

我们将人们在现实世界里所关心、研究或从事生产、管理的实际对象称为原型。模型是指为了某种特定目的将原型的某一部分信息简化、压缩、提炼而成的原型替代物。广义地说,一切数学概念、数学理论体系、方程式和算法系统都可以称为数学模型;各种数学分支也都可看做数学模型。但按狭义的说法,数学模型一般是指由数字、字母或其他数学符号组成的,描述现实对象(原型)数量规律和空间特征的数学结构。具体地说,数学模型就是:对于现实世界的一个特定对象,为了一个特定目的,根据特有的内在规律,作出一些必要的简化假设,运用适当的数学工具得到的一个数学结构。

数学模型是用数学语言模拟现实的一种模型,即把一个实际问题中某些事物的主要特征、主要关系抽象成数学语言,以反映客观事物的内在联系与变化过程。我们说一个好的数学模型,既要简单又要准确地描述客观事物。由于客观世界具有模糊性,实际事物涉及的因素往往是多元的,数学模型表现越"真",数学处理往往越难,因而数学模型不可能完全与实际对象"同构",不可避免地要做一些近似处理,这就是数学模型的近似性。

数学模型的表现方式往往是多样的,有公式、图形或算法等。同一个问题有时会有多个模型。

(二)数学建模

数学建模是指根据具体问题,在一定的假设下找出解决这个问题的数学模型,求出模型的解,并对它进行验证的全过程。这一过程大致可以分为现实问题数学化、模型求解、数学模型解答、现实问题解答验证四个阶段。数学化是指根据数学建模的目的和所具备的数据、图表、过程、现象等各种信息,将现实问题翻译为数学问题,并用数学语言将其准确地表述出来。求解是指利用已有的数学知识,选择适当的数学方法和数学解题策略,求出数学模型的解答。解释是指把用数学语言表述的解答翻译转化到现实问题,给出实际问题的解答。验证是指用现实问题的各种信息检验所得到的实际问题解答,以确认解答的正确性和数学模型的准确性。如果检验结果

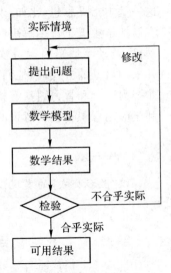

图 4-1　数学建模的过程

基本正确或者与实际情况的拟合度非常高,就可以用来指导实践,反之则应重复上述过程重新建立模型或者修正模型。这四个阶段实际上是完成从现实问题到数学模型,再从数学模型回到现实问题的不断循环、不断完善的过程(见图4-1)。

例 4-1 客房的定价问题。

一个星级旅馆有 150 个客房。经过一段时间的经营实践,旅馆经理得到了一些数据:如果每间客房定价 160 元,住房率为 55%;每间客房定价 140 元,住房率为 65%;每间客房定价 120 元,住房率为 75%;每间客房定价 100 元,住

率为 85％。欲使每天收入最高,每间住房应如何定价?

这是一个简单的数学建模问题,要解决它,需要经历数学建模的全过程。

[模型假设]:(1)每间客房的最高定价为 160 元;(2)据经理提供的数据,设随着房价的下降,住房率呈线性增长;(3)设旅馆每间客房定价相等。

[模型建立]:设 y 表示旅馆一天的总收入,与 160 元相比每间客房降低的房价为 x 元。由假设(2),可得每降低 1 元房价,住房率增加为 $10％÷20＝0.005$。因此,$y＝150(160-x)(0.55+0.005x)$,由于 $0.55+0.005x≤1$,可知 $0≤x≤90$。于是问题就是:当 $0≤x≤90$ 时,y 的最大值点是多少?

[模型求解]:(略解)当 $x＝25$ 时,y 取最大值。即住房定价为 135 元,相应的住房率为 $0.55+0.005×25＝67.5％$,收入最大为 $150×135×67.5％＝13668.75$(元)。

[模型讨论]:(1)易验证此收入在已知各种定价对应收入中是最大的。如果为了便于管理,那么定价 140 元(天·间)也是可以的,因为此时它与最高收入之差仅为 18.75 元。(2)如果定价是 180 元(天·间),住房率应为 45％,其相应收入只有 12150 元。因此假设(1)是合理的。这是因为二次函数在 $[0,90]$ 之内只有一个极大值点 25。

二、课程标准对数学建模的要求与建议

(一)内容与要求

具体包括:

①在数学建模中,问题是关键。数学建模的问题应是多样的,应来自于学生的日常生活、现实世界、其他学科等多方面。同时,解决问题所涉及的知识、思想、方法应与高中数学课程内容有联系。

②通过数学建模,学生将了解和经历上述框图所表示的解决实际问题的全过程,体验数学与日常生活及其他学科的联系,感受数学的实用价值,增强应用意识,提高实践能力。

③每一个学生可以根据自己的生活经验发现并提出问题,对同样的问题,可以发挥自己的特长和个性,从不同的角度、层次探索解决的方法,从而获得综合运用知识和方法解决实际问题的经验,发展创新意识。

④学生在发现和解决问题的过程中,应学会通过查询资料等手段获取信息。

⑤学生在数学建模中应采取各种合作方式解决问题,养成与人交流的习惯,并获得良好的情感体验。

⑥高中阶段至少应为学生安排 1 次数学建模活动。还应将课内与课外有机地结合起来,把数学建模活动与综合实践活动有机地结合起来。

(二)说明与建议

具体包括:

①学校和学生可根据各自的实际情况,确定数学建模活动的次数和时间安排。数学建模可以由教师根据教学内容以及学生的实际情况提出一些问题供学生选择;或者提供一些实际情景,引导学生提出问题;特别要鼓励学生从自己生活的世界中发现问题、提出问题。

②数学建模可以采取课题组的学习模式,教师应引导和组织学生学会独立思考、分工合作、交流讨论、寻求帮助。教师应成为学生的合作伙伴和参谋。

③数学建模活动中,应鼓励学生使用计算机、计算器等工具。教师在必要时应给予适当的指导。

④教师应指导学生完成数学建模报告,报告中应包括问题提出的背景、问题解决方案的设计、问题解决的过程、合作过程、结果的评价以及参考文献等。

⑤评价学生在数学建模中的表现时,要重过程、重参与。不要苛求数学建模过程的严密、结果的准确。

⑥对数学建模的评价可以采取答辩会、报告会、交流会等形式进行,通过师生之间、学生之间的提问交流给出定性的评价,应该特别鼓励学生工作中的"闪光点"。

⑦数学建模报告及评价可以记入学生成长记录,作为反映学生数学学习过程的资料和推荐依据。对于学生中优秀的论文应该给予鼓励,可以采取表扬、评奖、推荐杂志发表、编辑出版、向高等学校推荐等多种形式。

 想一想

数学建模与数学应用问题解决之间有何联系与区别呢?

三、数学建模的教与学

(一)数学建模的教育价值

数学建模作为数学学习的一种新的方式,它为学生提供了自主学习的空间,有助于学生体验数学在解决实际问题中的价值和作用,体验数学与日常生活和其他学科的联系,体验综合运用知识和方法解决实际问题的过程,增强应用意识,有助于激发学生学习数学的兴趣,发展学生的创新意识和实践能力。

通过数学建模,学生将经历解决实际问题的全过程。每一个学生可以根据自己的生活经验发现并提出问题,对同样的问题,可以发挥自己的特长和个性,从不同的角度、层次探索解决的方法,从而获得综合运用知识和方法解决实际问题的经验,发展创新意识。学生在发现和解决问题的过程中,应学会通过查询资料等手段获取信息。学生在数学建模中应采取各种合作方式解决问题,养成与人交流的习惯,并获得良好的情感体验。

（二）数学建模中的问题选择

在数学建模中,问题是关键。数学建模可以由教师根据教学内容以及学生的实际情况提出一些问题供学生选择;或者提供一些实际情景,引导学生提出问题;特别要鼓励学生从自己生活的世界中发现问题、提出问题。数学建模的问题应是多样的,应来自于学生的日常生活、现实世界、其他学科等多方面。同时,解决问题所涉及的知识、思想、方法应与数学课程内容有联系。

教师在选择问题时应特别注意以下几点:

①应努力选择与学生的生活实际相关的问题,并减少对问题不必要的人为加工和刻意雕琢;

②数学建模问题应努力表现出建模的全过程,而不仅仅是解决问题的本身;

③数学建模选用的问题最好有较为宽泛的数学背景,有不同层次,以便于不同水平的学生参与,并注意问题的开放性和可扩展性;

④应鼓励学生在问题分析解决的过程中使用现代信息技术;

⑤提倡教师自己动手,因地制宜地搜集、编制、改选数学应用或已有的数学建模问题,以便适合于学生使用,并根据学生的实际情况采取适当的教学策略。

（三）数学建模的组织形式

开展数学建模教学,应将课内与课外有机地结合起来。

1.数学建模课堂教学的方式

课堂教学是进行数学建模教学的主要途径,如何围绕课堂教学选取典型素材激发学生兴趣、渗透数学建模思想、提高数学建模能力是当前数学教师面临的主要问题。在课堂中,进行数学建模教学主要采用在部分环节上"切入"应用和建模的内容。这里的"切入"是指教师可以把一些较小的数学应用和数学建模的问题,通过把问题解决的过程分解后,放到正常教学的局部环节上去做,特别是在新知识的引入和知识点的应用时穿插介绍数学应用或建模问题。"切入"的内容应该和正常的教学内容、教材的要求比较接近,对课本中出现的应用问题,可以通过加工(如改变设问方式、变换题设条件、互换条件结论等)拓广类比成新的数学建模问题。

2.数学建模课外活动的开展

课外数学建模活动的开展,教师可以适当增加和拓宽数学知识,讲授数学建模的基本理论和基本方法,教师指导的重点应放在分析问题、设计问题上,介绍怎样建立数学模型,建立数学模型应从哪些方面来思考。课外活动要着重强调学生亲自动手,让学生经历几个典型问题的数学建模的全过程。在这个过程中,老师可以给学生一些题目,或学生自己找课题,给出一定的时间,让学生几人一组进行分析讨论,从哪里入手,怎样获得需要的知识和搜集需要的数据,怎样运用这些知识和数据来建立模型,怎样求解,还需要对数学模型进行修改吗,这个模型还可以推广到其他方面吗等等。教师在活动过程中,有选择性地参与、指导,鼓励学生克服困难,不断获得建模的成就感和自信心。

议一议

你如何去指导中学生开展数学建模活动呢?

你对数学建模活动有怎样的一些建议呢?

四、数学建模的教学案例:制作容积最大的无盖长方体

(一)适合初中阶段的教学过程

适合初中阶段的教学过程具体包括:

①提出问题。用一张边长为 a 的正方形纸板,怎样才能制成一个无盖的长方体?怎样才能使制成的无盖长方体的容积最大?

②小组讨论。四人一组,讨论第一个问题。小组成员议议,剪剪,折折。

③全班交流。各小组把制作的结果与想法在全班交流、汇总之后得出结论:正方形每个角要剪去一个小正方形,这些小正方形边长相等,否则折出的图形就不是长方体;所折的长方体的高等于剪掉的小正方形的边长,底面是一个正方形;剪掉的四个小正方形没有用,白白浪费。

④小组讨论。怎样才能使制成的无盖长方体的体积最大?先要求学生量一量所准备的正方形纸板的边长($a=20\text{cm}$),再让学生剪去不同大小的小正方形,比如,剪去的小正方形的边长依次为 1cm,2cm,…,9cm,研究所折成的长方体体积如何变化?要求做好统计表,并在小组中进行交流。

⑤全班交流。各小组递交统计表 4-3,提出看法。

表 4-3　无盖长方体体积与小正方形边长的关系

小正方形边长 b	1	2	3	4	5	6	7	8	9
长方体体积 $v=b(a-2b)^2$	324	512	588	576	500	384	252	128	36

小组 1：小正方形边长改变时，制成的长方体容积也会改变。

小组 2：当小正方形边长从 1 增加到 3 时，长方体体积由 324 增加到 588；当小正方形边长再增加时，长方体体积开始减少。

小组 3：当小正方形边长为 3 时，长方体体积最大。

小组 4：小正方形边长为 3 时，长方体体积不一定最大。

其他小组也提出自己的看法。

⑥小组探索。剪去的小正方形边长按 0.5cm 的间距取值，折成的无盖长方体的体积将如何变化？请制作统计表（可使用计算器）。

⑦全班交流。各小组递交如下统计表 4-4，并发表看法。

表 4-4　无盖长方体体积与小正方形边长的关系

小正方形边长 b	1.0	1.5	2.0	2.5	3.0	3.5	4.0	4.5
长方体体积 $v=b(a-2b)^2$	324	433.5	512	562.5	588	591.5	576	544.5

小组 1：当小正方形边长为 3.5cm 时，制成的长方体体积最大。

小组 2：小正方形边长为 3.5cm 时，制成的长方体体积不一定最大。

当小正方形边长从 1 增加到 3 时，长方体体积由 324 增加到 588；当小正方形边长再增加时，长方体体积开始减少。

小组 3：当小正方形边长取 3.0～3.5cm 间某个数时，制成的长方体体积可能最大。

小组 4：小正方形边长按 0.5cm 间隔从 1.0 到 3.5cm 时，长方体体积由 324 增加到 591.5，小正方形边长再往后面取值时，长方体体积变小了。

教师：如何进一步确定小正方形的边长，使制成的长方体体积最大呢？我们可以将小正方形的边长按 0.1cm 的间隔取值，计算看看有什么发现？你能进一步作出猜想吗？这个问题作为今天的课后作业。

点评：给学生提供富有挑战性的问题环境，让学生在动手实践、自主探索、合作交流中进行学习，使学生掌握数学研究的方法，促进学生发展。

（二）适合高中阶段的教学过程

1. 提出问题

用一张边长为 $2a$ 的正方形纸板，怎样制成一个体积最大的无盖长方体？

2. 小组讨论，得到初步方案

问题 1：根据能够制成一个体积最大无盖长方体的要求，应该如何制作？

方案 1：将正方形每个角剪去一个边长相等的小正方形。

问题 2：该方案折成的无盖长方体体积 v 取决于什么量？

小正方形的边长。设小正方形的边长为 x，则

$$v(x)=x(2a-2x)^2\,(0<x<a)。$$

问题3：如何求函数 $v(x)$ 的最大值？

法1：求导，当 $v'(x)=0$，即 $x=\dfrac{a}{3}$ 时，$v(x)$ 最大。

法2：利用算术－几何平均值不等式。由

$$v(x)=x(2a-2x)^2=\frac{1}{4}\cdot 4x\cdot(2a-2x)\cdot(2a-2x)$$

$$\leqslant\frac{1}{4}\left(\frac{4x-2a-2x+2a-2x}{3}\right)^3=\frac{16}{27}a^3,$$

当且仅当 $4x=2a-2x$，即 $x=\dfrac{a}{3}$ 时取等号。所以，当 $x=\dfrac{a}{3}$ 时，$v(x)$ 最大。

3.问题拓展，考虑长方形纸板

问题4：怎样将一张长 $2a$、宽 $2b$ 的矩形纸板制成一只体积最大的无盖长方体纸盒呢？

参照上述方案，设正方形每个角都剪掉边长为 x 的四个小正方形，则

$$v(x)=x(2a-2x)(2b-2x)，运用导数求得最大值点。$$

4.改进方案，解决具体问题

方案1具有明显的缺陷，那就是四个角的小正方形白白浪费了。能否不浪费材料制作体积最大的无盖长方体呢？先来解决一个具体问题。

问题5：如何用一张长8、宽6的长方形纸板制作一个体积最大无盖长方体纸盒？

解：首先考虑体积最大的无盖长方体三边的长。

设制成的无盖长方体三边的长分别为 x,y,z，体积为 v，由于其表面积等于已知长方形的面积，故得 $48=xy+2yz+2zx$，由算术－几何平均值不等式，得

$$48=xy+2yz+2zx\geqslant 3\sqrt[3]{(xy)\cdot(2yz)\cdot(2zx)}=3\sqrt[3]{4v^2}$$

由上式得 $v\leqslant 32$，当且仅当 $xy=2yz=2zx$，即 $x=y=2z=4$ 时，体积 v 最大，最大体积为32。

问题6：如何从原长方形制成体积最大的无盖长方体？

也就是，能否将长8、宽6的长方形割成4个长4、宽2的长方形和一个边长为4的正方形。而这是很容易做到的。

5.问题一般化

问题7：如何用一张长 $2a$、宽 $2b$ 的长方形纸板制作一个体积最大无盖长方体纸盒？要求不浪费材料。

问题解决：参照问题5的求解，只要将问题5中的48改为 $4ab$，体积最大的无盖长方体的三边分别为 $\sqrt{\dfrac{ab}{3}},2\sqrt{\dfrac{ab}{3}},2\sqrt{\dfrac{ab}{3}}$。

问题 8：如何将长 $2a$、宽 $2b$ 的长方形割补重组成 4 个长 $2\sqrt{\dfrac{ab}{3}}$、宽 $\dfrac{ab}{3}$ 的长方形和一个边长为 $2\sqrt{\dfrac{ab}{3}}$ 的正方形呢？这样的制作对一般的情况是否都可实施？

6.课后延伸与思考

课后查找资料，了解"波尔约—盖尔文定理"：任意两个面积相等的多边形都可以通过有限次的割补将一个重拼成另一个。从而得到问题 8 的答案。

尝试将长方形改成一些具体的多边形，完成最大体积的无盖长方体的制作。

问题 9（2002 年全国高考（文）第 22 题）：

（Ⅰ）给出两块相同的正三角形纸片，要求用其中一块剪拼成一个正三棱锥模型，另一块剪拼成一个正三棱柱模型，使它们的全面积都与原三角形的面积相等，请设计一种剪拼方法，并作简要说明；

（Ⅱ）求出（Ⅰ）中正三棱锥模型和正三棱柱模型的体积，并比较大小。

（Ⅲ）如果给出的是一块任意三角形的纸片，要求剪拼成一个直三棱柱模型，使它的全面积与原三角形的面积相等，请设计一种剪拼方法，并作简要说明。

进一步，教师再提出问题：

问题 10：问题 8（Ⅱ）中正三棱锥模型和正三棱柱模型体积最大是多少？

问题 11：问题 8（Ⅲ）中，若已知三角形的面积为 s，那么直三棱柱模型体积最大是多少？

做一做

你能够解决上述的问题 10 与问题 11 么？

第三节　数学文化

数学是一种文化。数学文化作为国际数学教育现代化研究关注的一个热点，已引起人们的普遍重视。它以文化为视角，在人类文化发展的历史过程中审视和理解数学，为人类认识数学开辟了全新的方向。

一、数学文化的内涵

一般而言，数学文化表现为数学的起源、发展、完善和应用的过程中体现出的对于人类发展具有重大影响的方面。它既包括对于人的观念、思想和思维方式的一种潜移默化的作用,对于人的思维的训练功能和发展人的创造性思维的功能,也包括在人类认识和发展数学的过程中体现出来的探索和进取的精神和所能够达到的崇高境界等。所以,数学文化具有十分丰富的内涵。

二、课程标准对数学文化的要求与建议

(一)内容与要求

具体包括:

①数学文化应尽可能有机结合高中数学课程各模块的内容,选择介绍一些对数学发展起重大作用的历史事件和人物,反映数学在人类社会进步、人类文化建设中的作用,同时也反映社会发展对数学发展的促进作用。

②学生通过数学文化的学习,将了解人类社会发展对数学发展的促进作用,认识数学发生、发展的必然规律;了解人类从数学的角度认识客观世界的过程;发展求知、求实、勇于探索的情感和态度;体会数学体系的系统性、严密性、应用的广泛性,了解数学真理的相对性;提供数学学习的兴趣。

(二)说明与建议

具体包括:

①应当采取多样化的教学方式。例如,教师可以在教授数学知识时介绍有关的背景文化;可以作专题演讲;也可以鼓励和指导学生就某个专题查找、阅读、收集资料文献,在此基础上,编写一些形式丰富的数学小作文、科普报告,并组织学生进行交流。

②教师应结合有关内容有意识地强调数学的科学价值、文化价值、美学价值。

③教师在教学中应尽可能对有关课题作形象化的处理,例如使用图片、幻灯、录像以及计算机软件。

④教师应充分开发和利用校内外的教育资源,并主动地与其他学科的教师(包括人文各学科)交流,更好地促进学科间的交融和渗透。

⑤可以和其他学科教师一起,考查学生在查阅文献、阅读资料、撰写作文或报告、合作交流中的表现,对于优秀的作品应当给予鼓励、展示和推荐。

⑥教材中有关数学文化的内容,要注意介绍重要的数学思想、优秀的数学成果、有关人和事的人文精神,贯穿思想品德教育。要短小、生动、有趣、自然、深入浅出、通俗易懂。

三、在高中数学教材中体现数学文化的原因

数学是人类文化的重要组成部分。数学课程应适应反映数学的历史、应用和发展趋势,数学对推动社会发展的作用,数学的社会需求,社会发展对数学发

展的推动作用,数学科学的思想体系,数学的美学价值,数学家的创新精神。因此,数学教材应该体现出数学的文化价值。

(一)传统教材的不足

多年来,我国数学课程的基本特点可归结为"学科为本",在这样的数学课程体系中,设置数学课程的基本目的是向学生传递"作为科学的数学"的知识,即数学(对象)是什么,及为什么是这样(逻辑结构)。而且数学教材是一个"经过教学法加工的数学知识结构":向学生提供的是一个被成人社会所认同的、"成熟"的客观数学知识体系——概念 A 是基于概念 B 与概念 C 而定义的,要证明定理 D,可以使用定理 E 和定理 F,但不能使用定理 G;解决计数问题的主要方法是……或者说,教材主要反映了作为科学的数学的基本内涵和意义。对学生而言,它是用来供理解和模仿的对象。这使得教材被蒙上了一层"庄严的面纱",显得神圣而"不可冒犯"——教材中的内容都是不可更改的;教材的呈现顺序也不可变换;甚至教材中的说法都是"最准确""最恰当"的……

这样的教材给学生带来最多的是数学概念,解决一些规范数学问题所需要的技能等。与此同时,传递出这样的信息:数学活动的主要任务是对给定问题作出正确解答,而这些问题通常表述严谨,并有确定的答案和既定的解法;数学活动的实质是正确回忆并运用学过的程序(法则)解决这些给定的问题;作为一种最终产品,数学知识不是对,就是错——没有受主观判断或价值观影响的灰色区域。

若在教学过程中忠实地执行这样的数学教材,则学生所能够从事的主要活动就是"复制"——通过模仿与记忆教材中的内容、方法,期望在自己的头脑中"复制"出与教材有着相似表征形式的数学知识结构;通过将教师或教材中列出的解题程序"复制"到给出的问题中,再做足够数量的练习(以求熟练)就能够成功地学好数学。教师解决问题的思路是学生的模仿对象,学生的成功求解思路均在教师的"意料之中";学生能够熟练求解老师讲过的"旧题型",无法解决老师没有讲过的新题型。长期的数学教育中,产生了不少"高分低能"的学生,这和传统数学教材的不足有一定的关系。

(二)时代发展的需要

传统教材的产生和当时的时代背景是分不开的。20 世纪上半叶,形式主义、结构主义的数学占据主导地位,受此数学观的影响,数学教材力主体现数学科学的严格的演绎体系、纯粹的逻辑方法。但自从 20 世纪 80 年代开始,世界各主要发达国家相继对数学课程进行改革。改革的目标虽然有所侧重,但都反映出一些共同特点:注重问题解决,注重数学应用,注重数学交流,注重数学思想方法,注重培养学生的态度、情感与自信心。从某种意义上说,它们统一于数学文化,反映在数学文化的内涵及各个层面中。因此,我国目前所进行的数学新课程,提出了新的理念,也需要新的教材来体现,在新教材中展示数学文化是时代发展的需要。

对学生而言,学习数学的一个最基本目的应当是促进自身的整体发展——包括一般发展与个性发展。这使得肩负教育使命的数学学科本身不能够再被简单地视为"现成的产品"——一切都已经构造完毕,学生面对它们,所需要做的、所能够做的就是接受和模仿。因为这只能够使得学生在数学知识的拥有量方面获得较好的发展,而在一般发展与个性发展方面则是"弊大于利":包括科学态度、理性精神、创新意识、探索能力、科学方法、个性品质等等。

因此,新课程要求下的数学教材里所呈现出来的数学,或者说"作为教育任务的数学",就不再是一种现成的、以定论形式呈现的客观对象,而应当是一个可以"做出来"的数学,一个充满探索与交流、猜测与论证的活动过程。对学生而言,提供这种"做出来"的数学的教材就应当是一个有利于从事上述数学活动的"平台"。其中充满了有挑战性的数学任务、有启发性的数学学习素材、有意义的数学活动机会……面对这样的教材,学生需要从事的和能够做的数学活动显然不再只是模仿、记忆等,而包括观察、实验、猜测、验证、推理、交流等有利于其一般发展的活动。而这一切只有在数学文化的视角下,才能更好地展示。

四、数学文化的教与学

(一)教学中渗透数学文化的特点

从数学文化观的角度,我们可以把数学内容分为三种形态:一是原始内容,它是数学世界中的人物或事件的原始陈述,具有原创性和真实性。因为数学是人类思维的产物,因而,原始内容大都带有鲜明的"人性色彩"。二是教材内容(这里特指数学课本内容),主要由数学符号和数学命题组成,是由教材编写者经过一定的逻辑加工而成,是剥落了"人性"后剩下的东西,具有"冰冷的美丽",《标准》中将这部分内容划分为各数学模块。三是文化内容,是体现数学文化教育价值的数学内容,它主要借助一定的数学观念来影响学生行为方式,既有显著的社会性,又有生动的人文性,充满着"火热的思考"。这三种形态的数学内容虽各有侧重,但主要还是相互依存、相互融合的关系(见图4-2)。由此,在课堂教学中渗透数学文化具有以下几个特点。

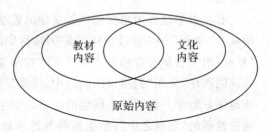

图4-2 数学内容三种形态的相互关系

1. 离散性

宏观上看,数学文化内容是没有逻辑结构的,主要来源于数学史和现实社会,其连续性和完整性都是较难把握的(从教育的角度讲,也没这个必要),因而它们只可能是数学史和现实社会中的某个片断,不妨称其为"文化组块"。"文化组块"的信息量大小不一,可长可短。有较小的"文化组块",如可以是某个数学家的名字(这是×××发现的),可以是一个历史时间,也可以是某个数学家的名言;也有较大的"文化组块",它可能是一段历史(如宋元时期中国数学的发展),可能是某个数学事件(如微积分发明优先权之争),还可能是某个数学名题的证明(如费马大定理的证明)等。

2. 相关性

大部分的文化内容是内化在各模块的内容之中的,很多以"隐性"的形式存在,如数学精神、数学美等。严格地讲,有好多"文化组块"一般并不能构成独立的"教学单元",它们只有与相关的教材内容结伴而行,才能更充分地发挥其文化教育功能。

3. 体验性

数学文化内容侧重的是数学的观念性成分,主要是让学生通过了解数学思维的特征,树立数学意识,养成数学精神,体验数学之美,以达到强化学习数学的兴趣和信心,形成正确的世界观以及发展学生个性等文化教育目的。文化内容的学习方式主要也不是形式化练习,而是通过交流、讨论、应用、欣赏等方式来直觉体验它们所蕴涵的文化精神,建构起学生对这些内容的"个人意义",可以说数学文化教育是一种"体验性教育"。

(二)教学中渗透数学文化的方式

根据文化内容与教材内容的关系以及文化内容的特点,在内容安排顺序上可有两种设置方式:一种是"认知顺序法",主要是以教材的逻辑结构与编排顺序为依托,同时考虑到大多数学生的认知水平和知识经验,按教学的需要和进程来设置文化内容;另一种是"时间顺序法",是以高中阶段数学文化教育的总体目标,按高中三个年级,通过整体规划来安排文化内容,这种方法适用于设置那些信息量较大的"文化组块"。数学文化教育的主阵地仍是课堂教学,图4-3给出的是数学文化内容的教学设置模型。

就某一节教学内容而言,可以采用如下的顺序和方式来设置和展现文化内容,如图4-4所示。

①在概念教学中,相关的文化内容涉及概念产生的实际背景及其历史演变的过程,数学家的相关工作(如概念的提出、符号的引入等),以及相关民族与国家的贡献等。

②例题与习题在数学教学中具有特殊的地位,它在形成技能技巧、揭示数

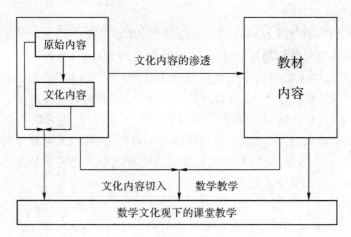

图 4-3 数学文化内容的教学设置模型

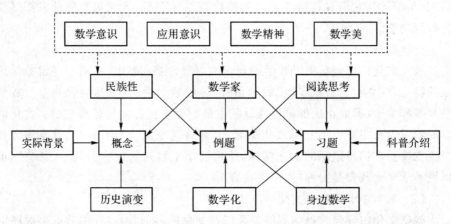

图 4-4 教学内容渗透数学文化的方式

学思想方法、展示数学应用等方面都发挥着非常重要的作用,因此,可切入的文化内容比较多。如利用实例使学生学会数学化;通过身边的数学问题的解答,强化他们用数学的意识和信心;通过历史数学名题的解答,展示数学家那真实的思维过程,使他们欣赏到数学的思想美、方法美;留下富有挑战性的课题,让学生去思考和研究,以激发他们对大自然的好奇心,培养科学精神;通过科普介绍展示数学技术的威力和魅力等等。

③数学意识、应用意识、数学精神与数学美等"隐性内容"要贯穿每节课的始终。

④内容呈现的方式可灵活多样,要短小、生动、有趣、自然、深入浅出、通俗易懂,要充分利用多媒体技术,使之更快捷、更直观。

想一想

数学的文化魅力究竟体现在哪里？数学教学如何才能使得学生体会到数学文化的魅力呢？

(三)数列教学中渗透文化的一些素材

组块 1　等差数列与等比数列简史

等差数列与等比数列是数学发展史上出现最早，并引起人们极大兴趣的两种数列。约在公元前 3000 年，古巴比伦人就已经总结出了等比数列 $1, 2^1,$ $2^2, \cdots, 2^9$ 的求和公式：

$$1 + 2 + 2^2 + \cdots + 2^9 = 2^9 + 2^9 - 1。$$

中国古代数学著作《九章算术》均输章中的第 17 题：“今有金箠，长五尺，斩本一尺，重四斤；斩末一尺，重二斤。问次一尺各重几何。”刘徽在注中给出的“术”为：“今本末相减，余即四差之凡数也，以四约之，即得每尺之差。”用现在的语言表示即有 $d = \dfrac{a_n - a_1}{n-1}$。

公元 5 世纪的《张丘建算经》卷上第 23 题：“今有女不善织，日减功迟，初日织五尺，末日织一尺，今三十日织讫。问织几何。”术曰：“并初、末日尺数，半之，余以乘织讫日数，即得。”此即相当于 $S_n = \dfrac{a_n + a_1}{2} \cdot n$。

公元前 3 世纪，古希腊欧几里得《几何原本》第 9 卷命题 35 给出了等比数列求和公式。

设有等比数列 $a_1, a_2, \cdots, a_{n+1}, (q \neq 1)$ 则

$$\frac{a_{n+1}}{a_n} = \frac{a_n}{a_{n-1}} = \cdots = \frac{a_2}{a_1} \Rightarrow \frac{a_{n+1} - a_n}{a_n} = \frac{a_n - a_{n-1}}{a_{n-1}} = \cdots = \frac{a_2 - a_1}{a_1}$$

由合比性质，又有 $\dfrac{a_{n+1} - a_1}{a_n + a_{n-1} + \cdots + a_1} = \dfrac{a_2 - a_1}{a_1} = q - 1$

这等价于今天的 $S_n = \dfrac{a_1(q^n - 1)}{q-1}$

11 世纪，著名的“棋盘问题”开始在古印度及阿拉伯数学家的著作中流传，到 13 世纪，通过意大利数学家裴波纳契的《算盘全书》传入欧洲。到 17 世纪，欧洲的数学家们先后给出了各式各样的等比数列一般求和公式。

无穷等比数列也出现得特别早，在我国战国时期的《庄子·天下篇》中有这样一句著名的话：“一尺之棰，日取其半，万世不竭。”这即提供了无穷等比数列 $1, \dfrac{1}{2}, \dfrac{1}{2^2}, \cdots, \dfrac{1}{2^{n-1}}, \cdots$，且隐含了关系：$\dfrac{1}{2} + \dfrac{1}{2^2} + \cdots + \dfrac{1}{2^n} + \cdots = 1$

公元前 3 世纪，希腊大数学家阿基米德在求抛物线弓形面积时求得：

$$1+\frac{1}{4}+\frac{1}{4^2}+\cdots+\frac{1}{4^n}+\cdots=\frac{4}{3}$$

公元 3 世纪,我国三国时期的数学家刘徽在求圆面积时也获得了同样的结果。16 世纪,法国著名数学家韦达在其《各种各样的回答》中,利用欧几里得的结果,得出:$S=\dfrac{a_1^2}{a_1-a_2}$,此即我们今天熟悉的公式:$S=\dfrac{a_1}{1-q}$

17 世纪,比利时数学家圣文森特利用无穷等比级数解决了数学史上著名的芝诺悖论(芝诺是古希腊伊利亚学派的代表),即求得了"善跑之神"阿基里斯追上乌龟时所跑过的距离:

$$1000\left(1+\frac{1}{10}+\frac{1}{10^2}+\cdots+\frac{1}{10^n}+\cdots\right)=1000\times\frac{1}{1-\frac{1}{10}}=1111\frac{1}{9}$$

18 世纪前后,瑞士数学家雅各布·伯努利与意大利数学家格兰第均发现了关于无穷级数的"有趣的悖论",即若令 $S=1-1+1-1+\cdots$

则有 $S=(1-1)+(1-1)+\cdots=0$

$\qquad S=1-(1-1)-(1-1)-\cdots=1$

还有 $S=1-(1-1+1-1+\cdots)=1-S$,故。$2S=1\Rightarrow S=\dfrac{1}{2}$。

数学家对此类"无穷级数收敛性"问题进行了大量的研究,到 19 世纪,无穷级数已发展成为数学中的一个重要分支。

今天,等差数列与等比数列仍然是人们生活中常用的数学工具,例如"分期付款"、"银行利息"等问题都需用等差数列模型与等比数列模型来解决。

教学建议:"组块 1"在具体应用时,可进行适当的删减。例如,可只点明时间及相关国家或数学家的名字;也可以只列出国家或数学家及所提出的相关问题等。可以用专题介绍或者阅读理解的形式给出。

组块 2 斐波那契数列

①产生过程:假定一对成熟的兔子,每过一个月生一对小兔子,并且他们在出生两个月后生子,而且正好是生雌雄一对。今年元月初把刚出生不久的一对小兔子放到一个围场里去繁殖,如果没有一个兔子死去的话,问到今年年底,在这个围场里共有多少对兔子?

通过学生列举便可得数列(斐波那契数列):

$\qquad 1,1,2,3,5,8,13,21,34,55,89,144$。

②数列的性质:

递推公式:$a_n=a_{n-1}+a_{n-2}(n\geqslant 3)$

任意连续 10 项的和恰好等于其中第 7 项和的 11 倍,即

$$a_m+a_{m+1}+\cdots+a_{m+9}=11a_{m+6}$$

通项公式：$a_n = \dfrac{1}{\sqrt{5}}\left[\left(\dfrac{1+\sqrt{5}}{2}\right)^2 - \left(\dfrac{1-\sqrt{5}}{2}\right)^2\right]$

$$\lim_{n\to\infty}\frac{a_n}{a_{n+1}} = 0.618$$

③裴波那契数列与自然：裴波那契数大量地存在于自然界之中。

花瓣中的裴波那契数：百合花（3），野玫瑰（5），翠雀花（8），金盏草（13），紫苑（21），雏菊（34，55，84）等（注：括号中的数字是花瓣的叶片数）。

树叶中的裴波那契数：在树木的枝干上，一片叶子到达与这片叶子正对着的位置，其间的叶子数是裴波那契数。如榆树（2），樱桃树（5），梨树（8）等。

植物种子中的裴波那契数：在松果上的种子是按螺线排列的，有右旋和左旋两种，这两种螺线的数目总是相邻的两个裴波那契数，一般是 8 条右旋螺线和 13 条左旋螺线。在南美的一种向日葵的种子的排列也有这种情况，普通大小的有 34 和 55 条，大的有 144 和 233 条。

教学建议："组块 2"与"数列的递推公式"相结合。三个部分可以分开进行。"产生过程"主要用来提高学生学习的兴趣，通过参与，增加数学体验；"性质部分"不但要学生认识到递推公式的作用（实际上是迭代公式，可上微机操作），而且要学生从量性关系上感受数学的"理性美"。第三部分的教学价值是显然的，主要让学生感受到数学的"自然美"，可引导他们到大自然中去观察、去发现。

组块 3 数学中的"多重出现"

在"组块 1"中所提到的古埃及纸草书上的数列 7，49，343，2401，16807，在不同时代的不同国度里都有类似的数列问题在流传。

中世纪，意大利数学家裴波那契在 1202 年发表的《算盘全书》中有这样一题："7 个妇女去罗马，每个人牵着 7 匹骡子，每匹骡子负 7 只麻袋，每个袋子装 7 块面包，每块面包配有 7 把小刀，每把刀配有 7 个刀鞘，问列举之物各有多少？"

直到现在，英国童谣中也有关类似的问题：我赴圣地伊夫斯／路遇一男携七妻／一妻各把七袋负／一袋各装七猫咪／猫咪生子数又七／几多同去伊夫斯？

成书于公元 4 世纪左右的《孙子算经》卷下也有这样的趣题："出门望九堤：今有出门望九堤，堤有九木，木有九枝，枝有九巢，巢有九禽，禽有九雏，雏有九毛，毛有九色，问各几何？"

以上并不是纯粹的互相传抄，而是反映了数学发展的内部规律，就好像是"春天到了，紫罗兰会处处开放"一样。数学的这种"多重出现"在数学发展史上是经常发生的，例如，微积分的发明、非欧几何的创立以及球体积公式的推导等等。

教学建议："组块 3"与"等比数列的概念"相结合。它可作为"阅读理解"，主要让学生体会到数学的民族性,"数学既是民族的,也是世界的"。数学能走到今天这样昌盛的局面,是世界各国人民共同努力的结果。

研讨活动

活动主题

数学建模

研讨目标

■经历把实际问题转化为数学问题的过程;

■体会数学建模的步骤与方法。

研讨方式

通过对两个问题的思考、分析、小组讨论、大组交流等活动方式,使得研讨参与者领悟上述研讨目标,把握研讨内容。

研讨内容

活动卡
1.阅读《普通高中数学课程标准(实验)》中"三、数学探究、数学建模、数学文化"的有关介绍。 2.出示问题1。 日常生活中有这样的现象:把椅子往不平的地面上一放,通常只有三只脚着地,放不稳,然而只需稍微挪动几次,一般都可以使四只脚同时着地。试从数学的角度加以解释。 3.就问题1给出模型假设,建立数学模型,进而求解模型,检验并指导实践。 4.出示问题2。 背景:一个西瓜切了 4 刀,5 刀,$\cdots$,n 刀等,最多可切出多少块来? 5.请将问题2数学化,并给出解答。 6.试就解决上述两个问题的经历,谈一谈如何在中小学开展数学建模、数学探究与课题学习。

研讨建议

1.研讨者独立阅读数学课程标准的有关内容,找出相关的重点。

2.主持人组织各小组完成活动卡中的问题1与问题2,根据实际情况,组织大组交流,也可提出一些进一步讨论的问题,鼓励参与者活动后完成。

3.主持人注意引导参与者交流对数学建模、课题学习的看法,交流问题解决中所用的数学思想方法,组织全班对其中的关键问题进行讨论。如问题 1 的数学化过程,问题 2 类比、归纳的合情推理与递归思想。

4.围绕研讨卡的具体问题,主持人可以提供一些有关的阅读材料,或者相关的网络资源等,并根据研讨目标对如何开展数学建模进行小结。

5.活动时间:1 课时。

思考问题

1.(1)已知有两座高楼,顶部不能直接到达但都可以看到,现有测角仪和皮尺,请你设计测量两高楼顶部之间的距离的方案。简要说明方案的可行性,包括测量的步骤、要测的数据以及计算公式等。

(2)利用上述素材,设计一个实习作业。包括:如何指导学生开展课外实习,如何指导学生完成实习报告,如何开展实习作业的交流等。

2.钟面问题(适合初中)

问题背景:钟面上有 12 个数字,请在某些数的前面添上负号,使钟面上的数字之和为 0? 使尽量多地找出可行的方案,你能否找出所有的方案?

进一步研究类似的问题:

(1)能否改变钟面上的数,比如只剩下 6 个偶数,再按上述要求来做。

(2)试着改变原题,使它更加有趣一些。如:哪些时间里分针和时针所夹的那些数的前面添加负号,钟面上的各数的代数和为 0。

3.如果有两个无刻度的容器,容积分别为 3 升和 7 升,现要从一条河中取出 5 升水,问该如何操作? 若不计两个容器之间相互倒来倒去的次数,那么这两个容器(指从河中取一次水或倒一次水均算作一次)最少要操作多少次? 请对你的最少操作加以证明。(注:本小题涉及二元一次不定方程的通解公式)

4.数学探究应注意哪些方面?

5.列举生活中体现数学文化的案例。

进一步阅读的资料以及拓展资源

1.卜月华.中学数学建模教与学.南京:东南大学出版社,2002.

2.宁连华.数学探究学习论.北京:高等教育出版社,2008.

3.张维忠.文化视野中的数学与数学教育.北京:人民教育出版社,2005.

4.曾小平等.数学"情境－问题"教学对数学探究学习的思考.数学教育学报,2009,18(1):82－87.

4.徐斌艳.在问题解决中建构数学－数学主题的研究性学习.2006:149－456.

5.潘小明.数学探究教学中异化现象探析.数学教育学报,2008,17(2):21－24.

6.袁震东等.新专题教程数学建模.上海:华东师范大学出版社,2007:60－61.

7.马复.认识新课程意义下的数学教材.数学教育学报,2005,14(1):49－51.

8.王新民.高中数学课程中数学文化的设置与教学研究.西北师范大学论文,2003:30－33.

第五章
中学数学教材研究

 本章提要

理解教材，才能更好地处理教材，并驾驭教材。本章主要讨论有关教材内容的选取原则、编排体例、内容呈现以及审定与选用等方面的问题。通过本章的学习，应该达到如下目标：

❖ 掌握数学教材内容选取过程中应把握的一些原则；
❖ 理解数学教材不同编排体例的差异以及各自的优缺点；
❖ 了解数学教材内容呈现方式的意义；
❖ 了解教材审定与选用的有关问题。

第一节 教材内容的选择原则

数学教材内容的选取直接影响着学生学习的内容。数学教材内容的选取应该遵循如下的一些原则。

一、注重数学知识的基础性

数学知识基础性包括两方面的含义：一是对于基础教育阶段的学生而言是基础的，换言之是学生能掌握的，而且也是社会生活中所必需的；二是对于数学学科而言是基础的。实际上，强调夯实基础，对基础知识的重视是中国数学课程的特色。

现代数学教育的主流趋势是"大众数学"，因此，数学课程更应该突出体现基础性、普及性和发展性，使数学教育面向全体学生，实现人人都能获得必需的数学。所谓必须就是要满足未来公民的基本数学需求，为学生进一步的学习提供必要的数学准备。从这样的意义出发，数学教材就应当选取一些对于所有学生来说是可以掌握而且也是社会生活中所必需的数学知识。比如"大数"在以往的传统教材中并不受到重视,然而大数正以相当高的比例出现在经济、科技、政治、生活的新闻及广告中。这既说明在以商品经济为主和科技日益发展的社会中,信息的传递和交流越来越趋于定量化;也表明认识大数,以及形成相应的数感应该是一个现代公民必备的素质之一。因此,培养学生的数感也就成为数学课程理应考虑的一个新的教育目标。也正如此,在许多新教材中都出现了"认识 100 万"这样的课文,让学生通过不同侧面、不同角度去理解和把握一个大数,帮助学生理解数的意义,建立数感。

人类社会经过几千年的探索,形成了相对稳定的数学基础知识结构体系,它对学生的发展是非常重要的。事实上,学生在数学学习中所得到的任何发展,大都取决于他所学到的数学知识的数量和质量。认知心理学的研究已经表明,一个人不能"数学地"思考和解决问题的主要原因是缺乏必要的数学知识。因此,数学教材中强调数学基础知识是有其合理性的。但另一方面,由于当今数学的知识量巨大且增长迅速,究竟应该选择哪些知识作为基础就有一个价值判断的过程。而教材所应挑选的就是那些最基本的、最重要的,并能够被学生内化的、以形成数学功底的数学知识内容。比如,直线斜率是用来衡量直线倾斜程度的一个值,但其数值意义还可以用来解决许多函数问题或代数问题。因此,斜率属于数学知识体系中的一个基本概念。类似于这样的概念就应该包含在数学教材中,并且在不同阶段从感性或理性的不同层面来展现。

谈一谈

你如何认识数学知识的基础性呢?数学的基础知识具有怎样的内涵?

二、关注数学知识的发展性

与基础性相对的是数学知识的发展性,即数学教材中所选的数学知识应促成不同学生的不同发展,实现不同的人学习不同的数学。这里,我们至少可以通过如下途径选取数学教材的内容来达到发展性的目的。

第一,也是最典型的,为不同学生提供不同水平的数学知识、数学习题。选修课程即是其中的典型例子,这在国内外都有类似的做法。比如,根据数学课程标准的内容框架而编写的数学实验教科书,有必修与选修两大系列。每个学生可以根据自己选择的课程模块而选用不同的教材,以实现不同学生可以选取适合自己发展的教材。那些希望在人文、社会科学等方面发展的学生(以下简称"文科生"),可以选择不同于希望在理工、经济等方面发展的学生(以下简称"理科生")的教材。以"导数及其应用"为例,适合文科生与理科生的教材分别是选修 1-1 和选修 2-2。理科生在文科生的基础上还要进一步学习"定积分"以及"微积分基本定理"等有关的内容。

第二,对数学练习题标注等级,这也是比较常见的做法。比如,我国高中数学教材将练习题分成了"练习"、"习题"、"复习参考题"等多种形式,而且还将"习题"、"复习参考题"等按照难度的不同区分为 A 与 B 两组题。通过这种方式,教师可以在不同的教学环节中选择不同难度的数学练习题,也可以使不同的学生选择不同的练习题。

议一议

实现教材中数学知识的发展性目的,你有怎样的一些建议呢?

第三,通过数学问题的设计,不同水平的学生对同一问题作出不同层次的解答。比如,可以设计类似于这样的问题:甲离学校 10 公里,乙离甲 3 公里,问乙离学校多少公里?

初看起来,这道题似乎很简单,实际上其中蕴含了很多问题。

首先,需要学生自己分类讨论:甲、乙、学校是否在一条直线上?如在一条直线上,问题有答案,或者 7,或者 13。如果不在一条直线上,则可以在一个平面上。

其次,如果在一个平面上,又如何来表示?这里有几种表示方法:用平面几何法画等距离的点可以表示为一个圆;如果使用坐标,那么可以用坐标方法表示距离;用参数方程也可以描绘圆,甚至可以用复数表示。此外,还可以与三角形余弦定理建立联系,因为三角形余弦定理正是源于这样的情景:已知两边(甲乙距离、甲与学校距离)求第三边(乙与学校距离)。总之,一个如此简单的问题,可以用中学数学里的很多知识加以描述。而且更为重要的是,不同水平的学生至少能解决其中一类问题。

三、数学素材应尽可能地源于现实

传统的数学教材一度以逻辑严密、高度抽象的形态出现在学生面前。在许多学生眼里,数学就像是"魔术师帽子里掏出的兔子"一样不可捉摸,也与人类文化的其他部分没有太多的联系。数学无用论也一度盛行。

在新一轮数学课程改革中,特别强调了数学教材中所选取的数学素材应源于学生的现实。这里的现实既可以是学生在自己的生活中能够看到的、听到的、感受到的,也可以是他们在数学或其他学科学习过程中能够思考或操作的,属于思维层面的现实。只要学习素材来源于自然、社会与科学中的现象和问题,而且或显、或隐地包含着数学元素与数学价值,就是一种现实。当然,对于不同学段的学生来说,"现实"的含义是不一样的,中学生的现实与小学生的现实是有差异的。

对于小学低年级的学生来说,学生的"现实"或许更多地意味着与他们直接相关的、发生在他们身边的、可以直接接触到的事与物。例如,数的计算、统计活动的学习素材,可以选取玩具、文具、食品、动画明星等,而"图形的认识"学习活动中所借用的素材可以是孩子们喜爱的彩球、动物模型等。

对于小学高年级的学生来说,学生的"现实"或许更多地意味着他们生活环境中可以直接或间接看见、听说的事与物,一些与他们自己或者同伴密切相关的事情。因此,他们的学习素材可以是与自我身体结构相关的、与班级里的人和物或者与其他地方的同龄人有关的事情。例如,统计图表的学习可以是班级或社区里的事物,也可以是电视、报刊上所介绍的与他们自身的生活密切相关的事物。与此同时,学生对数学有了一定的了解,掌握了一些简单的数学知识和技能,自身的逻辑思维能力也得到了初步的发展,但也保留了一份较强的好奇心,这使得一些有趣的数学游戏也可以成为他们愿意学习的对象。

对于初中阶段的学生来说,学生的"现实"则可能更多地意味着他们生活的社会环境中与自然、人类文明,或与其他学科相关的现象与问题,以及他们在数学学习过程中所遇到的问题等。因此,一些历史上的数学名题、一些当今社会活动中所发生的现象或事情,都可以是这一学段学生学习数学的好素材。例如,"车轮为什么都是圆的?"可以用于对圆的起始研究。而且,随着数学学习的不断深入,这一学段学生的数学活动经验逐渐丰富,也就有可能从事一些"做数学"的活动。因此,一些带有明显数学色彩的事物(问题)就有可能(也应当)成为他们学习数学的素材。例如,"要画一个三角形与已知三角形全等,需要几个条件? 一个、两个、三个?"可以成为学生探究三角形全等条件的出发点。

 查一查

荷兰著名数学教育家弗莱登塔尔提出了"现实数学"的教育原则。查阅相关的书籍,了解这一思想的一些基本观点。

对于高中阶段的学生来说,数学现实又有所不同。高中学生已经具有较丰富的生活经验和一定的科学知识。因此,教材中应选择学生感兴趣的、与其生活实际密切相关的素材,现实世界中的常见现象或其他科学的实例,展现数学的概念、结论,体现数学的思想、方法,反映数学的应用,使学生感到数学就在自己身边,数学的应用无处不在。比如通过行星运动的轨迹、凹凸镜等说明圆锥曲线的意义和应用;通过速度的变化率、体积的膨胀率,以及效率、密度等大量丰富的现实背景引入导数的概念等。

四、展现数学文化的价值

数学是人类的一种文化,它的内容、思想、方法和语言是现代文明的重要组

成部分。数学教材要注重体现数学的文化价值,可以在适当的地方介绍数学家的故事、数学趣闻与数学史料,也可以介绍一些数学发现的知识,还可以介绍一些数学在现代社会中的广泛应用,使学生了解数学知识的产生与发展首先源于人类生活的需要,体会数学在人类发展历史中的作用,激发学生学习数学的兴趣。

数学教材应该体现出数学文化,因为数学不仅是数学知识的汇总,更重要的是它本身包含着十分丰富而深刻的文化内涵。如果说过去我们只是在随意地、因人而异地和不知不觉地感悟数学文化的话,那么现在,在信息时代,应该让更多的人更深刻地感觉到数学对于我们的影响,而这种影响和作用不是以具体的数学知识的形式,而更多的是以文化的形式出现。

简单地说,除了一个一个具体的数学公式、命题、定理以及计算等我们可以看得到的数学内容,数学文化的层次是一种无形的客观存在。一方面,有很大一部分人在中学学到的数学知识并没有在他以后的生活和工作中直接应用,而另一方面,作为世界各个国家基础教育的重要组成部分,数学课程体现出愈来愈强的重要性。虽然这是一个矛盾,但事实上,正是因为人类开始客观而全面地认识到数学对于我们的作用不仅是数学知识和技能,正是教育对于个人的发展乃至社会文明进程的影响,才使得数学教育对于个人的发展,乃至国家的发展、民族的进步体现出了重要作用。因此,数学课程的目标就必然要考虑到这两个层次:具体的知识技能方法的层次和无形的文化层次。所以数学课程中也愈来愈多地考虑到数学文化的成分。而且,在学习数学时,数学文化不再只是需要个人去感悟,而是要有计划、有目的和自然地引入到数学的课堂中,让它帮助我们学习数学、理解数学、深刻地认识数学和真正去应用数学,让数学真正发挥它应有的作用。

事实也是,数学的产生和发展,始终与人类社会的生产、生活有着密不可分的联系。任何一个数学概念的引入,总有它的现实或数学理论发展的需要。因此,在教材中,任何一个新概念的引入,都应特别强调它的现实背景、数学理论发展的背景或数学发展史上的背景,这样才能使教材显得自然、亲切,让学生感到知识的发展水到渠成而不是强加于人,从而有利于学生认识数学内容的实际背景和应用的价值。

在教材中展现数学文化的价值,可以通过下面的两种途径:

第一,通过数学史的介绍与渗透,展现数学产生与发展的背景。

课程标准实验教科书普遍重视数学史料的渗透与介绍。以北师大版课程标准实验教科书为例,7—9 年级前三册教材中就包含了 41 个数学史料。这些数学史料被安排在阅读材料、章引言、例题、习题以及旁白等栏目中(以阅读材料最多)。例如:

神奇的 π

我们已经知道,π 是一个无理数,即无限不循环小数。在日常应用中,大多数人只需要知道 π 的前 4 位小数值就足够了,然而数学家对 π 的值的研究却经历了许多世纪。

公元前 1700 年,埃及人使用 $\pi=\dfrac{256}{81}\approx3.16049$ 的圆周率,并由此认为圆面积公式为 $S=\left(d-\dfrac{d}{9}\right)^2$($d$ 为圆的直径)。后来,阿基米德(Archimedes,前 287—前 212 年)证明了 $\dfrac{223}{71}<\pi<\dfrac{22}{7}$。

在中国古代,张衡(78—139 年)给出了 $\pi=\sqrt{10}=3.162\cdots$,后来,中国两位杰出的数学家刘徽(约公元 3 世纪)和祖冲之(429—500)又对 π 的研究作出了重要的贡献。263 年,刘徽首创一种称为"割圆术"的数学方法,算出的近似值为 3.1416(后人称之为徽率)。460 年,祖冲之仍采用刘徽的"割圆术",算得 $3.1415926<\pi<3.1415927$,还得到 π 的两个近似值:$\dfrac{22}{7}$(约率)和 $\dfrac{355}{113}$(密率)。这个记录在世界上保持了一千多年,直至 1953 年,欧洲才有人算得具有 15 位小数 π 的值。

1609 年,德国数学家卢道夫(Ludolph,1540—1610)把 π 的近似值算到了小数点后 35 位数。为了纪念他的这项成就,人们给他树了一块奇特的墓碑,上面刻着他算得的值:

3.141 592 653 589 793 238 462 643 383 279 502 88…

1655 年,英国数学家瓦里斯(Wallis,1616—1703)将 π 表示为无穷乘积的形式:

$$\pi=4\times\left(\dfrac{2\times4\times4\times6\times6\times8\times8\times20\times10\times12\times12\cdots}{3\times3\times5\times5\times7\times7\times9\times9\times11\times11\times13\cdots}\right)$$

此后,德国数学家莱布尼兹(Leibniz,1646—1716)证明了:

$$\pi=4\times\left(1-\dfrac{1}{3}+\dfrac{1}{5}-\dfrac{1}{7}+\dfrac{1}{9}-\dfrac{1}{11}+\dfrac{1}{13}-\dfrac{1}{15}+\dfrac{1}{17}-\dfrac{1}{19}+\cdots\right)$$

第二,通过现实问题,展现数学的应用价值。

数学应用与数学知识学习是相互促进、相辅相成的,在数学教学中加强数学应用和联系实际,不但有利于加强学生的应用意识,而且有利于学生的数学理解,提高学生的数学创造力,更有利于帮助学生理解数学的文化价值,提高数学学习兴趣。因此,教材应利用具有时代气息、反映改革开放、市场经济环境下的社会生活和建设成就的素材创设情境,引导学生通过自己的数学活动,从事物中抽取"数""形"属性,从一定的现象中寻找共性和本质内涵,并进一步抽象概括出数学概念、结论,使学生经历数学的发现和创造过程,了解知识的来龙去脉。

　　具体来说,可以设置"观察与猜想"、"阅读与思考"、"探究与发现"、"信息技术应用"等栏目,为学生提供丰富的,具有思想性、实践性、挑战性的,反映数学本质的选学材料,拓展学生的数学活动空间,发展学生"做数学""用数学"的意识。例如,下列"指数增长模型应用"中所安排的探究活动,使得学生不仅巩固了指数函数的相关知识,而且了解了"指数增长模型"的建模过程,体验了数学在人类生产生活中的应用价值。

指数增长模型应用

　　(1)如果人口年均增长率提高 1 个百分点,利用计算器分别计算 20 年、33 年后我国的人口数。

　　(2)如果年均增长率保持在 2%,利用计算器计算 2020—2100 年,每隔 5 年相应的人口数。

　　(3)你看到我国人口数的增长呈现什么趋势?

　　(4)你是如何看待我国的计划生育政策的?

五、注重与信息技术的整合

　　课程标准强调,数学课程的设计与实施应重视运用现代信息技术,特别要充分考虑计算器、计算机对数学学习内容和方式的影响,大力开发并向学生提供更为丰富的学习资源,把现代信息技术作为学生学习数学和解决问题的强有力工具,致力于改变学生的学习方式,使学生乐意并有更多的精力投入现实的、探索性的数学活动中去。高中数学应提倡实现信息技术与课程内容的有机整合,整合的基本原则是有利于学生认识数学的本质。高中数学课程应提倡利用信息技术来呈现以往教学中难以呈现的课程内容,在保证笔算训练的前提下,尽可能使用科学型计算器以及各种数学教育技术平台,加强数学教学与信息技术的结合,鼓励学生运用计算机、计算器等进行探索和发现。

　　在教材编写过程中纳入信息技术并与数学内容整合。这里,是把信息技术作为一种让学生主动探究、分析研究的工具,让学生利用信息技术进行发现、创造,同时也为学生学习和掌握信息技术提供一个平台,增强学生自觉地运用现代信息技术解决问题的意识与能力。但是,需要注意的是,应当注重将信息技术运用于创设问题情境,探索、发现的工具和手段,而不仅仅是计算工具。

　　例如,在"函数"部分中,可以用"阅读"的形式介绍 Excel 作函数图像的方法。比如,要绘制反比例函数 $y=\dfrac{k}{x}$ 的图像,可以先选定一个单元格输入参数的值,并注意将自变量取值限定在某一范围内。如在单元格 A1 输入 k 的值 1,自变量取值范围设定在[-5,0)和(0,5]。接着进行如下操作:①在工作表第 2 列产生自变量值。在单元格 B1、B2 内分别输入-5,-4.9,选中这两个单元格后,按住鼠标左键并向下拖动"填充柄",直到单元格内出现填充值 5,就完成自变量值的自动填充。②在工作表第 3 列产生反比例函数的对应值。在单元格 C1 内输入"=＄A＄1/B1",然后双击 C1 的填充柄,得到与第 2 列自变量相对应的函数值(注意删除自变量为 0 的一组值,因为反比例函数的自变量不等于 0)。③生成图像。选中第 2、3 两列中的数据,点击"插入－图表",出现"图表向导"对话框,选择"XY 散点图/无数据点平滑线散点图",点击"完成",就得到函数 $y=\dfrac{1}{x}$ 的图像。过程操作省时省力,函数图像清楚美观。

做一做

利用 Excel 还可以解方程,进行数据的统计与分析等。选择相关的教学内容,自己去做一做,熟练其基本的操作。

需要特别指出的,在所有的数学分支中,信息技术对于几何内容的影响也许是最大的。因此,在编写几何这部分教材时,更应特别关注与信息技术的整合。比如,在圆锥曲线一章可以安排如下探究活动。

用"几何画板"软件探究点的轨迹:椭圆

如图 5-1 所示,F 是定点,l 是不经过点 F 的定直线,动点 M 到定点 F 的距离和它到定直线 l 的距离的比 e 是小于 1 的常数。用《几何画板》软件画出动点 M 的轨迹,观察这个轨迹,可以发现它是一个椭圆(见图 5-2)。

在 $0<e<1$ 的范围内,改变 e 的大小,或改变点 F 与直线 l 的相对位置,可以发现动点 M 的轨迹仍然是一个椭圆。

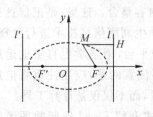

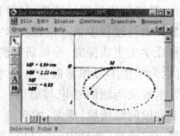

图 5-1　椭圆　　　　　图 5-2　用"几何画板"软件画出轨迹

借助平面直角坐标系,我们可以把上述问题叙述为:

若点 $M(x,y)$ 与定点 $F(c,0)$ 的距离和它到定直线 $l:x=\dfrac{a^2}{c}$ 的距离的比是常数 $\dfrac{c}{a}(a>c>0)$，则点 M 的轨迹是一个椭圆（见图 5-1），定点 $F(c,0)$ 是椭圆的一个焦点，直线 $l:x=\dfrac{a^2}{c}$ 称为相应于焦点 F 的准线。由椭圆的对称性，相应于焦点 $F'(-c,0)$，椭圆的准线是 $l':x=-\dfrac{a^2}{c}$。

你能推导出上述椭圆的方程吗？这个椭圆的长轴长、短轴长、离心率分别是多少？

第二节　教材编写的原则与体例

教材编写的体例是教材内容组织的重要方面，是对数学课程内容的纵向设计，即教材内容安排所展现的知识序列及其相互联系的结构，这是数学科学知识体系经教学法加工而得到的学科知识体系。本节将在讨论设计教材编写体例必须考虑的原则的基础上，介绍数学教材史中出现的几种典型的教材编写体例，并将重点放在螺旋式教材编写体例的讨论上。

一、设计教材编写体例的基本原则

（一）符合学生的认知规律与心理发展规律

数学教学以学生的心理发展水平为前提，以促进学生心理的进一步发展为结果，因此，教材编写体例必须符合学生的认知规律与心理发展规律。具体地说，应符合下列要求：

第一，可接受性。即教学内容应按照由浅入深、由直观到抽象的顺序呈现，要返璞归真、循序渐进，以符合学生的认知规律和接受能力。特别是对于比较抽象的近现代数学知识，如集合、逻辑、微积分、概率等内容，应从感性到理性，尽量避免过度的抽象化、形式化。

第二，直观性。按照直观性组织教材内容，一般是由生活实例、直观模型、历史故事或典型例题引入新课题。通过对事物的比较、分析、抽象、概括去掌握概念与原理。学习了新知识之后，又通过典型问题的解决，把知识应用于实际。也就是说，课程的编排应揭示数学知识发展、理解、掌握、应用的过程，尽量避免从理论到理论、从抽象到抽象的纯理论形式。

第三，趣味性。学生学习的最大动力是自身的学习兴趣，因此，在教材中应兼顾到教学内容以及内容呈现形式的趣味性。例如，在可能的情况下，可穿插一些图示、趣题、悖论、实验以及生活中的数学等内容，以激发学生的学习兴趣。

第四，阶段性。心理学研究结果表明，从十二三岁到十六七岁学生的思维发展过程一般是从具体形象思维到经验性抽象思维，再到理论性抽象思维，最后逐步产生辩证思维。因此，每一学习阶段教材内容的编排，应当与学生的认知结构、思维特点与年龄特征相适应。

在中学阶段，学生的数学学习一般要经历下列五次转折与飞跃。

①从算术到代数。从算术到代数的过渡的关键是以字母表示数，这是在中学阶段的第一次抽象，也是学生的难点所在，如果这一障碍没有排除，那么以后的数学学习就不可能是坦途。

②从代数演算到几何推理论证。这属于思维方式的转变。代数演算主要采用"模式识别"的思维方式，先辨别问题的类型，然后在记忆系统中寻找与此有关的算法；而几何推理论证要求在条件与结论之间建立一条逻辑通道，这条逻辑通道是由一系列命题组成，这些命题之所以成立则依赖于大前提，这里有个重新组织已有知识经验的过程。

③从演绎几何到解析几何，这是几何研究方法的改变。

④从常量数学到变量数学，这是从逻辑思维到辩证思维的转变。

⑤从确定性数学到随机性数学。这也是数学思维方式的转变。

数学教材内容的编排必须注意这些重大转折，并采取学生易于接受的编排方式引导学生顺利地实现转折，以帮助学生越过一个又一个的学习障碍。

 想一想

如果学生的认知顺序与知识发生、发展的历史顺序之间存在不一致的话，在教材编写中如何协调两者之间的矛盾呢？

（二）符合数学科学的基本特性

数学课程的内容来自于数学科学，因此，数学教材的编写体例必须具有数学科学的最基本特性。

首先，要尽可能地保持数学知识的系统性，由易到难，由浅入深，由古到今，纲目清晰地展开知识内容。其次，要突出数学学科的知识结构。所谓知识结构，就是知识各部分的相互联系，对于数学学科来说，就是概念、公式、法则、定理之间的联系与转化，几何、代数之间的相互渗透与转化。强调知识结构的学习，有利于学生掌握系统化的知识，掌握具有较大迁移价值的一般原理，并提供进一步学习的意义与方法。根据这一原则，数学课程要尽可能保持数学知识之间的逻辑体系，尽可能突出几何、代数、微积分、概率统计各分支之间的相互联系，突出数学与其他学科的联系，突出各分支的应用，使前面知识的学习为后续知识学习提供必要的理论基础或相对具体的背景。

综上所述,课程教材的编写体例既要更符合学生的心理发展规律与认知规律,也不能违背学科内容的逻辑顺序,使学生的知识学习和认识水平,从一个高度发展到另一个新的高度。

二、中学数学教材编写的常见体例

(一)直线式教材编写体例

教材直线式编写体例,也被称为逻辑式或知识中心式编写体例。这是传统的组织方式,其特点是对数学教材内容采取环环紧扣、直线推进、不再重复的排列方式。支持直线式编写体例的学者主张根据学科的逻辑顺序来组织教材内容,强调学科固有的逻辑顺序的排列。苏联教学论专家赞科夫则从学生学习兴趣保持的角度指出了这种方法的价值:"教师所讲的内容,只要学生懂了就可以往下讲,不要原地踏步。因为过多地重复同一内容,会使学生产生厌倦。不断呈现新内容,学生总觉得在学习新东西,能使学生保持学习的兴趣。"[①]

数学是具有明显的学科结构的典型学科,因此传统的数学教材也多采用此种编排体例,特别是在平面几何部分。这种教材体例的优点在于节省教学时间,教学效率高,但不利于学生消化所学内容,不符合认识规律。实践也证明,直线式编排的数学教材在抹掉了数学创造时那些不太严格甚至看起来很粗糙的数学活动后,虽然能满足数学科学严格性的要求,却也给学生的数学学习带来了很大的困难。

(二)圆周式教材编写体例

圆周式教材编写体例,即教材内容随着学生年龄的增长和理解程度的加深而逐步扩大教材的广度,在深度上并无特殊要求。这种观点与上述直线式正好相反,更加关注学生的心理顺序,强调根据学生身心发展的特征,以及他们的兴趣、需要、经验背景等来组织教材内容。在这里,学生是中心,是目的;对于学生的成长与发展而言,学科的逻辑仅仅处于从属地位。

圆周式的数学教材较为关注学生的数学学习兴趣、数学知识的广度,便于学生学习数学,也容易形成数学知识间的联系,但它并不注意数学知识的纵深发展,学生的数学水平也就可能停留在某一层次。因此,对于数学这样一门学习累积性较为明显的学科而言,圆周式的数学教材的不足也是明显的。

(三)螺旋式教材编写体例

螺旋式编写体例可以说是对直线式与圆周式两种组织结构的一种综合。它是针对数学学科特点与学生接受能力与认识特点,按照繁简、深浅、难易的不同程度,使数学教材的基本概念和基本原理分层次地重复出现,逐步扩展,螺旋

---

① 转引自:施良方.课程理论.北京:教育科学出版社,1996:118

上升的排列方式。

螺旋式编写体例不仅要保留直线式编写体例的优点,即保持知识自身演变的内在逻辑,同时又要继承圆周式由同心圆一波又一波拓宽的心理组织方式。因此,从理论上说,螺旋式要优于直线式和圆周式,它继承了直线式与圆周式的优点又弥补了两者的不足。形象地说,螺旋式编排是倒三圆锥的螺旋状结构,它既保留了直线式组织,一阶段比一阶段高升、深入和分化的逻辑顺序,也融汇了圆周式扩散、加宽的心理组织。在教材编写中,以下情况是适宜于利用"螺旋式上升"的:对于同一个题材的内容,学习内容的思维深度加深了、课程内容的难度加深了,或者是,同一个题材的内容,学习的素材载体改变了、内容的广度增加了等等。

编排数学教材,既要考虑数学自身的严谨性,也要考虑学生数学学习的阶段性、认识发展的阶段性。对于重要的数学概念与思想方法的学习应当逐级递进、螺旋上升(但要避免不必要的重复),以符合学生的数学认知规律。

例如,对方程和函数的处理。大纲教材往往先集中学方程,再集中学函数。但根据螺旋上升的思想,我们可以在教材编写时按照"次数"来使方程和函数能够交替学习,即按一次方程(组)、一次函数,二次方程、二次函数的顺序螺旋上升。这样处理的目的就在于,一方面克服直线式发展所产生的不易理解消化的弊病,分阶段地不断地深化对方程和函数的理解;另一方面强化基本概念之间的内在联系,从函数角度提高对方程等内容的认识。

在我国传统数学教材中,对绝对值概念的处理也经过了以下三次循环:初一会求具体数的绝对值;初二学过二次根式后,将$|a|$与二次根式建立联系;高中学习复数时,把绝对值的概念扩充为复数的模,完成了对数的实质性理解。中学函数概念的处理也有相似之处。

尽管螺旋式编写体例有其可取之处,但是,这也带来一个问题。如果每一种知识、每一个原理都有其自己的一个"螺旋",放到一本数学教材中便会出现这样的情况:第一种知识的"螺旋"上升到一定程度便需要停止,开始第二种知识的"螺旋"……,那么等第二次开始第一种知识的"螺旋"可能已经过去一学期或更长的时间,所以又不得不去重复第一种知识已学过的那一部分。

因此,这里就存在一个有待解决的问题,即如何去处理不同知识螺旋之间的关系?目前的处理策略就是:在利用螺旋式组织教材时,特别关注知识间的相互联系,包括同一领域内容之间的相互联系、不同知识领域之间的实质性关联。首先,加强数学与"外部"的联系。教材应充分关注数学与自然、生活、科技、文化、各门学科的联系,让学生感受到数学与外部世界是息息相通、紧密相连的。其次,加强数学自身的联系。主要加强不同章节内容的联系、同一数学分支内容的联系、不同数学分支之间的联系。如在编写时可充分考虑解析几何与三角、函数与三角、解析几何与向量、向量与三角等内容之间的联系,并在教材编写时注意先期学习的内容,为后面学习作准备,后面的内容呼应前面的内容。例如,算法中设计抛硬币的例子、统计中设计"数芝麻"问题都为学习概率埋下伏笔;三角函数呼应解析几何;统计、算法呼应函数;平面向量呼应三角函数,又为三角恒等变换作准备。另外,还应加强材料的组织和数学研究方法的联系。例如,对称性在函数奇偶性、三角函数诱导公式、立体几何性质、圆的性质等方面得到统一的体现,数形结合的研究方法在函数、解析几何初步、三角函数、向量的研究中得到统一的体现。最后,应加强教材各栏目之间的联系,主要加强背景、内容、例题、练习、习题、复习题之间的联系;加强章背景、节背景、解决问题的背景之间的联系;加强章问题、节问题、内容呈现的问题、例题、习题中的问题之间的联系;加强章头提出的思想、内容展开的研究方法、解决问题中需要的方法、章回顾中的总结之间的联系,等等。

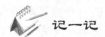

记一记

查阅课程标准,把课程标准对数学教材的编写建议列出来。

标准建议:

第三节 教材内容的呈现

数学教材的编制,除了要考虑数学教材内容的选择和编写体例外,还要考虑如何有效地呈现数学教材的内容? 也就是说,要考虑如何将数学教材所要传达的信息有效地呈现给学生。教材内容的呈现要回答的是三个问题:用什么样的顺序来呈现? 用什么样的语言来呈现? 用什么样的表达方式来呈现?

一、数学教材内容的呈现顺序

数学教材内容有两种典型的呈现顺序:结论式与过程式。

所谓结论式,是指教材内容反映的是编者经过研究、整理得到的结论性知识,没有给出得到这些结论的思考、分析探索过程。所谓过程式,一般是从知识产生的背景出发,给出学习新知识的背景与必要性,提供观察、尝试、操作、猜想、归纳、验证等方面的学习材料,暴露思维活动过程,总结数学活动的经验,使学生在数学化的过程中学习概念、公式、法则、性质。

结论式与过程式的呈现方式,体现出不同的数学教学观。如果把数学教学看成是数学结论的教学,那么数学教材内容通常会采用结论式的呈现方式。我国传统中学数学课程基本上采用结论式的处理方法。如果认为数学教学不仅是数学结论的教学,而且是数学活动过程的教学,那么,数学教材便采用过程式的呈现形式。

新一轮课程改革十分强调过程式的教材呈现方式。课程标准强调,教材要"体现数学知识的形成与应用过程",力求体现"问题情境—建立数学模型—解释、应用与拓展"的模式。课程内容的呈现,应注意反映数学发展的规律,以及人们的认识规律,体现从具体到抽象、特殊到一般的原则。教材还应注意创设情境,从具体实例出发,展现数学知识的发生发展过程,使学生能够从中发现问题、提出问题,经历数学的发现和创造过程,了解知识的来龙去脉。

为了进一步展现结论式与过程式呈现方式的差异,下面以高中数学"角"概念的推广内容为例进行说明。"角的概念的推广"选自依据数学教学大纲编写的教材,"任意角"则选自依据数学课程标准编写的教材。

角的概念的推广

我们知道,角可以看成平面内一条射线绕着端点从一个位置旋转到另一个位置所成的图形。在图 5-3 中,一条射线的端点是 O,它从起始位置 OA 按逆时针方向旋转到终止位置 OB,形成了一个角,点 O 是角的顶点,射线 OA、OB 分别是角 α 的始边、终边。

我们规定,按逆时针方向旋转的角叫做正角,按顺时针方向旋转形成的角叫做负角,图 5-3 中的角 α 是一个正角。钟表的时针或分针在旋转时所形成的角总是负角。为了简单起见,在不引起混淆的前提下,"角 α"或"$\angle \alpha$"可以简记为"α"。

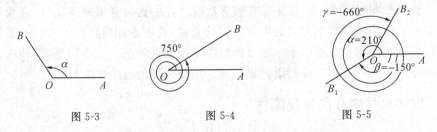

图 5-3   图 5-4   图 5-5

过去我们只研究了 $0°\sim360°$ 范围的角,但在生活中还会遇到其他的角。例如,在体操中,有"转体 720°"(即"转体 2 周")、"转体 1080°"(即"转体 3 周")这样的动作名称。这就是说,角度可以不限于 $0°\sim360°$ 范围。又如,图 5-4 中的角为正角,它等于 750°;图 5-5 中,正角 $\alpha=210°$,负角 $\beta=-150°$,$\gamma=-660°$。

如果一条射线没有作任何旋转,我们称它形成了一个零角。也就是说,零角的始边与终边重合。如果 α 是零角,那么 $\alpha=0°$。

任意角

你的手表慢了 5 分钟,你是怎样将它校准的? 假如你的手表快了 1.25 小时,你应当如何将它校准? 当时间校准后,分针旋转了多少度?

我们知道,角可以看成平面内一条射线绕着端点从一个位置旋转到另一个位置所成的图形。如图 5-6 所示,一条射线的端点是 O,它从起始位置 OA 按逆时针方向旋转到终止位置 OB,形成了一个角 α,射线 OA、OB 分别是角 α 的始边、终边。

过去我们只研究了 $0°\sim360°$ 范围的角,但在生活中还会遇到其他的角。例如,在体操中,有"转体 720°"(即"转体 2 周"),"转体 1080°"(即"转体 3 周")这样的动作名称,而旋转的方向也有顺时针与逆时针的不同;又如,图 5-7 是两个齿轮旋转的示意图,被动轮随着主动轮的旋转而旋转,而且被动轮与主动轮有相反的旋转方向。这样,OA 绕 O 旋转所成的角与 $O'B$ 绕 O' 旋转所成的角就会有不同的方向。因此要准确地刻画这些现象,不仅要知道角形成的结果,而且要知道角形成的过程,即必须既要知道旋转量,又要知道旋转方向。这就需要对角的概念进行推广。

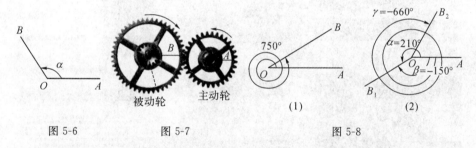

图 5-6　　　　　图 5-7　　　　　图 5-8

我们规定,按逆时针方向旋转的角叫做正角(positive angle),按顺时针方向旋转形成的角叫做负角(negative angle)。如果一条射线没有作任何旋转,我们称它形成了一个零角(zero angle)。这样,零角的始边与终边重合,如果 α 是零角,那么 $\alpha=0°$。

图 5-8(1)中的角是一个正角,它等于 750°;图 5-8(2)中,正角 $\alpha=150°$,负角 $\beta=-150°$,$\gamma=-660°$;正常情况下,如果以零时为起始位置,那么钟表的时针或分针在旋转时所形成的角总是负角。

上述案例中,两版教材的内容基本一致,不同的是内容的呈现顺序不同。前者直接给出正角、负角的规定,然后通过现实生活中的例子来说明上述规定,这里的例子起到了例证的作用。而后者则是先给出一个"思考题":通过现实生活中的例子让学生复习角的概念;然后复习了已学过的角的概念;紧接着又举了一些实际例子来揭示已有的角概念的不足,这为后面的规定提供了基础。

二、数学教材内容呈现的语言

一般来说,数学教材内容的呈现主要采用文字、图形(图表)以及数学符号等三种语言。在传统的数学教材中,特别是代数领域,主要是一种以数学符号语言结合文字的呈现形式。即使配以图形,也主要是函数图形、几何图案等,所承载的教育目标也较为单一。那么,如何使数学教材内容呈现语言多样化呢?

这里,我们可以从两个角度来考虑呈现方式多样化的问题。

第一,数学教材应当根据不同年龄段学生的兴趣爱好和认知特征,采取适合于他们的表现形式,以减少学生阅读数学教材时的枯燥、恐惧感,而产生一种愿意甚至喜爱的积极情感。例如,丰富多彩的图形是空间与图形部分的重要学习素材,教材应做到图片与启发性问题相结合、图形与必要的文字相结合、计算与推理相结合、数和形相结合,充分发挥图形直观的作用,使教材图文并茂,富有启发性。

图 5-9　教材中的不同语言

例如,小学低年级的教材可以以卡通、漫画、图片、表格为主,伴以适当的文字;小学高年级的教材仍然可以运用卡通、漫画、图片、表格和文字等形式,但各种形式的"比重"应与低年级教材有所不同,比如减少卡通、漫画的量,增加图片、照片和文字的量;与小学数学教材相比,初中教材则更应加大符号、文字、照片和表格等形式的比重,而减少卡通、漫画的形式;高中则更应加大符号语言的比重。下列图片显示了针对不同学生对象,教材呈现语言方面的差异。

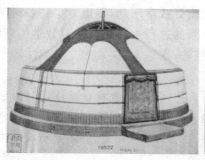

图 5-10　蒙古包与稻草垛

　　第二,即使是同一学段的不同学生,他们的生活与数学知识背景、数学活动经验、所处的文化环境、自身思维方式都会有所不同,因此,数学内容的呈现形式应多样化,以保证学生积极、主动地参与整个学习过程。例如,教材可以通过蒙古包展现蒙古学生生活中的圆锥体,也可以通过农田里的稻草垛展现农村学生生活中的圆锥体。不过,值得注意的是,这一角度关注更多的是学生的文化差异,这是符合数学多元文化教育理念的。但一个不可回避的问题是,在我国,一个地区甚至一个省都使用同一套数学教材,如何通过呈现方式来适应学生文化背景的多样化,这是值得思考的。

三、数学教材内容的表达方式

　　教材内容有两种比较典型的表达方式:一种是叙述式,另一种是问题式。

　　叙述式的语言表述方式,是用通俗的语言将数学知识学习的必要性、由来、性质、应用等内容娓娓道来,使数学内容的呈现层层展开。这种方式便于学生阅读,也有利于学生形成层层夯实的数学基础知识。

　　问题式的表达方式,强调在知识形成过程的"关键点"上,在运用数学思想方法产生解决问题策略的"关节点"上,在数学知识之间联系的"联结点"上,在数学问题变式的"发散点"上,在学生思维的"最近发展区"内,通过"观察""思考""探究"等栏目,提出恰当的、对学生数学思维有适度启发的问题,引导学生的思考和探索活动,使他们经历观察、实验、猜测、推理、交流、反思等理性思维的基本过程,这将有利于学生数学思维水平、问题意识以及创新能力的提高。

　　我们传统的数学教材常采用叙述式的教材表达方式。尽管这种方式有其优点,但其不足也是明显的。学生在阅读这种教材时主体性不强,参与度不够。

试想,如果教科书只是一种权威的姿态,用陈述的方式向学生讲述所有的数学知识,那么,学生就只有遵从、模仿、记忆的份了,哪里还能够去探索、发现、推理、证明呢?因此,应该努力改变教科书的传统呈现形式,使得它能够有利于学生主动地进行观察、实验、猜测、推理与交流等数学活动,使得学生的数学学习过程表现为一个探索与交流的过程,在探索的过程中形成自己对数学的理解,在与他人交流的过程中逐渐完善自己的想法,在思考、探索和交流的过程中获得对数学更为全面的体验和理解。

当然,问题式表达方式也有其不足。首先,问题式教材在单位课时内所能呈现的数学内容往往较少,教学的进度也较慢。其次,问题式教材难以体现数学本身的体系。最后,也是最重要的,对于中小学学生而言,并不是所有的内容都可以通过问题进行思考的。

因此,最为可取的方式就是把两种表达方式有机结合起来,以实现两种表达方式的优势互补,如下列案例所示。

数怎么不够用了?

某班举行知识竞赛,评分标准是:答对一题加 10 分,答错一题扣 10 分,不回答得 0 分;每个队的基本分均为 0 分,四个代表队答题情况如表 5-1 所示。

表 5-1　答题情况记录

	第 1 题	第 2 题	第 3 题	第 4 题	第 5 题
第一队	☺	☹	☺	☺	☹
第二队	☹	☺	😐	☺	☺
第三队	☺	☺	☹	☹	😐
第四队	☺	☹	☺	☹	☹

每个代表队的最后得分是多少？你是怎么表示的？与同伴交流。

上面出现了比 0 低的得分,我们可以用带有"－"号(读作:负)的数来表示。如,－10。

对于比 0 高的得分,可以在其前面加上"＋"号(读作:正)。如,＋10,＋20。

这样,我们就可以用带有"＋"号和"－"号的数表示各队每道题的得分情况,试完成表 5-2。

表 5-2 答题情况记录

	第 1 题	第 2 题	第 3 题	第 4 题	第 5 题	合　计
第一队						
第二队						
第三队						
第四队						

在该案例中,教材首先创设了学生熟悉的问题情境,并提出问题让学生思考与讨论。在此基础上,教材通过现实问题的答案引入负数概念,然后再让学生进行练习。这里,体现了问题式与叙述式表达方式的有机结合。

第四节　教材的审定与选用

教材的审定与选用是教材管理的重要环节,是学生最终能用上高质量的教材的重要保证。

131

一、关于教材审定

教材审定主要包括三个方面的问题：由谁来审定？教材审定工作怎么开展？审定什么？

（一）教材审定的主体

《中小学教材编写审定管理办法（2001）》规定，教材的编写、审定实行国家和省级教育行政部门两级管理。教育部负责国家课程教材的编写管理和审定，地方课程教材的编写管理和审定由省级教育行政部门负责。教育部成立全国中小学教材审定委员会，负责国家课程教材的初审、审定及跨省（自治区、直辖市）使用的地方课程教材的审定。各省、自治区、直辖市教育行政部门成立省级中小学教材审定委员会，负责地方课程教材的初审和审定。全国和省级中小学教材审定委员会将建立委员信息库，负责审定教材的委员将按随机抽取的原则，从信息库中选定。这些条款都对教科书审定制度的合法性及国家对其的引导作出了规定。

1. 审查机构：中小学教材审定委员会

根据 1996 年颁布的《全国中小学教材审定委员会工作章程》（下简称《章程》）第二章第九条规定：审定委员会设立办公室作为常设工作机构，办公室设在国家教委基础教育司。办公室设主任一人，副主任若干人，其职责是负责处理审定委员会日常工作，联系并协调各学科教材审查委员会与教材编写及出版单位的工作，组织审定（审查）委员对课程教材建设进行调查研究，处理审查、审定中小学教材的有关事务。依据国家规定的中小学课程设置，审定委员会下设学科审查委员会。各学科审查委员会设主任 1 人，委员 5～11 人。全国少数民族教材审查委员会下设各学科教材审查小组。

审定委员会的职责是：审议全国中小学各学科教学大纲；审定全国中小学各学科教材；指导各学科教材审查委员会的工作，研究解决教学大纲审议和教材审查中提出的问题；指导优秀中小学教材的评选工作；对中小学课程教材改革进行调查研究，向国家教育委员会提出建议；国家教育委员会交办的有关工作。学科教材审查委员会的职责是：审议本学科的教学大纲和审查本学科的教材，向审定委员会提出审议意见和审查报告；研究本学科在审议教学大纲和审查教材中发现的问题并提出处理意见；对本学科教材建设进行调查研究，向国家教育委员会提出建议；参与中小学优秀教材的评选工作；国家教育委员会、审定委员会交办的有关工作。

2. 审查人员：教材审查委员

按《章程》规定，审定委员会由国家教育委员会聘请专家、教师和教育行政领导干部组成，设主任 1 人、副主任若干人，任期 3 年，可以连聘连任，每届更换委员人数不超过三分之一。各学科教材审定委员会也设主任 1 人、委员 5～11 人，由国家教育委员会聘任，任期 3 年，可以连聘连任，每届更换委员人数不超过三分之一。全国少数民族教材审查委员会下设各学科教材审查小组。

《章程》规定，教科书审定委员在政治上应该"坚持党的基本路线，热爱社会主义祖国，具有良好的职业道德和改革意识"；在个人修养上要"作风正派，能团结协作，秉公办事"；在业务水平上要"能全面理解教育方针，熟悉教学大纲，了解中小学教育及教育改革的现状和发展趋势，对中小学教材有一定的研究"；在专业职称上要"具有高级专业技术职务，学术造诣较深，有坚实的理论基础和较丰富的教学实践经验，在本地区有一定的知名度"；在身体条件上需要"身体健康，能坚持参加教材审查工作；审定委员会委员年龄在 70 岁以下，学科教材审查委员会委员年龄在 65 岁以下"。

（二）教材审定的程序

2001 年由国家教育部颁布实行的《中小学教材编写与审定管理暂行办法》（以下简称《暂行办法》）对于教科书审定的程序作出了明确规定。一般来说，一本教材在送到师生手中之前，需要通过两次审查和审定。

《暂行办法》规定，初审是指教材在规定时间完成编写后，送到相应教材审查机构进行审查。教材的送审本一般应是全套教材，特殊情况也可以是一学年以上的教材和全套教材的体系框架及说明。送审者在申请初审时应填写教材初审申请表，交付教材书稿，以及教材试验方案和试验学校情况。教材初审通过后，可在 400 个班或 2 万名学生的范围内进行试验，教育部负责对教材试验进行跟踪评价。

教材的编写、审定将实行国家和省级教育行政两级管理。教育部负责国家课程的教材编写管理和审定，地方课程教材的编写管理和审定由省级教育行政部门负责。教育部成立全国中小学教材审定委员会，负责国家课程教材的初审、审定及跨省（自治区、直辖市）使用的地方课程教材的审定。各省、自治区、直辖市教育行政部门成立省级中小学教材审定委员会，负责地方课程教材的初审和审定。全国和省级中小学教材审定委员会将建立委员信息库，负责审定教材的委员将按随机抽取的原则，从信息库中选定。另外，教材审查实行编审分离。

经全国中小学教材审定委员会审定通过的教材，经教育部批准后，将列入全国中小学教学用书目录，供学校选用。经省级中小学教材审定委员会审定通过地方教材，经省级教育行政部门批准，将列入本省（自治区、直辖市）中小学教学书目录，供学校选用。

（三）教材审定的内容

《章程》规定，审定（审查）中小学教材应当遵循以下原则：符合国家的有关法律、法规、政策；体现教育要面向现代化、面向世界、面向未来的要求；贯彻教育方针,体现基础教育的性质、任务和学科教学目标;符合国家教育委员会颁布的课程计划、教学大纲所规定的各项要求;符合教育教学规律,具有自身的风格和特色。

《章程》在上述原则的基础上具体指出了以下方面的审定内容与标准:

第一,教材内容应符合以下基本要求:①观点正确。它既有利于对学生进行爱国主义、社会主义、集体主义教育以及辩证唯物主义和历史唯物主义教育,又有利于弘扬中华民族优秀文化传统,培养学生良好的思想品德、坚强的意志和健康的心理素质。②内容科学,材料、数据准确、可靠,编写顺序合理。③符合我国国情,体现时代精神。根据学生所能接受的程度,反映现代教育改革的成果和科学技术发展的成就。④从学生所熟悉的环境和事物出发,做到理论与实际相联系。注重结合基础知识、基本训练以及实验等实践活动培养学生分析和解决实际问题的能力。⑤教材的容量和深广度适当,内容精练、深入浅出,可读性强,富有启发性。

第二,教材体系应符合以下基本要求:①符合儿童、青少年身心发展规律。按照不同年龄阶段学生的生理和心理特点,建立适合学生学习的知识体系。根据学生的认识规律、学习水平和学科自身的知识结构,合理安排各学科教学内容的顺序、层次和逻辑关系,建立学科的教学体系。②有利于实现学科的教学目标。使学生在获取和掌握知识的过程中,促进智力的发展、能力的提高,形成良好的思想、情感、意志和品格,养成科学的态度和方法。③注意本学科各部分内容间的相互衔接以及与其他学科内容间的联系。

第三,教材的文字、插图应当符合以下基本要求:①语言文字要规范、简练,注意不同年龄阶段学生的语言特点。形式要生动活泼、富有启发性和趣味性。②照片、地图、插图和图表要和教材内容紧密配合,地图应按照国家有关规定送审。③引文、摘录要准确。④名称、名词、术语均应采取国际统一名称或国家统一规定名称。外国人名、地名采用通用译名。简化字要符合国家正式公布的字表。⑤标题、字母、符号、体例必须规范、统一。⑥计量单位采用国际单位制和国家统一规定的名称和符号。

第四,教材中的作业和练习应当:配合教学,内容要体现教学目的和要求,分量要适当,题目要精选;注意能力的培养,富有启发性,安排要有层次,能适应不同程度学生的需要;形式要多样;要重视观察、实验、动手制作和社会调查;要因地制宜,讲求实效,尽可能利用简便易行的器材和已有的条;要注意联系学生的生活实际和生产实际,即引用的事例、数据要准确。

第五,教学软件、音像教材与教学挂图应当画面构图合理、主体突出、形象生动。内容要科学,符合教学大纲的要求,富有教育性。教学软件和音像教材要充分体现先进的教学思想和科学的教学方法。音像教材要符合国家教委电教部门颁发的技术质量标准。教学软件要符合国家有关部门规定的技术标准。

二、关于教材选用

随着我国"一纲（标）多本"、教材多样化工作的推进，教材选用问题与上述审定问题一样变得十分重要，这也已成为教育行政部门和校长、教师、学生以及家长共同关心的问题。教材选用的模式将决定在教材选用过程能听到谁的声音。下面，将介绍几种可供选择的教材选用模式。

（一）专家、师生参与下的政府采购模式

政府采购就是在统一招标下进行集中采购。在采购过程中不仅不单纯以价格来决定，而且还要看教材的质量。并且教材的质量不能由政府管理人员来决定。因此，在教材的政府采购中，需吸纳专家学者、教师代表、学生代表甚至家长代表参加。政府注重宏观管理职能，专家、教师、学生等则注重教材的质量及其适应性等。

这种模式的优点是公开、透明，同时还可以降低价格。对于贫困地区更为有利。特别是在需要大批量采购时，这种模式尤其适用。但也有明显的不足，比如不易照顾不同学校的差异和需求，容易强调政府行为而忽视教材的特殊性，容易以价格为主要选用标准而忽视质量标准等。

（二）学校自主选用模式

学校自主选用模式就是由学校根据自身的办学特色、教师素质、学生意愿等，自主选择不同版本的教材。学校自主选择教材并不是校长或某个人自己选择，而是要求学校组成一个教材选用小组，小组成员应包括学校领导、教师代表、学生代表、家长代表等。在选择教材的过程中，应在认真分析本校实际的基础上，仔细了解不同版本教材的特点，选择最适合本校的教材。

这一模式的优点在于有利于增强学校在课程与教学改革中的主体地位和主体意识；也有利于教材对教师的教与学生的学的适应性；还有利于促进教材真正意义上的多样化。但其不足之处首先在于这种模式对我国教师以及学校在课程与教学改革中的课程意识提出了较大的挑战；其次，容易受价格因素的影响而忽略教材本身的质量及其适应性；另外对教材开发者的要求也较高。

（三）教育行政部门和专家指导下的教材选用模式

这种模式既强调学校在教材选用中的主导作用，同时也注重教育行政部门和专家的指导作用。这种模式的优点在于：既发挥了学校的主导作用，也发挥了政府、专家的指导作用，不仅能避免政府的指令性或完全包办的做法，还能避免完全由学校来选择而造成的弊端；既照顾了学校自身的办学特色、办学条件和学生特点等特殊要求，也兼顾到了学校之间、地区之间的统一；确保了教材选用中的规范有序，公正透明，民主科学及多方参与性；专家和政府的参与，有利

于学校管理者培养教师、学生和家长的课程意识。不足之处在于在某些时候会存在几方意见不一致的情况。比如政府、专家、学校等考虑问题的角度不同,在有些情况下可能存在分歧,这会给选用教材带来麻烦。

以上三种模式各有优点与缺点。在具体选用过程中还应结合我国的国情以及数学学科的特殊性。

研讨活动

活动主题
螺旋式的数学教材编写体例

研讨目标
■了解课程标准对数学教材编写的一些建议;
■理解课程标准对螺旋式数学教材编写体例的要求;
■掌握螺旋式数学教材编写体例的优缺点;
■认识在教学中如何更好地发挥螺旋式体例的优点,并弥补其不足。

研讨方式
通过问题思考、阅读材料、案例分析、小组讨论、大组交流等活动方式,使得研讨参与者领悟上述研讨目标,把握研讨内容。

研讨内容

活动卡
1.阅读课程标准对教材编写建议的相关内容,了解课程标准的要求。
2.以某一数学内容(如函数)为例,以表格形式列出该内容在某一版本(如人教版、浙教版等)课程标准实验教科书中的位置及具体内容的安排,以此分析教材体现出来的编写体例。
3.有中学教师认为:"教材体系螺旋式编排,学生对一些知识早就淡忘了,根本就谈不上循序渐进地学习,就像我们认人一样的道理,见一次隔十年再见,你说还会认识吗? 老师只得又从头开始讲,这样每学期的教学时间都不够,教学效果也非常差。不论是学生的计算能力、数学思维,还是解决实际问题的能力,整体上来说都非常差劲。"对此,你怎么看?
4.从互联网上查找、归纳关于教材编写体例的其他观点,以表格形式记录不同的观点。
5.试就你的体会,谈一谈应该在教学中如何更好地发挥螺旋式教材编写体例的优势,并弥补其不足。

研讨建议

1.研讨者独立阅读数学课程标准的有关内容,找出相关内容。

2.研讨者独立选定并阅读某一版本教材中的某一数学内容,用表格的形式列出该内容在该版教材中出现的位置及具体的内容。

3.主持人组织小组讨论,小组共同完成活动卡中的活动卡 5-1。在此基础上,主持人组织大组讨论,小组代表进行交流。主持人可以根据实际情况对一些重要内容作深入的讨论,也可提出一些进一步讨论的问题,鼓励参与者活动后完成。

4.主持人可以在第 1 课时结束时给出活动卡 5-2,并可以结合具体的例子给出一些关于教材编写体例的其他观点,引导学生准备第 2 课时的讨论。

5.主持人主持人组织小组讨论,小组共同完成活动卡中的活动卡 6-2。在此基础上,主持人组织大组讨论,小组代表进行交流。

6.围绕研讨卡的具体问题,主持人可以提供一些有关的阅读材料,或者相关的网络资源等。

7.活动时间:1 课时。

思考问题

1.数学课程标准十分重视教材内容的基础性。你如何看待课程标准实验教科书中教材内容的基础性? 这种基础性与 2000 年以前的教材的基础性有何差异?

2.课程标准建议,数学教材的编写应尽可能地选取自然、社会与其他学科中的素材。有人认为这样会使得数学教材沦为一本实用手册。对于这个问题,你如何理解?

3.为什么要强调数学教材内容的呈现方式?应从哪些角度考虑数学教材内容呈现方式的多样化问题?

4.论述教材编写体例的不同类型及其优缺点。

进一步阅读的资料以及拓展资源

1.高凌飚.基础教育教材评价:理论与工具.北京:人民教育出版社,2002.

2.孙晓天.数学课程发展的国际视野.北京:高等教育出版社,2003.

3.李润泉,陈宏伯,蔡上鹤等.中小学数学教材五十年.北京:人民教育出版社,2008.

4.王嘉毅.中小学教材选用的基本原则与若干模式.西北师大学报(社会科学版),2003,40(6):18-20.

5.张永春.数学课程论.南宁:广西教育出版社,1996.

第六章
数学课程标准实验教科书简介

 本章提要

不同版本的普通高中课程标准实验教科书各具特色,异彩纷呈。本章主要介绍北京师范大学出版社、人民教育出版社、江苏教育出版社版、湖南教育出版社出版发行的高中数学实验教科书。通过本章的学习,应该达到如下的一些目标:

❖ 了解不同版本高中数学教科书的基本内容与结构体系;

❖ 掌握不同版本高中数学教科书的特点;

❖ 理解不同版本高中数学教科书的编写意图。

第一节 北师大版高中数学实验教科书

由北京师范大学出版社出版发行的《普通高中课程标准实验教科书·数学》(以下简称北师大版)由课程标准研制组组长严士健教授、副组长王尚志教授担任主编。这套教科书共计 19 册,其中必修部分 5 册,选修系列 1 至系列 4 共计有 14 册教科书可供选用。

一、内容与体系结构

（一）基本内容

1.必修内容

北师大版高中数学必修课程内容具体如表6-1所示。

表6-1 北师大版高中数学必修课程内容

必修1	必修2	必修3	必修4	必修5
第一章 集合 1.集合的基本关系 2.集合的含义与表示 3.集合的基本运算	第一章 立体几何初步 1.简单几何体 2.三视图 3.直观图 4.空间图形的基本关系与公理 5.平行关系 6.垂直关系 7.简单几何体的面积和体积 8.面积公式和体积公式的简单应用	第一章 统计 1.统计活动:随机选取数字 2.从普查到抽样 3.抽样方法 4.统计图表 5.数据的数字特征 6.用样本估计总体 7.统计活动:结婚年龄的变化 8.相关性 9.最小二乘法	第一章 三角函数 1.周期现象与周期函数 2.角的概念的推广 3.弧度制 4.正弦函数 5.余弦函数 6.正切函数 7.函数的图像 8.同角三角函数的基本关系	第一章 数列 1.数列的概念 2.数列的函数特性 3.等差数列 4.等差数列的前n项和 5.等比数列 6.等比数列的前n项和 7.数列在日常经济生活中的应用
第二章 函数 1.生活中的变量关系 2.对函数的进一步认识 3.函数的单调性 4.二次函数性质的再研究 5.简单的幂函数	第二章 解析几何初步 1.直线与直线的方程 2.圆与圆的方程 3.空间直角坐标系	第二章 算法初步 1.算法的基本思想 2.算法的基本结构及设计 3.排序问题 4.几种基本语句	第二章 平面向量 1.从位移、速度、力到向量 2.从位移的合成到向量的加法 3.从速度的倍数到数乘向量 4.平面向量的坐标 5.从力做的功到向量的数量积 6.平面向量数量积的坐标表示 7.向量应用举例	第二章 解三角形 1、正弦定理 2.正弦定理与余弦定理 3.余弦定理 4.三角形中的几何计算 5.解三角形的实际应用举例

续表

必修1	必修2	必修3	必修4	必修5
第三章　指数函数和对数函数 1.正整数指数函数 2.指数概念的扩充 3.指数函数 4.对数 5.对数函数 6.指数函数、幂函数、对数函数增长的对比		第三章　概率 1.随机事件的概率 2.古典概型 3.模拟方法——概率的应用	第三章　三角恒等变形 1.两角和与差的三角函数 2.二倍角的正弦、余弦和正切 3.半角的三角函数 4.三角函数的和差化积与积化和差 5.三角函数的简单应用	第三章　不等式 1.不等关系 2.一元二次不等式 3.比较大小 4.一元二次不等式的解法 5.一元二次不等式的应用 6.基本不等式 7.基本不等式与最(小)值 8.二元一次不等式(组)与平面区 9.简单线性规划 10.简单线性规划的应用
第四章　函数应用 1.函数与方程 2.实际问题的函数建模				

　　这套教科书必修1和必修2将《标准》中的内容进行了拆分和重组,但内容并没减少,顺序也与《标准》的要求一致,这体现了编者对知识内在联系的一种思考。必修3的编排模式不同于《标准》所要求的算法初步→统计→概率,采用的是统计→算法→概率的编排模式,这切实贯彻了"将算法思想贯穿于必修内容始终"的理念。必修5的编排形式与《标准》也有差异,主要体现在以下两个方面:其一,把"数列"放在第一章;其二,把"数列的函数特性"作为一节单独设立。这样的设置主要遵循了《标准》所特别指出的要体现数列是一种特殊函数的理念。

　　2.选修内容
　　这套教科书的选修内容由系列1、系列2、系列3和系列4组成,具体内容如下。
　　选修1-1:常用逻辑用语、圆锥曲线与方程、变化率与导数。
　　选修1-2:统计案例、框图、推理与证明、数系的扩充与复数的引入。
　　选修2-1:常用逻辑用语、空间向量与立体几何、圆锥曲线与方程。
　　选修2-2:推理与证明、变化率与导数、导数应用、定积分、数系的扩充与复数的引入。

选修 2-3：计数原理、概率、统计案例。

选修 3-1：数学发展概述、数与符号、几何学发展、数学史上的丰碑——微积分、无限、名题赏析。

选修 3-3：球面的基本性质、球面上的三角形、欧拉公式与非欧几何。

选修 3-4：平面图形的对称性、平面图形的对称群、置换。

选修 4-1：直线、多边形、圆、圆锥曲线。

选修 4-2：平面向量与二阶方阵、几何变换与矩阵、变换的合成与矩阵乘法、逆变化与逆矩阵、矩阵的特征值与特征向量。

选修 4-4：坐标系、参数方程。

选修 4-5：不等关系与基本不等式、几个重要的不等式。

选修 4-6：带余除法与数的进位制、可约性、同余。

选修 4-7：正交试验设计、优选法。

（二）体系结构

北师大版的教科书继承了传统数学教材的优点，并在新的历史条件下对某些传统内容的处理方式和体系结构有所改进和发展。这套教科书在体系结构上采用"全书—模块—前言—章头图—单元"模式，在具体内容阐述上基本上沿用"实例分析—抽象概括—思考交流—练习"的编写体例。

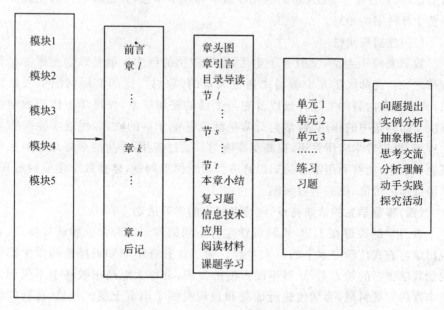

图 6-1　北师大版教科书（必修）结构体系

二、主要特色

(一)注重数学课程的基础性

数学的基础知识和基本技能是学生适应现代工作生活和未来能力发展的重要保证,也是进入高级学校继续学习的必要条件,从而也是高中数学课程基础性的一种体现。北师大版教科书特别强调学生要掌握数学的基础知识和基本技能,力求在发扬我国"重视数学基础知识教学、基本技能训练和能力培养"的优良传统的基础上,使学生能够获得符合时代要求的"双基"。

深刻地理解数学的基本概念、掌握必要的计算和论证、使用图形语言直观地表达问题等都是教材中的基础内容。另外,诸如数学表达、数学模型的识别和建立、算法的基本结构和语句运用、合理利用信息技术处理数学问题等,将是学生适应未来社会的必要技能,这些技能也在教科书中得到了很好的落实。

(二)突出数学的思想性

在高中数学课程中,不同的知识点之间蕴涵着一些普遍适用的数学思想,这些思想对于数学发展起着非常重要的作用,它们不仅反映了数学的本质,而且也体现了数学的整体性。只有掌握了这些数学思想方法,才能使得数学课程的基础性得以落实。在北师大版教科书中,就特别突出了函数思想、运算思想、数形结合、算法思想、统计思想这几种基本的数学思想,并且以它们为主线贯穿了整个教科书的始终。

(三)注重应用性

数学来源于生活,又服务于生活,数学应用的巨大发展是数学发展的显著特征之一。北师大版高中教科书通过大量的、取材广泛的实际问题引入新知识,提供基本内容的实际背景以及它与生活的密切联系,使得学生体验数学在解决实际问题中的作用、数学与日常生活及其他学科的联系,促进学生对数学的理解,形成数学应用意识,提高实践能力。通过应用,学生能更好地理解数学概念和思想,能够利用学过的知识解决身边的简单问题,体会数学建模的过程,感悟数学的价值,提高学习兴趣。

(四)尊重学生的认知特点,创造多层次的学习活动

教与学的关键在于学,不同的学生有不同的知识经验背景和认知特点,表现出学习方式与学习水平的巨大差异。为了让具有不同知识经验的学生都能找到数学学习的切入点,获得不同程度的发展,北师大版高中教科书不仅创设了丰富的问题情境,为学生进行研究和发现提供了丰富土壤。并且,在新知识引入部分,教材通过问题提出或实例分析的方法,让学生经历一个从具体到抽象的数学化过程。同时教科书中精心设计了一系列栏目,为学生创造多层次的学习活动。当新知识引入后,教材设置了"实践活动"和"思考交流"栏目,学生

通过这种活动进一步思考,以巩固知识和技能,而不是靠单纯的模仿练习和机械记忆,对同一题材尽可能提供多种解释,鼓励学生主动探索知识的发生与发展。同时,考虑到学生学习水平的差异,教科书组织了描述刻画、直接套用、课题学习、探究活动等不同程度的数学活动,以便所有的学生都能达到基本要求,同时为水平高的学生提供发展空间。

（五）内容组织形式突出强调数学学习的方法

注重学生的学,强调学生学习的过程与方法,强调学生"经历了什么"、"体会了什么"、"感受了什么",这在新教科书中都有所体现。北师大版在对具体内容阐述上基本上沿用"实例分析—抽象概括—思考交流—练习"的编写体例,倡导研究性的学习方法。在教科书中经常以问题提出、抽象概括、分析理解、思考交流等栏目,突出强调研究性学习的过程,促进学生研究性学习方式的形成。其编写思路为:尽量创设情景,从问题引入、实例分析出发,引导学生动手实践或分析理解,再与同学共同思考、交流,进而抽象概括、明晰概念和法则,这种组织形式使学生完整经历了知识的发生、发展和运用的过程。

（六）注重信息技术与数学的整合

这套教科书对于信息技术的使用,坚持以下两个原则:一是有助于学生对数学的理解,减少繁琐的计算,突出数学的本质;二是有助于改进学生的学习方式,提高学生学习数学的兴趣和能力。这套教科书主要使用了图形计算器、科学计算器和计算机等各种数学教育技术。

北师大版教科书专门设置了"信息技术应用"栏目,以帮助学生学会利用信息技术解决数学问题,处理繁难计算、自动制表和智能绘图等,为学生的数学学习和发展提供了丰富的教育环境和有力的学习工具。此外,这套教科书还在恰当的地方以旁注的形式设置"信息技术建议"渗透信息技术,增强学生独立操作信息技术的能力。

第二节　人教 A 版高中数学实验教科书

人民教育出版社出版的《普通高中课程标准实验教科书·数学（A 版）》（简称"人教 A 版"）由刘绍学教授主编。这套教科书共计 18 册,其中必修部分 5 册,选修系列 1、2、3、4 共计有 13 册教科书可供选用。

一、内容与体系结构

(一)基本内容

1. 必修课程

数学 1：集合与函数概念、基本初等函数、函数的应用。

数学 2：空间几何体、点、直线、平面之间的位置关系、直线与方程、圆与方程。

数学 3：算法初步、统计、概率。

数学 4：三角函数、平面向量、三角恒等变换。

数学 5：解三角形、数列、不等式。

2. 选修课程

选修 1-1：常用逻辑用语、圆锥曲线与方程、导数及其应用。

选修 1-2：统计案例、推理与证明、数系的扩充与复数的引入、框图。

选修 2-1：常用逻辑用语、圆锥曲线与方程、空间向量与立体几何。

选修 2-2：导数及其应用、推理与证明、数系的扩充与复数的引入。

选修 2-3：计数原理、统计案例、概率。

选修 3-1：数学史选讲。早期的算术与几何、古希腊数学、中国古代数学瑰宝、平面解析几何的产生、微积分的诞生、近代数学两巨星、千古谜题、对无穷的深入思考、中国现代数学的开拓与发展。

选修 3-3：球面上的几何。从欧式几何看球面、球面上的距离和角、球面上的基本图形、球面三角形、球面三角形的全等、球面多边形与欧拉公式、球面三角形的边角关系、欧式几何与非欧几何。

选修 3-4：平面图形的对称群、代数学中的对称与抽象群的概念、对称与群的故事。

选修 4-1：几何证明选讲。相似三角形的判断及有关性质、直线与圆的位置关系、圆锥曲线性质的探讨。

选修 4-2：矩阵与变换。现行变换与二阶矩阵、变换得复合与二阶矩阵的乘法、逆变换与逆矩阵、变换的不变量与矩阵的特征向量。

选修 4-5：不等式选讲。不等式与绝对不等式、证明不等式的几种方法、柯西不等式与排序不等式、数学归纳法证明不等式。

选修 4-6：初等数论研究。整数的整除、同余与同余方程、一次不定方程、数论在密码中的应用。

选修 4-7：优选法与实验设计初步。优选法、试验设计初步。

选修 4-9：风险与决策。风险与决策的基本概念、决策树方法、风险型决策的敏感性分析、马尔可夫型决策简介。

(二)体系结构

教科书必修模块、选修系列 1、选修系列 2 的结构主要包括模块、章、节、单元等。本套教科书的体系结构力求反映模块内容之间的联系与综合,在模块的基础上对知识内容进行展开,具体到章节的体系,其主要注重知识体系内部的展开,同时也注重如"思考与交流、探索与研究"等内容的整合,变革学生的学习方式。

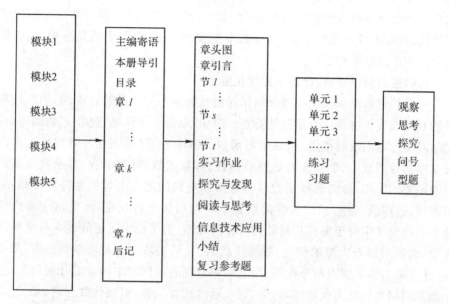

图 6-2 人教 A 版教科书体系结构

二、主要特色

(一)拓展知识宽度,适当降低知识难度

这套教科书在保证基础知识教学、基本技能习得、基本能力培养的前提下,精心选取了作为数学学科中最基础和必备的知识,在原来的基础上进一步精简更新,必修课增加了幂函数、算法初步和统计。

教科书把简易逻辑、圆锥曲线放到选修内容中,降低了要求和难度,并删减了过于复杂的内容,如反三角函数、三角方程、极坐标等传统内容。

(二)增加现代信息技术,凸现时代性

这套教科书增加了现代信息技术的内容,突出数学内容具有时代性。对于信息技术的处理,教科书采用了两种方式。第一,专门设置了"信息技术应用"这个栏目。例如数学必修 1 中有四个"信息技术应用",分别是"用计算机绘制函数图像"(第 43 页)、"借助信息技术探究指数函数的性质"(第 71 页)、"借助信息技术求方程的近似解"(第 109 页)、"收集数据并建立函数模型"(第 129 页)。第二,在正文内容中渗透信息技术的应用,采用作旁注的方法对信息技术的使用进行提示。

(三)内容呈现生动活泼,注重学生学习兴趣的激发

教科书在内容选取上遵循基础性和生动性的原则,在保证基础的前提下,选取了与内容密切相关的、典型的、丰富的和学生熟悉的素材,并配置了大量生动的图片、章头图形、章头引言、实习作业和数学模型。努力用生动活泼的语言创设一些能够体现数学的概念和结论、数学的思想和方法,以及数学应用的学习情境,以增强教科书的亲和力,让数学更加贴近生活,与生活息息相关,以激发学生的求知欲和好奇心。

(四)强调知识综合,促进课程优化整合

这套教材精简加强了各部分知识间相互联系与知识的综合应用,用广泛联系的观点编写教材是一个显著的特点。第一,纵向联系。如"数学1"的编写,首先学习集合与函数的概念,然后学习函数的基本性质(单调性与奇偶性),再学习基本初等函数(三个具体的重要的函数:指数函数、对数函数、幂函数),最后学习函数的应用,如何选择函数模型解决相应的问题。内容的编排环环相扣,步步深入,浑然一体。第二,横向联系。即与相邻学科相配合,突出学科内综合。如必修2中对于解析几何部分内容的处理,为了使学生更好地掌握坐标法思想,教科书结合大量的例题,加强了代数、几何的联系。具体步骤如下:第一步,建立适当的平面直角坐标系,用坐标和方程表示问题中涉及的几何特征,将平面几何问题转化为代数问题;第二步,通过代数运算,解决代数问题;第三步,把代数运算结果"翻译"成几何结论。

(五)以问题引导数学活动,培养问题意识

教材编写的特色在一定程度上可通过教材栏目的设置体现出来。这套教科书除了传统教材中正文内容、例题、习题外,增加了不少拓展栏目,如观察与猜想、阅读与思考、探究与发现、信息技术及应用、实习作业等。并且,这些栏目设置特点是强调"问题性",在知识形成过程的"关键点"上与在运用数学思想方法产生解决问题策略的"关节点"上与在数学知识间的"联结点"上,抛出一个个恰当的、有启发性的问题,引导学生的思考和探索活动,使他们经历观察、实验、猜测、推理、交流等思维过程。通过问题,让学生经历知识的形成过程,促进学生的自主探索;通过问题,让学生体会相关内容的联系,加深对数学的认识与理解;通过问题,促使学生产生解决问题的策略,领悟数学的思想方法;通过问题,引导学生对问题进行"变式"与"引申",培养发散思维;通过问题,让学生结合身边的例子,体现数学的文化价值。

(六)注重方法,突出思想

本套教科书注重总结渗透在各个模块中的思想与方法,通过不同数学内容的联系与启发,使不同的数学内容相互沟通,提高学生对数学的整体认识水平。教科书特别强调类比、推广、换元、特殊化、化归、函数与方程、数形结合、等价转化等数学思想方法,并尽量展示常用的逻辑思考方法,如类比、特殊化、推广等,以使学生体会数学探索活动的规律,逐步学会借助数学符号和逻辑关系进行数学推理和探究,推求新的事实和论证猜想,从而发展学生认识事物的"数"、"形"属性和规律,以及处理相应的逻辑关系的悟性和潜能,养成逻辑思维的习惯,能够有条理地、符合逻辑地进行思考、推理、表达与交流。

在几何部分,强调直观几何,合情推理与逻辑推理并重,适当渗透公理化的思想。教科书特别注重发挥长方体的作用,以长方体为学具,帮助学生探索空间直线、平面的位置关系,归纳、概括它们的判定定理和性质定理。比如,在有关直线与平面、平面与平面的平行与垂直的判定定理,通过引导学生观察长方体,从中归纳出直线与平面、平面与平面的平行与垂直的判定和性质。

第三节 苏教版高中数学实验教科书

江苏教育出版社出版的《普通高中课程标准实验教科书·数学》由单墫教授主编。这套教科书共计 19 册,其中必修部分 5 册,选修系列 1、2、3、4 共计有 14 册教科书可供选用。

一、内容与体系结构

(一)基本内容

1. 必修内容

苏教版高中数学必修课程内容如表 6-2 所示。

表 6-2 苏教版高中数学必修课程内容

必修 1	必修 2	必修 3	必修 4	必修 5
第1章 集合 1.1 集合的含义及其表示 1.2 子集、全集、补集 1.3 交集、并集	第3章 立体几何初步 3.1 空间几何体 3.2 点、线、面之间的位置关系	第5章 算法初步 5.1 算法的意义 5.2 流程图 5.3 基本算法语句 5.4 算法案例	第8章 三角函数 8.1 任意角、弧度 8.2 任意角的三角函数 8.3 三角函数的图像和性质	第11章 解三角形 11.1 正弦定理 11.2 余弦定理 11.3 正弦定理、余弦定理的应用

续表

必修 1	必修 2	必修 3	必修 4	必修 5
第2章 函数概念与基本初等函数I 2.1 函数的概念和图像 2.2 指数函数 2.3 对数函数 2.4 幂函数 2.5 函数与方程 2.6 函数模型及其应用	第4章 直线与圆 4.1 直线与方程 4.2 圆与方程 4.3 空间直角坐标系	第6章 统计 6.1 抽样方法 6.2 总体分布的估计 6.3 总体特征数的估计 6.4 线性回归方程	第9章 平面向量 9.1 向量的概念及表示 9.2 向量的线性运算 9.3 向量的坐标表示 9.4 向量的数量积 9.5 向量的应用	第12章 数列 12.1 等差数列 12.2 等比数列 12.3 数列的进一步认识
		第7章 概率 7.1 随机事件及其概率 7.2 古典概型 7.3 几何概型 7.4 互斥事件及其发生的概率	第10章 三角恒等变换 10.1 两角和与差的三角函数 10.2 二倍角的三角函数 10.3 几个三角恒等式	第13章 不等式 13.1 不等关系 13.2 一元二次不等式 13.3 二元一次不等式组与简单的线性规划问题 13.4 基本不等式

2. 选修内容

选修 1-1：常用逻辑用语、圆锥曲线与方程、导数及其应用。

选修 1-2：统计案例、推理与证明、数系的扩充与复数的引入、框图。

选修 2-1：常用逻辑用语、圆锥曲线与方程、空间向量与立体几何。

选修 2-2：导数及其应用、推理与证明、数系的扩充与复数的引入。

选修 2-3：计数原理、概率、统计案例。

选修 4-1：几何证明选讲。相似三角形的进一步认识、圆的进一步的认识、圆锥截线。

选修 4-2：矩阵与变换。二阶矩阵与平面向量、几种常见的平面变换、变换的复合与矩阵的乘法、逆变换与逆矩阵、矩阵的特征值与特征向量、矩阵的简单应用。

选修 4-4：坐标系与参数方程。坐标系、曲线的极坐标方程、平面坐标系中几种变换、参数方程。

选修 4-5：不等式选讲。不等式的基本性质、含有绝对值的不等式、不等式的证明、几个著名的不等式、利用不等式求最大(小)值、数学归纳法与不等式。

（二）结构体系

教科书必修模块、选修系列1、选修系列2的结构主要包括模块、章、节、单元等，编排体例如图6-3所示。该套教科书主要从基础性、兴趣性、层次性三个方面考虑，从整体出发，按知识发展、背景问题、思想方法三个纬度，将全书（包括系列1、2）一模块一章一节做整体设计，实现整体贯通。

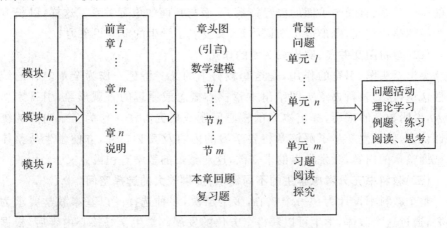

图6-3　苏教版高中数学实验（必修）教科书体系结构

二、主要特色

（一）入口浅、寓意深、前后呼应，整体贯通

"入口浅、寓意深"是一种指导思想，目的是让学生在丰富的、现实的、与他们经验紧密联系的背景中建立数学理论，获得数学理论后又能及时反馈运用到他们的生活中。这套教科书每一章节的知识内容，力图以入口较浅、学生能理解的生活实例或其他实例，引发学生思考，激活学生已有的知识体系或生活体验，使学生反复经历同化和顺应的过程。同时提出引领本章内容的问题，激发学生探索新知识的欲望，使学生获得必要的基础知识和基本技能，理解基本的数学概念、数学结论的本质，了解概念、结论等产生的背景及其应用，体会其中所蕴涵的数学思想和方法，以及它们在后续学习中的作用，进一步在更高层次上建立数学理解。例如，基本初等函数Ⅰ的处理，开始给出三个背景例子（人口统计表、自由落体运动公式、温度曲线图）。通过对这三个例子的共同特征的分析，引出函数概念。进而利用这三个例子，研究函数的三种表示法、函数的性质。此后，给出函数的应用，指数函数、对数函数等。在学生获得函数的一般研究方法后，又回到开头所提出的问题中，建立模型解决问题，整个内容一气呵成。其主线是函数概念与性质，而入口是学生非常熟悉的情景。简单的情景蕴涵建立模型解决问题的一般思想方法，它们引出了函数的整个内容与研究方

法。另在函数与方程中,我们首先学习了如何根据具体函数的图像判断一元二次方程根的存在性及根的个数,了解了函数的零点与方程根的关系。同时,教材补充了借助计算器用二分法求方程的近似解,为后面的算法学习作了思想和方法的准备,起到前后呼应的作用。必修2中学习几何体的基本元素点、线、面及其关系时,教材充分发挥长方体的作用,引导学生观察,逐次归纳出空间两直线的位置关系、直线与平面的位置关系、平面与平面的位置关系。这样,以长方体为载体整体贯通,既形成了知识体系,又发展了学生的空间想象力。

(二)教材图文并茂,突出章头图的作用

突出章头图、引言的作用,是这套教科书的又一特色。作为全章内容的统领性认识,这套教科书章头图给出本章核心概念或原理的直观形象,引言亲切宜人,说明数学的来历,提出本章的核心问题或研究方法。作为全章内容的统领性认识,使学生初步了解该章将要学习的内容及其必要性,方便学生从整体上把握整章的内容,激发学生的求知欲,这对整章的教学有积极意义。

(三)教科书充分考虑学生的不同需求,提供较大的选择空间

整个教科书设计为:"一个核心,多个层次,多种选择。"以基本教学要求为核心,通过这个载体,学生可以获得全方位的发展。学生学好核心内容后,根据需要,有多种选择(见图6-4)。

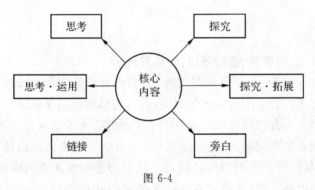

图6-4

第一,教科书中的引言、正文、练习、习题中的"感受·理解"部分、阅读、探究案例、实习作业、本章回顾等内容构成一个完整的体系。它是教科书的核心,体现了高中数学教学的基本要求,是所有学生应当掌握的内容。编写时,力图使所有学生都能理解。练习主要是巩固所学内容,进行模仿性的活动,有少量的变式练习。关注的是知识与技能的认识与巩固。习题的"感受·理解",比练习要求稍高一些,学生要进行一些探究性活动、创造性运用所学的知识才能解决这些问题。但这些问题并非很难,所有学生经过思考基本上都能解决。在解决这些问题的过程中,学生将进一步感受知识的形成与发展过程,加深对知识的理解。

第二,考虑广大同学的不同需要,教科书提供了较大的选择空间。主要是设计了一些具有挑战性的内容,包括思考、探究、链接、习题中的"思考·运用"、"探究·拓展"等,以激发学生探索数学的兴趣。在掌握基本内容之后,学生可自主选择其中一些内容作思考与探究。习题的"思考·运用"是比"感受·理解"在思维层次上要求更高的内容。要求学生通过深入的思考,运用所学的数学知识解决问题。关注的是研究方法、思想方法的运用,而不是机械模仿。习题的"探究·拓展"主要着眼于鼓励学生探究、创新。所选问题充分关注探究性、创造性、开放性。这部分习题形式多样,有传统的形式,也有操作、阅读、写作、欣赏等。虽然选择空间具有较大的弹性,但是这些弹性都依赖于核心内容。利用核心内容,经过努力都能解决所提出的问题。在学习时,可根据自己的兴趣作任意的选择,不会影响后继学习。

第三,苏教版增加了阅读题、写作题、操作题,颇有新意。阅读题主要培养学生的阅读理解能力和知识的迁移能力,为培养学生的创新意识打好基础。写作题有效地培养学生运用所学的知识解决实际生活、生产中的问题,让学生感到所学的知识并非莫不可测,在现实生活中处处有它的身影。操作题对培养学生的参与能力和动手能力具有重要的意义。而开放题的设立,改变了传统教科书长期以来答案唯一的封闭状态,有利于学生发散思维能力和批判能力的培养。

(四)内容组织形式以"问题串"引导,突出数学本质,返璞归真

教科书通过问题将整个内容贯通,将知识串联成一个整体,整个内容呈现给学生以"树"的形象:"根"是实际背景,"干"是数学理论,"枝叶"就是数学运用。它们相互作用共同成为一个整体,在"本章回顾"中就给出整体"树"的形象。教材内容组织的主要形式为:"问题情境—提出问题","学生活动—体验数学","意义建构—感知数学","数学理论—建立数学","数学运用—运用数学","回顾与反思—理解数学"。力求从学生熟悉的问题情境、具体实例引入教学内容,让学生在具体情境中通过观察、操作、探究、猜想、发现等活动感悟并获得数学概念、原理与思想方法,注重返璞归真,充分揭示数学知识的发展过程与本质,使学生完整经历了知识的发生、发展和运用的过程,让学生在学习中多层面、多角度反复地感悟:数学是怎样产生的?怎样学习和研究数学?数学有什么作用?

(五)重视活动操作,鼓励学生探究创造

新课程改革的核心是改变学生的学习方式,新教科书在为改变学生学习方式层面也作出了更多的努力,提供了许多与学生生活背景相关的丰富素材,有阅读题、阅读材料、网站的链接、探究案例、研究性课题等。通过这些教学资源,可以引导学生积极参与教学活动,亲身体验探索、思考和研究的过程,使学生真正成为学习的主体,从而为终身学习打好基础。

（六）利用信息技术,扩展学习思维空间

教科书在编写时注重现代信息技术与数学课程的整合。将信息技术运用于创设问题情境中,把信息技术作为一种让学生主动探究、分析研究的工具,让学生利用信息技术进行发现、创造,同时也为学生学习和掌握信息技术提供平台,增强学生自觉地运用现代信息技术解决问题的意识和能力。

（七）重视数学文化与课程的整合

这套教科书渗透数学文化的途径归纳起来主要有以下几种途径。

1. 设立专题阅读,开拓学生思维

这套教科书在每一章都以"旁白"、"思考"、"链接"及"阅读"等形式,在不增加学生负担的情况下,设立了与正文内容相结合的专题阅读,适当介绍了有关数学知识的渊源、背景及研究的过程、结论,以拓宽学生的视野。

2. 通过正文内容的渗透

教科书在每章开篇以文化名人的名言引入,以渗透数学的文化价值。教科书在每章开头都有一个章头图,画面蕴含着数学与自然的关系,让学生一开始就被包围在浓浓的文化氛围中来学习数学。

3. 习题中渗透的数学文化

这套教科书的习题设置通过阅读题让学生在做题的过程中体会数学的文化价值,如声强级别概念的理解以及纽扣对应问题,让人感受扑面而来的一股浓浓的文化气息。

数学是人们观察世界的一种立场、观点和方法,具有很强的人文特征。苏教版的高中数学教科书把数学"文而化之",使之进入人们的内心世界,让每一位孩子都能慢慢地感受数学的文化价值、体会数学美,让每一位孩子都逐步地喜欢数学、亲近数学、欣赏数学。

第四节　湘教版高中数学实验教科书

湘教版高中数学教科书由张景中院士主编,这套教科书共计 26 册,其中必修部分 5 册,选修 1 部分 2 册,选修 2 部分 3 册,这 10 册每册内容包括一个模块。选修 3 部分 6 册,选修 4 部分 10 册,这 16 册内容每册包括一个专题。

一、内容与体系结构

（一）基本内容

湘教版数学实验教科书相对其他版本的教科书而言,在结构与模块顺序的调整上是比较大的。

1. 必修内容

必修课程由 5 册组成,第一册相当于《标准》中必修模块数学 1,第二册相当于《标准》中必修模块数学 4,第三册相当于《标准》中必修模块数学 2,第四册相当于《标准》中必修模块数学 5,第五册相当于《标准》中必修模块数学 3。主要内容如下:

第一册:集合、函数概念、指数函数、对数函数和幂函数。

第二册:三角函数、向量和三角恒等变换。

第三册:立体几何初步和平面解析几何初步。

第四册:解三角形、数列和不等式。

第五册:算法初步、统计和概率。

这五册的内容顺序安排和《标准》略有不同,原因是这套教材的最大特色之一是以向量为主线,把代数、几何、三角联系起来,用向量来推导三角公式,展开解析几何,引进复数体系,解决多种的问题。这就要尽可能早地学习向量。这样处理的好处还有:第一,把函数的学习连在一起了。第二,早点学习三角,有利于在后面的课程中应用三角函数知识,也便于在物理中应用三角知识。第三,把算法和统计、概率安排在第五册,有利于丰富算法的实例。并且基础的数学知识掌握得更好一些,统计和概率学起来也更加容易。

2. 选修内容

选修课程 1 和 2 的顺序、内容与《标准》中所说明的基本一致。充分考虑学生的不同发展方向,内容编排十分注意层次性、探究性和应用性。选修课程 3和 4 的写作风格尽可能地接近科普作品,便于阅读和自学,也可以作为教师自学之用。主要具体内容如下:

选修 1-1:常用逻辑用语、圆锥曲线与方程、导数及其应用。

选修 1-2:统计案例、推理与证明、数系的扩充与复数的引入、框图。

选修 2-1:常用逻辑用语、圆锥曲线与方程、空间向量与立体几何。

选修 2-2:导数及其应用、推理与证明、数系的扩充与复数的引入。

选修 2-3:计数原理、统计案例、概率。

选修 3-3:球面上的几何:球面的基本性质、球面与平面类比、球面几何的深入和发展。

选修 3-4:对称与群、对称性无所不在、图形的对称变换及性质、群的概念、由晶体结构的对称性得到的群、用根式解方程。

选修 3-6:三等分角与数域扩充、三等分角问题、三等分角实用作图法、古希腊三大作图问题、三等分圆周的尺规作图问题。

选修 4-1:几何证明选讲、平面和圆柱面的截线、平面和圆锥的截线。

选修 4-2：矩阵与变换。

选修 4-4：坐标系与参数方程。

选修 4-5：不等式选讲（几种不等式的证明方法、几个重要不等式）。

选修 4-6：初等数论初步。

选修 4-10：开关电路与布尔代数（开关电路与命题逻辑的数学描述、布尔代数、开关电路）。

选修 4-7：优选法与试验设计初步。

（二）结构体系

湘教版教科书以问题和案例分析为主线引入所学内容。每章结合具体内容设置"数学实验"、"问题探索"、"思路与方法"、"数学建模"及"数学文化"等栏目。课堂练习与课后作业形式多样，除传统形式的书面习题外，还安排了讨论、写阅读心得、计算实习等。这套教科书在体系结构采用"全书—模块—前言—章头图—单元"模式，对具体内容阐述上基本上沿用"实际问题—解决—抽象概括—总结—应用"的编写体例。

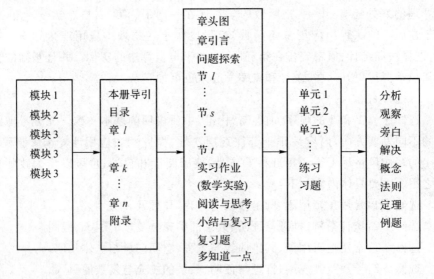

图 6-5　湘教版高中数学实验教科书体系结构

二、主要特色

（一）教材设计独具匠心

1.版面设计和旁白的特色

湘教版的版面设计独具匠心，教材所采用的是"屏幕式排版"，使学生不用翻页就能看到一个相对完整的单元或一组完整的公式。在书页的左右两侧留空，用水印进行分隔出行，便于学生利用空白做笔记。特别是，这套教科书与别的教科书相比,书页的左右两侧上时常注有部分文字、图案等旁白,内容是对正文画龙点睛式的点拨,整套教科书突出体现旁白的功能和作用,是别的教科书无法比拟的。

图 6-6　等比数列前 n 项和

2.章头的特色

以数学的七律诗开头是湘教版高中数学教科书的特色。每一章的设计都是以一首七律诗开头,附有与诗的意境相吻合的图片,点出了现实世界中变化的事物与数学之间的关系,体现数学无处不在的自然美,具有浓厚的人文气息。

图 6-7　不等式

图 6-8　数列

3.习题编排的特色

每一章的课堂练习与课后作业形式多样,标题新颖,主题明确。课堂练习与课后作业分为"学而时习之"、"温故而知新"和"上下而求索"三类。第一类属于所学知识的基本内容的巩固复习,第二类属于新旧知识的综合运用,第三类属于开放性探索问题,一般的学生可以给出部分解答,特别爱好数学的同学可以从中得到更多的收获。

(二)以向量为主线把不同模块的内容联系起来

教材以向量为主线,把代数、几何、三角联系起来,用向量来推导三角公式,展开解析几何,强调数形结合的数学思维方式,并用以解决多种问题。把向量关系作为代数、几何、三角等不同模块中许多问题的数学模型,使学生有以简御繁、以少胜多的工具,减轻负担。例如,复数的引进是数学发展中的一件大事,国内外同类教材往往只从代数出发,用定义的方式规定 $i^2=-1$。这套教材则从几何变换入手,使学生看到复数的出现是几何变换探索的必然结果。在向量和几何变换的基础之上讲复数的运算和应用,不仅直观易懂,而且更有利于体现数学的思维特色,提高数学素养。

又如,利用向量差的完全平方可以立即推导出勾股定理和余弦定理,这是向量运算最神奇的例子之一。为了说明这个神奇证明的几何意义,教科书安排了一个阅读材料,让有兴趣的学生将向量证明逐句翻译成几何语言,得到一个几何证明(就是利用相似三角形的证明),让学生加深对向量的代数与几何内涵之间关系的了解。

(三)从问题出发引入数学知识

概念是数学的基础。数学概念是数学学习的主要内容之一,也是教学的难点所在。这套教材引入数学概念不是从定义出发,而是尽量从现实世界出发,从问题出发。通过探索和解决问题的过程,让学生体会数学定义的必要性、数学方法的合理性以及数学思维的一般性和严谨性,力求在学生的头脑中重现数学知识发生发展的过程。

(四)安排了一系列的数学实验,培养学生动手动脑自主学习的能力

教科书安排了一系列的数学实验,力求使学生在动手动脑的过程中体会到数学概念引进的必要性和必然性,让学生有自己发现的感觉,认识数学知识发生发展的过程,培养学生动手动脑自主学习的能力,让数学在学生头脑里成为生动具体的形象和事例,同时把数学科学的学习和现代信息技术紧密结合起来。例如,让学生在计算机上作出并观察函数的动态图像,通过测量探讨函数的性质,在屏幕上画出立体图,用平面切割来探究截面的性质等。教材中提到了用《Z+Z智能教育平台——超级画板》和《Z+Z智能教育平台——立体几何》作动态函数图像、编程、测量等,特别方便。

教科书在实验的安排上主要采用了三种方式：①实验直接进入正文内容。比如在《算法》中把直接以辗转相除法求最大公因数、求实数的连分数都作为实例。这样在避免新增的内容《算法》变成从计算机课程中搬来的一块的同时，使数学的其他内容有机地融为一体。②结合正文内容进行安排。比如在定积分的概念之后，安排用计算机计算单位圆面积；结合几何概率用随机投点法来计算圆周率。这样加深学生对正文内容的理解，并且提供对于正文内容用实验的方式进行探索和研究的机会。③紧密结合数学或物理课程内容作为学生的扩展性练习。如画球面镜反射平行光线的图来观察它的聚光效果，根据胡克定律画弹簧振动的图像并观察它是否是正弦曲线等。

研讨活动

活动主题

数学教科书的比较与分析

研讨目标

■体会标准理念对编写教科书的指导作用；

■熟悉不同版本教科书的特点；

■能够结合具体内容分析比较教科书的差异。

研讨方式

通过问题思考、阅读材料、案例分析、小组讨论、大组交流等活动方式，使得研讨参与者领悟上述研讨目标，把握研讨内容。

研讨内容

活动卡
1.阅读课程标准关于教材编写的一些建议，并与同伴交流。
2.查找相关资料，了解不同版本数学实验教科书的特色，并在小组中讨论。
3.选取相同的数学知识内容，对不同版本的教科书进行比较，并把相关的比较内容撰写成小论文。

研讨建议

1.教师把班级学生分成若干个小组，并指定每个小组负责人。

2.以小组为单位交流课程标准对教科书的编写建议，完成活动卡中的问题1。

3.小组成员分别搜集资料，了解不同版本数学实验教科书的特色。

4.主持人组织小组交流，组与组间的成员讨论不同版本数学实验教科书的特色,完成活动卡中的问题 2。然后由小组长汇总讨论情况,并向班级所有成员汇报。

5.以小组为单位,确定教科书比较研究的框架与内容,合作完成活动卡中的问题 3。

6.主持人组织班级汇报,由小组长交流比较研究的论文结果。

7.主持人应该及时提炼和引导,对比较研究的报告进行小结。

8.活动时间:1 课时。

思考问题

1.请举例说明苏教版高中数学实验教科书(必修)在内容处理上如何做到"入口浅、寓意深"?

2.北师大版高中数学实验教科书(必修)是如何处理信息技术的?

3.湘教版高中数学实验教科书(必修)的编排顺序与《标准》建议有较大变动,你觉得这样安排合适吗? 请说明理由。

4.分析高中数学实验教科书必修 4(人教 A 版)的习题特点,并提出你的一些建议。

5.本章所介绍的四套高中数学实验教科书,都不同程度地渗透了数学文化。试对这四套教科书必修 1 部分渗透数学文化的情况作一个系统的比较。

6.设计一份问卷,对教师使用高中实验教科书的情况进行小范围的调查,并撰写一份调查报告。

进一步阅读的资料以及拓展资源

[1] 邢自兴.北师版高中数学教材特点剖析.中学数学教与学,2007(3).

[2] 陈立军.苏教版高中数学新教材若干特点浅析.数学通报,2006(11):27—29.

[3] 张景中.我们这样编湘教版的高中数学教材.基础教育课程 2006(1):31—33.

[4] 网络资源:http://www.hneph.com;http://www.bnup.com.cn;http://www.1088.com.cn.

第七章
人教 A 版高中数学教材分析

 本章提要

高中数学课程标准的主要内容既覆盖了高中阶段传统的数学基础知识和基本技能的主要部分,如集合、函数、数列、不等式、立体几何、解析几何等,也增加了向量、算法、概率、统计等现代数学的内容。本章主要分析人民教育出版社出版发行的普通高中课程标准实验教科书数学(俗称人教 A 版),对高中数学的必修课程以及选修系列 1 与系列 2 的部分内容进行一些简要分析。通过学习,应该达到如下的目标:

❖ 了解人教版高中数学教材内容的整体安排;
❖ 掌握人教版高中数学教材内容的课程目标;
❖ 认识人教版高中数学教材内容的教育价值;
❖ 理解人教版高中数学教科内容的编写意图与教学建议。

第一节 数学1

一、教材内容与课程目标

人教 A 版数学 1 安排了三章内容,如表 7-1 所示。

表 7-1 数学 1 的内容

第一章 集合与函数概念	第二章 基本初等函数(Ⅰ)	第三章 函数的应用
1.1 集合	2.1 指数函数	3.1 函数与方程
1.2 函数及其表示	2.2 对数函数	3.2 函数模型及其应用
1.3 函数的基本性质	2.3 幂函数	

集合语言是现代数学的基本语言。高中数学课程将集合作为一种语言来学习,通过本模块的学习,使学生学会使用最基本的集合语言表示有关数学对象,并能在自然语言、图形语言、集合语言之间进行转换,体会用集合语言表达数学内容的简洁性、准确性,发展运用集合语言进行交流的能力。

函数是描述客观世界变化规律的数学模型,通过本模块的学习,使学生不仅把函数看成变量之间的依赖关系,同时还会用集合和对应的语言刻画函数,感受用函数概念建立模型的过程与方法,为后续学习奠定基础。

本模块的学习,使学生了解指数函数、对数函数的实际背景,理解指数函数、对数函数的概念与基本性质,了解五种幂函数,体会建立一个函数的基本过程和方法,同时会运用他们解决一些实际问题。

通过本模块的学习,使学生学会用二分法求方程近似解的方法,从中体会函数与方程之间的联系。通过一些实例,让学生感受建立函数模型的过程和方法,体会函数在数学和其他学科中的应用,认识到函数是描述客观世界变化规律的基本数学模型,并能初步运用函数思想解决现实生活中的一些简单问题。

二、教育价值

(一)发展学生掌握数学语言和运用数学语言学习数学、进行交流的能力

数学科学具有丰富的内涵,包括数学理论、思想方法以及在其他学科中的广泛应用。其中一个重要的方面是运用数学语言将数量关系和数学结构表示出来。因此,在这个意义上,学习数学就是学习一种有特定含义的形式化语言,以及用这种形式化语言去表述、解释、解决各种问题。作为现代数学语言重要组成部分的集合语言,可以简洁、准确地表述数学对象和结构。

学生在小学和初中已经接触了集合,如自然数集、有理数集、实数集等,只是没有明确提出来。现在明确提出来,就要利用和结合学生已经学过的数学内容,以及生活中的实例,使学生感受在数学研究和数学学习中,运用集合语言对客观世界中某些特性的对象进行描述的意义和力量,进而发展学生运用数学语言来刻画现实世界,运用数学语言学习数学、进行交流的能力。

(二)发展学生对变量数学的认识

这一模块的学习应关注发展学生对变量数学的认识。通过本模块的学习,要使学生认识到:我们生活在充满变化的现实世界中,其中有一类具有重要的运动变化的关系,例如:火车票的票价随里程而变化,卫星离地面的距离随时间而变化,家庭的电费随用电量而变化,在改革开放的国策下,我国居民的平均收入随时间在不断增加,我国国土的绿化面积随时间在不断增加……这一类反映运动变化的关系有一个共同点,这就是:变量之间有一种相互依赖的关系,可以从某一事物的变化信息推知另一事物的变化信息。这种认识事物的思想方法在我们

周围、在各学科中随处可见。数学上用函数来描述这种运动变化中的数量关系。

《标准》要求学生把函数作为描述客观世界变化规律的重要数学模型来学习,结合实际问题,感受运用函数概念建立模型的过程和方法,强调指数函数、对数函数、幂函数是三类不同的函数增长模型;收集函数模型的应用实例,了解函数模型的广泛应用;利用信息技术探索和了解指数函数、对数函数的变化规律和性质;将函数的思想方法贯穿在整个高中数学的学习中,不断加深对函数概念本质的认识和理解;等等。所有这些,都是为了有利于学生对这一特定的、重要的变量之间关系的认识,为了有利于学生对数学与现实世界之间联系的认识,最终达到发展学生对变量数学认识目的。

三、知识结构

本册共三章内容,各章内容的知识结构如图 7-1、图 7-2、图 7-3 所示。

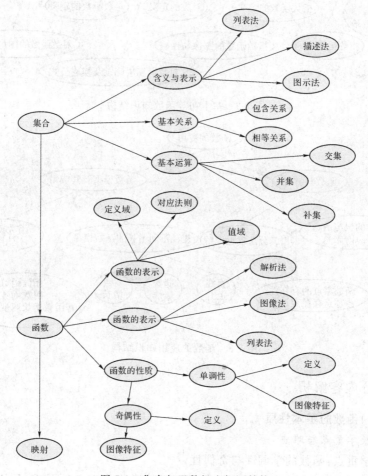

图 7-1　集合与函数概念知识结构

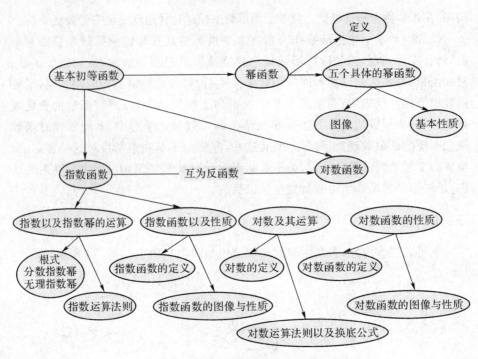

图 7-2　基本初等函数知识结构

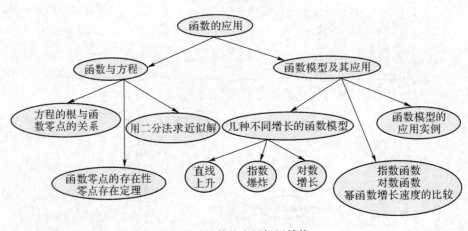

图 7-3　函数的应用知识结构

四、部分内容解析

(一)函数的基本性质

1. 教学重点与难点

教学重点：函数的单调性与奇偶性。

教学难点：增(减)函数概念与奇(偶)函数形式化定义的形成；利用增(减)

162

函数的定义判断函数的单调性。

2. 编写意图与教学建议

函数图像是讨论函数的性质的主要手段。观察函数图像时,首先注意到的是图像的上升或下降(单调性),是否具有某种对称性,然后是图像在某些特殊位置的状态(如最大值、零点)。但是由图像直观获得的结论还需要从数量关系的角度通过逻辑推理加以确认。

在内容处理上,教科书充分利用函数图像,让学生观察图像而获得对函数基本性质的直观认识,这样处理充分体现了数形结合的思想。

具体地,研究函数性质时,经历了"三部曲":第一步,观察图像,描述函数图像特征;第二步,结合图、表,用自然语言描述函数图像特征;第三步,用数学符号的语言定义函数性质。

教学时,要特别重视从几个实例的共同特征到一般性质的概括过程,并要引导学生用数学语言表达出来。这往往是形成数学概念、培养学生探究能力的契机。

由于函数图像是发现函数性质的直观载体,因此,在本节教学时可以充分利用信息技术创设教学情境,以利于学生作函数图像,有更多的时间用于思考、探究函数的单调性、奇偶性等性质。

3. 关于单调性

(1)函数单调性教学的"三部曲"

①以学生熟悉的一次函数 $f(x)=x$ 和二次函数 $f(x)=x^2$ 为例,给出函数图像,让学生从图像上获得"上升"、"下降"的整体认识。

②针对二次函数 $f(x)=x^2$,结合列表法引导学生用自然语言描述图像特征"上升""下降"即图像在 y 轴左侧"下降",也就是,在区间 $(-\infty,0]$ 上,随着 x 的增大,相应的 $f(x)$ 随着减小;图像在 y 轴右侧"上升",也就是,在区间 $(0,+\infty]$ 上,随着 x 的增大,相应的 $f(x)$ 也随着增大。

③利用数学符号将自然语言的描述提升到形式化的定义。例如在实际教学时,可以让学生在区间 $(0,+\infty)$(或区间 $(-\infty,0]$)上任意取定两个数值,然后计算出它们对应的函数值进行比较,便可验证上面的发现是正确的,但这不能保证"任意性"。这样,就把学生的思维引到了怎样说明"任意性"上来。在此基础上,可以让学生再自己举几个函数例子,仿照 $f(x)=x^2$ 讨论它们的单调性,以加深理解,然后推广到一般情形,就得到增函数的概念。

(2)信息技术的使用

有条件的学校,可以创设如下的教学情境让学生体会单调函数的数量变化规律:①用计算器或计算机作出函数 $y=x^2$ 的图像;②观察函数 $y=x^2$ 的图像,并描述该图像的变化规律(可引导学生观察图像的升降情况);③在函数 $y=x^2$

的图像上任找一点 P,并测出其坐标;④当点 P 在函数图像上"按横坐标(即自变量) x 增大"的方向移动时,观察点 P 的纵坐标(即函数值) y 的变化规律;⑤由学生总结规律后,给出增(减)函数的自然语言描述:在区间 I 上,若随着自变量 x 增大函数值 y 也增大,则称函数在区间 I 上是增函数;在区间 I 上,若随着自变量 x 增大函数值 y 减小,则称函数在区间 I 上是减函数。

以上过程,一定要在教师引导下由学生在计算器或计算机上实践。只有学生自己获得"自变量增大时函数值增大(减小)"这一变化规律后,再给出增(减)函数的自然语言描述,才会让学生觉得自然,并且印象深刻。这样,也完成了对单调函数从图形语言描述到自然语言描述的过渡。

另外,要使学生从单调函数的自然语言描述上升到符号语言的定义,可安排如下活动:①让学生在区间 $[0,+\infty)$ 上,从 0 开始,每隔一个单位取一个自变量的值,然后用计算器或计算机算出其对应的函数值,并列表。②让学生在区间 $[0,+\infty)$ 上,从 9 开始,每隔 0.1 个单位取一个自变量的值,然后用计算器或计算机算出其对应的函数值,并列表。③让学生在区间 $[0,+\infty)$ 上,从 10 开始,每隔 10 个单位取一个自变量的值,然后用计算器或计算机算出其对应的函数值,并列表。④让学生在区间 $[0,+\infty)$ 上,任选一个自变量的值作为起点,等间隔地取一批自变量的值,然后用计算器或计算机算出其对应的函数值,并列表。⑤让学生结合函数单调性的上述描述,观察上述表格,表述自己发现的规律。⑥期望学生或引导学生得出结论:四个表格都说明,任选两个自变量的值,自变量大的函数值也大。⑦让学生思考后概括出增函数的定义,并类似地得出减函数的定义。

4.关于奇偶性

(1)函数奇偶性教学的"三部曲"

教科书在处理函数的奇偶性时,沿用了函数单调性的处理方法。即先给出几个特殊函数的图像,让学生通过图像直观获得函数奇偶性的认识,然后利用表格探究数量变化特征,通过代数运算,验证发现的数量特征对定义域中的"任意"值都成立,最后在这个基础上建立奇(偶)函数的概念。

(2)信息技术的使用

利用信息技术创设如下的教学情境,会使数与形的结合表现得更加自然。例如:

①让学生用计算器或计算机作出函数的 $y=x^2$ 图像,在图像上取一点 P,作出点 P 关于 y 轴对称的点 P',发现点 P' 也在函数的图像上。

②测出点 P 和 P' 的坐标,改变点 P 的位置,发现总有 $f(-x)=f(x)$。

上述活动过程,从数与形两个方面丰富了学生对偶函数的认识。同时,学生很自然地会产生以下猜想:对任意的 $x\in R$,$f(-x)=f(x)$ 是否成立?这是不难实现的,这就使偶函数概念的建立变得自然、严谨。

教科书在获得偶函数概念后,给出了两个函数 $f(x)=x^2+1$, $f(x)=\dfrac{2}{x^2+11}$ 加以说明。教学时,不仅要引导学生从偶函数的定义去思考,同时可以让学生自己想象一下这两个函数的图像。如果有条件,可以让学生用计算器或计算机画一画函数的图像。

（二）对数函数

1.教学重点与难点

教学重点:对数函数的概念、图像和性质。

教学难点:理解对数的意义、符号,以及如何从对数函数的图像归纳出对数函数的性质。

2.编写意图与教学建议

本节内容是学习了指数函数后,通过具体实例了解对数函数模型的实际背景,学习对数概念,进而学习一类新的基本初等函数——对数函数。由于对数和指数的对应关系,对数函数和指数函数有着许多对应的性质。这在教科书编写中得到了反映,同时也是教学中应该引导学生充分重视的问题。

本节内容蕴涵了许多重要的数学方法,如归纳的思想、数形结合的思想、类比的思想等。同时,编写时以人口、考古、地震、pH 的测定等问题,充分体现了数学的应用价值。所以,教学时应重视以具体、实际的问题体现数学思想方法及价值。

根据本节内容的特点,教学过程中要注意发挥信息技术的作用,尽量使用计算器或计算机,为学生的数学探究与数学思维提供支持。如使用计算器或计算机作对数函数的图像,讨论对数函数的性质等。

3.关于对数与对数运算

本小节包括对数的定义、对数式与指数式的互化、对数的运算性质及对数的初步应用。

①对数的运算性质是进行对数运算的重要依据,是本小节的重点之一。②教学时,要注意将指数与对数的运算性质进行对照加以复习和巩固。③对数换底公式是进行对数计算的重要基础。这里只要求学生知道换底公式并利用它将对数转化为常用对数和自然对数来计算,因此,教科书把换底公式的证明作为学生的"探究"活动。④教科书提供的"阅读与思考",可以增加学生对对数的了解,并加强数学文化的熏陶。如果有条件,教学时除要求学生完成阅读外,还可以让学生去图书馆或上网查阅更多的资料,进行交流,并安排适当的环节检查学生完成的情况。

4.关于对数函数及其性质

本小节的任务是在学习对数的概念和运算性质后,进一步学习对数函数的定义、图像、性质及初步应用。对数函数图像与性质的研究过程和方法与指数函数是一样的,所以教学时,可以类比指数函数图像与性质的研究,引导学生自己研究对数函数的性质,获得结论。

对数函数图像与性质是本小节的重点也是教学难点。突破难点的关键在于底数对函数值变化的影响,而学生对教学过程的参与又是一个关键,所以,教学时应鼓励学生积极主动地参与获得性质的过程。

如果有条件,应当充分利用信息技术。例如,让学生随意地取 a 的值,并在同一平面直角坐标系内画出它们的图像,在他们利用工具作图的过程中,就会非常清楚地看到底数 a 是如何影响函数 $y=\log_a x$ 的。

完成指数函数、对数函数的教学后,建议引导学生回顾、对比这两类函数,对它们形成整体认识。

(三)函数与方程

1.教学重点与难点

本节重点是通过用"二分法"求方程的近似解,使学生体会函数的零点与方程根之间的联系,初步形成用函数观点处理问题的意识。

在利用"二分法"求方程的近似解的过程中,由于数值计算较为复杂,因此对获得给定精确度的近似解增加了困难。要解决这一困难,需要恰当地使用信息技术工具。

2.编写意图与教学建议

为了提高学生对函数的广泛应用,以及函数与其他数学内容有机联系的认识,教科书加强了知识间的联系,具体体现在结合函数的图像、判断方程根的存在性及根的个数,从而了解函数的零点与方程根的关系;根据具体函数的图像,借助计算器用二分法求方程的近似解,为算法学习做准备等。

教科书通过研究一元二次方程的根及相应的函数图像与 x 轴交点的横坐标的关系,导出函数的零点的概念;以具体函数在某闭区间上存在零点的特点,探究在某区间上图像连续的函数存在零点的判定方法;以求具体方程的近似解介绍"二分法"并总结其实施步骤等,都体现了从具体到一般的认知过程。教学时,要注意让学生通过具体实例的探究,归纳概括所发现的结论或规律,并用准确的数学语言表述出来。

这里要特别注意引导学生从联系的观点理解有关内容,沟通函数、方程、不等式以及算法等内容,使学生体会知识之间的联系。例如,结合二次函数的图像,判断一元二次方程根的存在性及根的个数,从而了解函数的零点与方程根之间的关系;根据具体函数的图像,能借助计算器用二分法求相应方程的近似解,为算法的学习做准备等。另外,还要特别注意信息技术的使用。

3.关于方程的根与函数的零点

(1)教学要点分析

教科书选取探究具体的一元二次方程的根与其对应的一元二次函数的图像与 x 轴的交点的横坐标之间的关系,作为本节内容的入口,其意图是让学生从熟悉的环境中发现新知识,使知识与原有知识形成联系。教学时,应该给学生提供探究情境,让学生自己发现归纳出结论"一元二次方程 $ax^2+bx+c=0(a\neq0)$ 的根就是相应二次函数 $y=ax^2+bx+c(a\neq0)$ 的图像与 x 轴的交点的横坐标"。

给出函数零点的概念后,要让学生明确"方程的根"与"函数的零点"尽管有密切的联系,但不能将它们混为一谈。之所以介绍通过求函数的零点求方程的根,是因为函数的图像和性质,为理解函数的零点提供了直观认识,并为判定零点是否存在和求出零点提供了支持。这就使方程求解与函数的变化形成联系,有利于分析问题的本质。

要引导学生发现连续函数在某个区间上存在零点的判定方法。教学时,可让学生多举些例子加深认识。如用计算器或计算机多画一些函数(不一定是二次函数)的图像进行观察与概括,得出下述结论。

如果函数 $y=f(x)$ 在区间 $[a,b]$ 上的图像是连续不断的一条曲线。并且有 $f(a)\cdot f(b)<0$,那么,函数 $y=f(x)$ 在区间 (a,b) 内有零点,即存在 $c\in(a,b)$ 使得 $f(c)=0$,这个也就是 $f(x)=0$ 方程的根。

(2)应注意的几个问题

考察函数零点的个数,要让学生认识到函数的图像及基本性质(特别是单调性)在确定函数零点中的重要作用。可以让学生利用计算器或计算机画出函数图像,对函数有无零点形成直观的认识。要说明函数在某区间上仅有一个零点,必须证明函数在该区间内是单调的。

4.关于用二分法求方程的近似解

本节介绍了二分法的基本思路和步骤。教学时,可以让学生结合函数 $f(x)=\ln x+2x-6$,先试着说说它的零点的值大概是多少?由此得出包含这一零点的更小的范围,也就是将包含零点的范围由区间 $(2,3)$ 缩小到更小的区间。从而通过"取中点"而缩小零点所在范围的方法。在具体介绍二分法时,应该让学生利用计算器或计算机边操作边认识,这样可使学生更深刻地理解二分法的思想,最后总结用二分法求函数 $f(x)$ 的零点的步骤。教学时可以作如下说明:

设函数的零点为 x_0,则以 $a<x_0<b$ 作出数轴,在数轴上标上 a、x_0、b 对应的点:

所以,$0<x_0-a<b-a,a-b<x_0-b<0$。

由于$|a-b|<\varepsilon$,所以

$$|x_0-a|<b-a<\varepsilon,|x_0-b|<|a-b|<\varepsilon,$$

即a或b作为函数的零点x_0的近似值都达到给定的精确度ε。

教学中,应该让学生意识到二分法是求方程近似解的一种常用方法。说明求方程的根的近似值可以转化为求函数的零点的近似值,并让学生体会用二分法求方程的近似解的完整过程。

第二节　数学2

一、教材内容与课程目标

人教 A 版数学 2 安排了四章内容,如表 7-2 所示。

表 7-2　数学 2 的内容

第一章　空间几何体		第二章　点、直线、平面之间的位置关系	
1.1	空间几何体的结构	2.1	空间点、直线、平面之间的位置关系
1.2	空间几何体的三视图和直观图	2.2	直线、平面平行的判定及其性质
1.3	空间几何体的表面积与体积	2.3	直线、平面垂直的判定及其性质
第三章　直线与方程		第四章　圆与方程	
3.1	直线的倾斜角与斜率	4.1	圆的方程
3.2	直线的方程	4.2	直线、圆的位置关系
3.3	直线的交点坐标与距离公式	4.3	空间直角坐标系

几何学是研究现实世界中物体的形状、大小与位置关系的数学学科。人们通常采用直观的感知、操作确认、思辩论证、度量计算等方法认识和探索几何图形及其性质。三维空间是人类生存的现实空间,认识空间图形,培养和发展学生的几何直观能力、运用图形语言进行交流的能力、空间想象能力与一定的推理论证能力是高中阶段数学必修课程的一个基本要求。在第一章中,学生将从对空间几何体的整体观察入手,认识空间图形,了解一些简单几何体的表面积和体积的计算方法。

第二章将在前一章整体观察、认识空间几何体的基础上,以长方体为载体,使学生在直观感知的基础上,认识空间中点、直线、平面之间的位置关系;通过

对大量图形的观察、实验、操作和说理,使学生进一步了解平行、垂直关系的基本性质以及判定方法,学会准确地使用空间几何的数学语言表述几何对象的位置关系,体验公理化思想,培养逻辑思维能力,并用来解决一些简单的推理论证及应用问题。

在第三章中,教师应帮助学生经历如下的过程:首先将直线的倾斜角代数化,探索确定直线位置的几何要素,把直线问题转化为代数问题;处理代数问题;分析代数结果的几何含义,最终解决几何问题。这种思想应贯穿本章教学的始终,帮助学生不断体会"数形结合"的思想方法,使得学生能够:

①在平面直角坐标系中,结合具体图形,探索确定直线位置的几何要素。

②理解直线的倾斜角和斜率的概念,经历代数方法刻画直线斜率的过程,掌握过两点的直线斜率的计算公式。

③能根据斜率判定两条直线平行或垂直。

④根据确定直线位置的几何要素,探索并掌握直线方程的几种形式(点斜式、两点式及一般式),体会斜截式与一次函数的关系。

⑤能用解方程组的方法求两直线的交点坐标。

⑥探索并掌握两点间的距离公式、点到直线的距离公式,会求两条平行线间的距离。

《标准》指出,在平面解析几何初步的教学中,教师应帮助学生经历如下的过程:首先将几何问题代数化,用代数的语言描述几何要素及其关系,进而将几何问题转化为代数问题;处理代数问题;分析代数结果的几何意义,最终解决几何问题。这种思想应贯穿平面解析几何的始终,帮助学生不断体会"数形结合"的思想方法。

二、教育价值

本模块的内容"立体几何初步"和"解析几何初步",是几何学发展的两个主要方向的体现。其教育价值主要体现在以下方面。

(一)有助于发展学生把握空间与图形的能力,使学生更好地认识和理解人类生存的空间

我们生活在空间与图形的世界里,直观几何、几何模型以及几何图形的性质,是准确描述现实世界空间与图形关系,解决学习、生活和工作中各种问题的工具。随着计算机制图和成像技术的发展,处理空间与图形问题的几何方法更是被广泛地运用到人类和社会发展的各个方面。因此,把握空间与图形的能力是学生应具备的基本数学素养,对于学生更好地认识、理解生活的空间,更好地生存与发展具有重要意义。

(二)有助于发展学生的直觉能力,培养学生的创新精神

几何作为一种直观、形象的数学模型,在发展学生的直觉能力、培养学生的

创新精神方面具有独特的价值。创新往往发端于直觉,与数学其他分支相比,几何图形的直观形象为学生进行自主探索、创新的活动提供了更为有利的条件。在几何中,直观思维占主导地位。学生在运用观察、操作、猜想、作图、设计等手段探索研究几何图形性质的过程中,获得视觉上的愉悦,能增强探究的好奇心,激发出潜在的创造力,形成创新意识。

(三)有助于发展学生的论证推理能力、合情推理能力、运用图形语言进行表达和交流的能力

人们学习几何通常要经历直观感知、操作确认、思辨论证、度量计算等几个阶段。《标准》在立体几何初步部分,要求学生首先通过观察实物模型、空间几何体等,直观认识和理解空间图形的性质以及空间点、线、面的位置关系,并用数学语言表述这些性质。在此基础上通过直观观察、操作确认得出空间点、线、面的基本性质,这些基本性质作为推理的出发点,探索并证明空间点、线、面位置关系的一些其他性质。这种处理突出了空间图形的探索、研究过程,几何建模过程,合情推理和论证推理的结合有助于培养和发展学生的论证推理能力、合情推理能力、运用图形语言进行表达和交流的能力。

(四)有助于学生认识数学内容之间的内在联系,体会数形结合思想

解析几何的本质是用代数方法研究图形的几何性质,它沟通了代数与几何之间的联系,体现了数形结合的重要数学思想。《标准》要求学生在解析几何初步的学习中,经历将几何问题代数化、处理代数问题、分析代数结果的几何含义、解决几何问题几个过程。这部分内容的学习有助于学生认识数学内容之间的内在联系,体会数形结合思想,形成正确的数学观。

三、知识结构

本册共四章内容,各章内容的知识结构如图 7-4、图 7-5、图 7-6、图 7-7所示。

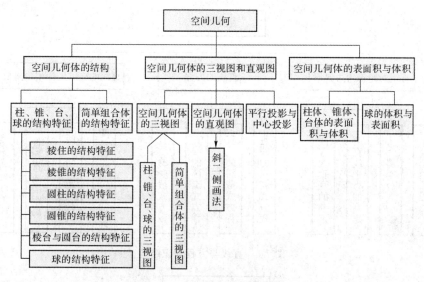

图 7-4　空间几何体知识结构

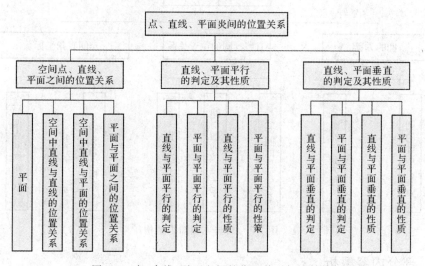

图 7-5　点、直线、平面之间的位置关系知识结构

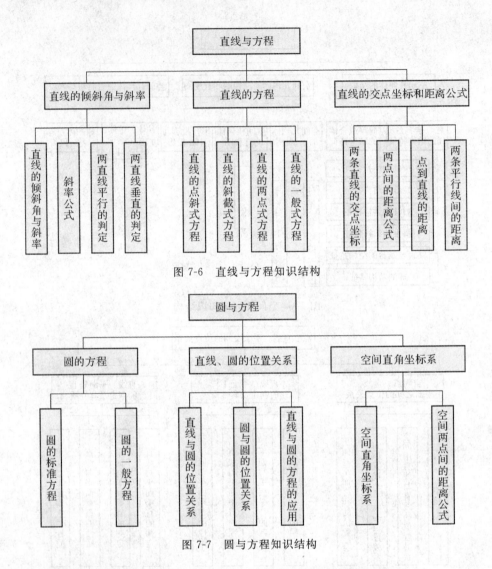

图 7-6　直线与方程知识结构

图 7-7　圆与方程知识结构

四、部分内容解析

(一)空间几何体的表面积与体积

1.教学重点与难点

教学重点:了解球、柱体、锥体、台体的表面积和体积的计算公式。

教学难点:球的体积与表面积的推导。

2.编写意图与教学建议

本节有两个任务:一是根据柱、锥、台的结构特征并结合它们的展开图,推导它们的表面积的计算公式,从度量的角度认识空间集合体;二是用极限思想推导球的体积公式和表面积公式,使学生初步了解利用极限思想解决问题的基本步骤,体会极限思想的基本内涵。

3.关于柱体、锥体、台体的表面积与体积

(1)表面积

把由平面围成的几何体沿着若干条棱剪开后,几何体的各面就可展开在一个平面内,得到一个平面多边形,这个平面多边形就叫做这个几何体的表面展开图。由于剪开的棱不同,同一个几何体的表面展开图可以不是全等形。但是,不论怎样剪法,同一个多面体的表面展开图的面积是一样的。

本节一开始"思考"从学生熟悉的正方体和长方体的展开入手,分析展开图与其表面积的关系。目的有两个:其一,复习表面积的概念,即表面积是各个面的面积的和;其二,介绍求几何体表面积的方法,把它们展成平面图形,利用平面图形求面积的方法,求立体图形的表面积。

接着,教科书安排了一个"探究",要求学生类比正方体、长方体的表面积,讨论棱柱、棱锥、棱台的表面积问题。教学中可以引导学生讨论得出:棱柱的展开图是由平行四边形组成的平面图形,棱锥的展开图是由三角形组成的平面图形,棱台的展开图是由梯形组成的平面图形,这样,求它们的表面积的问题就可转化为求平行四边形、三角形和梯形的问题。

(2)表面积公式间的联系

教科书通过"思考"提出"如何根据圆柱、圆锥的集合结构特征,求它们的表面积"的问题。教学中可引导学生回忆圆柱、圆锥的形成过程及其集合特征,在此基础上得出圆柱的侧面可以展开成为一个矩形,圆锥的侧面可以展开成为一个扇形的结论,随后的有关圆台表面积的问题的"探究",也可以按照这样的四轮进行教学。值得注意的是,圆柱、圆锥、圆台都有统一的表面积公式,得出这些公式的关键是要分析清楚它们的底面半径、母线长与对应的侧面展开图中的边长关系,教学中应当引导学生认真分析,在分别学习了圆柱、圆锥、圆台的表面积公式后,可以引导学生用运动、变化的观点分析它们之间的关系。遇有圆柱可看成上下两底面全等的圆台,圆锥可看成上底面半径为零的圆台,因此圆柱、圆锥就可以看成圆台的特例。这样,圆柱、圆锥的表面积公式就可以统一在圆台的表面积公式之下。

(3)体积

关于体积的教学,我们知道,几何体占有空间部分的大小,叫做几何体的体积。这里的"大小"没有比较大小的含义,而是要用具体的"数"来定量的,表示几何体占据了多大的空间,因此就产生了度量体积的问题。度量体积时应知道:①完全相同的几何体,它们的体积相等;②一个几何体的体积等于它的各部分体积的和。体积相等的两个几何体叫做等积体。相同的两个几何体一定是等积体,但两个等积体不一定相同。体积公式的推导是建立在等体积概念之上的。

柱体和锥体的体积计算，是经常要解决的问题。虽然有关公式学生已有所了解，但进一步涉及这些公式的推导，有助于学生理解和掌握这些公式。为此，教科书安排了一个"探究"，要求学生思考一下棱锥与等底等高的棱柱体积之间的关系。教学中，可以引导学生类比圆柱与圆锥之间的体积关系来得出结论，而对学有余力的学生，也可以介绍一下下面的方法。

如图 7-8 所示，设三棱柱 $ABC-A'B'C'$ 的底面积（即 $\triangle ABC$ 的面积）为 S，高（即点 A' 到平面 ABC 的距离）为 h，则它的体积为 Sh。沿平面 $A'BC$ 和平面 $A'B'C$，将这个三棱柱分割为三个三棱柱。其中三棱锥 1、2 的底面积相等 $(S_{\triangle A'AB}=S_{\triangle A'B'B})$，高也相等（点 C 到平面 $ABB'A'$ 的距离）；三棱锥 2、3 也有相等的底面积 $(S_{\triangle B'BC}=S_{\triangle B'C'C})$ 和相等的

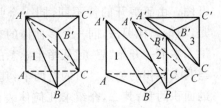

图 7-8　三棱柱 $ABC-A'B'C'$

高（点 A' 到平面 $BCC'B'$ 的距离）。因此，这三个三棱锥的体积相等，每个三棱锥的体积是 $1/3\,Sh$。

三棱锥 $A'-ABC$（即三棱锥 1）如果以 $\triangle ABC$ 为底，那么它的底面积是 S，高是 h，而它的体积是 $1/3\,Sh$，这说明三棱锥的体积等于它的底面积乘以高的积的三分之一。

对于一个任意的锥体，设它的底面积为 S，高为 h，那么它的体积应等于一个底面积为 S，高为 h 的三棱锥的体积，即这个锥体的体积 $V_{锥体}=1/3\,Sh$，这就是锥体的体积公式。

（4）台体的体积公式

关于台体体积的计算公式，可以证明如下。

如图 7-9 所示，设台体（棱台或圆台）的上、下底面面积分别是 S 和 S'，高时 h。设截得台体时去掉的锥体的高是 x，则截得这个台体的锥体的高时 $h+x$，则

$$V_{台体}=V_{大锥体}-V_{小锥体}=\frac{1}{3}S(h+x)-\frac{1}{3}S'x$$

$$=\frac{1}{3}[Sh+(S+S')x],$$

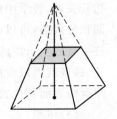

图 7-9　台体体积的计算

而 $\dfrac{S'}{S}=\dfrac{x^2}{(h+x)^2}$，

所以 $\dfrac{\sqrt{S'}}{\sqrt{S}}=\dfrac{x}{h+x}$，$x=\dfrac{\sqrt{S'}h}{\sqrt{S}-\sqrt{S'}}$ 代入上式，得

$$V_{台体}=\frac{1}{3}h\left[S+(S-S')\frac{\sqrt{S'}}{\sqrt{S}-\sqrt{S'}}\right]=\frac{1}{3}h[S+\sqrt{SS'}+S']$$

（5）体积公式间的联系

与讨论表面积公式之间的关系类似，教科书在得出柱体、锥体、台体的体积公式后，安排了一个"思考"，目的是引导学生思考这些公式之间的关系，建立它们之间的联系。实际上，这个公式之间的关系，是由柱体、锥体和台体之间的关系决定的。这样，在台体的体积公式中，令 $S'=S$，得柱体的体积公式；令 $S'=0$，得锥体的体积公式。

4. 关于球的体积和表面积

（1）球的体积

球的体积是对球体所占空间大小的度量，由球的结构体征可知，它是球半径 R 的函数。本小节介绍了一种推导球体积公式 $V=\dfrac{4}{3}\pi R^3$ 的方法，即"分割、求近似值、再由近似值转化为球的体积"的方法，体现了极限思想。在公式的推导过程中，需要较高的想象能力，代数变换过程也有一定的复杂性。为此，教科书安排了比较详细的讲解过程，还安排了像"$n=100$ 时，$1/n=1/1000$；$n=10000$时，$1/n=1/10000$，…当 n 无限变大时，$1/n$ 趋向于 0"这样的具体过程，以帮助学生认识"随着 n 增大，$1/n$ 越来越小"。教学中，应当按部就班地让学生经历"分割、求近似值、由近似值转化为球的体积"的过程。球体积公式的推导过程不要求学生掌握。

（2）球的表面积

球的表面积是对球的表面大小的度量，它也是球半径 R 的函数。由于球面是不可展的曲面，所以不能像推导圆柱、圆锥的表面积公式的方法，这与推导球体积公式时所用的方法在思想上是一脉相承的，只是在具体分割的做法上有所不同。推导球体积公式时，是将球分割为许多"小圆片"；推导球的表面积公式时，是将球分割为许多"小锥体"。同样的，在分割过程中，需要学生有较好的空间想象力，教学应当引导学生仔细阅读教科书，认真理解其中对分割方法的直观描述。推导球表面公式时，要借助已有的球体积公式，实际上体现了"同一物体用两种方法来求体积，所得结果应当相等"的思想，这种思想方法在立体几何中也是常用的。与球体积的推导一样，教学的重点要放在引导学生了解其所运用的基本思想方法上。

（二）直线、平面垂直的判定及其性质

1. 教学重点与难点

教学重点：直观感知、操作确认，概括出判定定理和性质定理；

教学难点：性质定理的证明。

2. 编写意图与教学建议

本节内容的处理遵循"直观感知—操作确认—度量计算"的认识过程展开，直线与平面垂直、平面与平面垂直的判定定理通过具体实例，按照直观感知、操作确认的方式得出,并用精确语言表达;直线与平面垂直、平面与平面垂直的性质定理则在观察、操作的基础上作出猜想,然后通过推理论证,得出猜想的正确性。

3. 关于直线与平面垂直的判定

第一,直线和平面垂直是直线和平面相交中的一种特殊情况。教科书中通过旗杆与地面的位置关系、大桥的桥柱和水面的位置关系等,让学生感知直线与平面垂直这种关系,再提出"一条直线与一个平面垂直的意义是什么"的思考,并通过分析旗杆与地面上的射影的位置关系引出了直线和平面垂直的概念。

教学中,除了认真分析教科书中的例子外,还应当借助其他直线与平面垂直的例子,让学生多感知。例如,可以借助长方体模型来感知直线与平面的垂直关系,如图,长方体的任意一条棱都具备下列三个特点:

①在两个面内,如,$AB /\!/$ 平面 $ABCD$,$AB \subset$ 平面 $ABB'A'$;

②与两个面平行,如,$AB /\!/$ 平面 $A'B'C'D'$,$AB \subset$ 平面 $CDD'C'$;

③与两个面垂直,如,$AB \perp$ 平面 $AA'D'D$,$AB \perp$ 平面 $BB'C'C$。

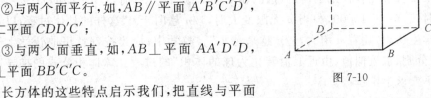

图 7-10

长方体的这些特点启示我们,把直线与平面的垂直关系嵌入其中,能够在很大程度上增强空间图形的直观性,有助于空间想象能力的形成。

第二,在讲直线和平面垂直的定义时,应强调,一条直线垂直于一个平面,是指这条直线垂直于这个平面内的任何一条直线。由此,我们经常使用下面的命题:

$$\left.\begin{cases} a \perp \alpha \\ b \subset \alpha \end{cases}\right\Rightarrow a \perp b$$

利用直线和平面垂直的定义直接判定直线和平面垂直,需要考察平面内的每一条直线与已知直线是否垂直,这在实际运用时有困难(由于平面内的直线有无数条)。直线和平面垂直的判定定理解决了上述困难,根据这一定理,只要在平面内选择两条相交直线,考虑它们是否与平面外的直线垂直即可。这个定理将原本判定直线和平面垂直的问题,通过判定直线和直线垂直来解决。从获得判定定理的思维来看,与获得直线与平面平行、平面与平面平行的判定定理的过程类似,虽然平面内的直线有无数条,但它却可以有两条相交直线完全确定,因此是否有"一条直线和平面内的两条相交直线垂直,那么这条直线就与平面内的任意直线垂直"就成为重点考察的问题。当然,学生这时也许会问,两条平行直线也确定一个平面,为什么不能用一条直线与平面内的两条平行直线垂直来判断呢？这时可以引导学生通过操作模型来认识其原因。实际上，由公理4可知，平行具有"传递性"，因此一条直线与平面内的一条直线垂直，那么它与这个平面内的平行于这条直线的所有直线都垂直（这也可以让学生通过操作来确认），但不能保证与其他直线垂直。

　　另外，直线与平面垂直的判定定理，体现的仍然是"平面化"的思想。当然，通过直线与直线垂直判断直线与平面垂直，还蕴涵了"降维"思想。

　　第三，为了更好地培养学生的几何直观能力，使他们在直观感知、操作确认的基础上，归纳、概括出直线和平面垂直的判定定理，教科书安排了一个"探究"实验：通过折叠三角形纸片，探究在什么条件下，就能使折痕与桌面垂直。教学时，应当让所有学生动手实验，自己发现"当且仅当折痕 AD 是 BC 边上的高时……"，并组织学生对 69 页中的"思考"进行交流，然后再得出一般的结论（即判定定理）。同直线与平面、平面与平面平行的判定定理教学一样，一定要给学生充分的时间进行探索活动。

　　第四，本小节的例 2 给出了一个判定直线和平面垂直时常用的命题：

$$\begin{cases} a \perp b \\ a \perp \alpha \end{cases} \Rightarrow b \perp \alpha$$

这个命题体现了平行关系与垂直关系之间的联系。

　4.关于平面与平面垂直的判定

　　第一，平面与平面垂直需要用"二面角"的概念，实际上，两个平面相交时，它们的相对位置可由两个平面所成的"角"确定。为了加强学生对二面角概念的直观感知，教科书利用修筑水坝、发射人造卫星这两个实例，引出二面角的概念，教学时还可以再举一些实例，例如，教室的门在打开的过程中与墙面成一定的角度，书本翻开的过程中，两张纸面呈一定的角度等等，以增加学生对二面角的感性认识。

　　第二，二面角定量地反映了两个平面相交的位置关系，但是如何来度量二面角的大小是一个难点。根据定义两条异面直线所成角的经验，自然想到用"平面化"的思想来定义两个（半）平面所成的角，即用"平面角"来度量"二面角"。

　　当我们选择某种方法度量一个量时，必须考虑"唯一性"问题，例如前面的两条异面直线所成的角的定义，考虑了"唯一性"。那么用什么样的平面角来度量二面角才能保证唯一性呢？已有的几何知识给我们这样的经验，在各种几何元素的位置关系中，垂直具有"唯一性"，可以作为分界点。实际上，如果在二面角的棱上任找一点，从这一点出发分别在两个半平面内任作一条射线，虽然它们可构成一个平面角，但这样的角的大小会由于所作的射线的位置不同而改变，因而不具有"唯一性"。但如果所作射线与二面角的棱垂直，因为在一个面内经过棱上一点只能引棱的一条垂线,所以过棱上一点所作的角是唯一确定的。另外,由平面几何知识,在一个平面内和同一直线垂直的两条直线平行可知,在棱上取不同点所作角的大小相等。因此,这样的角可以刻画二面角的大小。事实上,二面角的平面角就是垂直于二面角的棱的平面与二面角相交所得两条射线(端点重合)所成的角。

在二面角概念的教学中,要让学生体会以下几点:

①二面角的大小是用平面角来度量的;

②二面角的平面角的大小由二面角的两个面的位置唯一确定,与棱上点的选择无关;

③平面角的两边分别在二面角的两个面内,且两边都与二面角的棱垂直,由这个角所确定的平面和二面角的棱垂直。

第三,两个平面互相垂直是两个平面相交的特殊情况。教科书通过"观察"引导学生观察教室相邻的两个墙面与地面构成的二面角的大小,从而引出两个平面垂直的位置关系。日常生活中,两个平面互相垂直的例子大量存在,教学时可多结合实例,引导学生进行观察。

两个平面互相垂直的概念,与两条直线互相垂直的概念,都是通过所成的角是直角定义的,教学中可以对这两个概念进行类比。

第四,在归纳两个平面垂直的判定定理时,可引导学生类比归纳平面与平面平行的判定定理的过程,即把平面与平面的位置关系化归为直线与平面的位置关系。另外还可引导学生观察身边的现象,如"建筑工人砌墙"。"门框 AB 与地面 β 垂直,经过门框 AB 的门面 α 不论转动到什么位置,都有门面垂直于地面,即 $\alpha \perp \beta$。这种现象能给我们以什么启示呢?"

5. 关于直线与平面垂直的性质

第一,直线与平面垂直的性质定理,考察的是在直线与平面垂直的条件下,可以得出哪些结论。教科书通过"思考"提出"能否在黑板上画一条直线与地面垂直"的问题,并引导学生观察长方体模型中垂直于某一个面的四条棱之间的位置关系,然后再进一步提出问题:已知直线 a,b 和平面 α。如果 $a \perp \alpha, b \perp \alpha$,那么,直线 a,b 一定平行吗? 接着用反证法,证明了直线与平面垂直的性质定理的正确性。教学时,应当让学生在观察长方体模型的基础上,进行操作确认,获得对性质定理正确性的认识,然后再进行推理论证。

由于证明直线与平面垂直的性质定理使用了反证法,而学生对反证法不太熟悉,因此教学中教师应当进行适当引导。

第二,直线和平面垂直的性质定理,实际上是 2.3.1 节中例 2 给出的命题的逆命题。这两个命题的关系可用符号表示如下:当 $a \perp \alpha, a \perp b \Rightarrow b \perp \alpha$。

直线与平面垂直的性质定理给出了判定两条直线平行的又一种方法。显然,在立体几何中判定两条直线平行的方法比在平面几何中更多,这里可以让学生作个归纳总结。但无论怎样,基本思路还是通过以平面或直线为桥梁,在"平行"与"平行"、"平行"与"垂直"之间进行相互化归来实现的。

6. 关于平面与平面垂直的性质

第一,平面与平面垂直的性质,讨论的是在两个平面相互垂直的条件下,能够推出一些什么结论。教科书通过"思考"向学生提出"如何在黑板上画一条与地面垂直的直线"的问题,并充分利用长方体模型,通过问题引导学生感知在相邻两个相互垂直的平面中,有哪些特殊的直线、平面的关系。然后通过操作,确认两个平面垂直的性质定理的合理性,进而提出猜想。最后进行逻辑推理,证明性质定理成立。这个过程采用的思路仍然是"直观感知、操作确认、推理证明"。这是符合学生学习立体几何知识,培养空间观念、空间想象能力以及逻辑推理能力的基本规律的。

第二,到本小节,学生已经学了直线与平面、平面与平面垂直的判定定理和性质定理,教学中可以引导学生思考这些定理之间的相互联系。实际上,由直线和平面垂直可以推出两个平面相互垂直,而由两个平面相互垂直又可以推出直线和平面垂直。这一方面说明两种垂直之间有密切的联系,另一方面也说明两者可以互相转化。

(三)直线的方程

本节内容教学重点是直线的点斜式方程、直线的一般式方程,教学难点是直线方程的应用。

1. 关于直线的点斜式方程

(1)求直线的点斜式方程

给定点 $P_0(x_0,y_0)$ 和斜率 k,直线就唯一确定了。直线的方程,就是直线上任意一点的坐标 (x,y) 满足的关系式。

根据斜率公式,学生不难得到,当 $x \neq x_0$ 时,

$$k = \frac{y-y_0}{x-x_0} \qquad\qquad ①$$

即
$$y - y_0 = k(x - x_0) \qquad\qquad ②$$

方程 ① 不能表示直线 l 上的所有点,但是方程 ② 能,方程 ② 称为直线的点斜式方程。

由推导过程就可以知道,过点 $P_0(x_0,y_0)$,斜率为 k 的直线 l 上的点,其坐标都满足方程 ②。经过验证,同样可以知道,坐标满足方程 ② 的点都在过点 $P_0(x_0,y_0)$,斜率为 k 的直线 l 上,只要求验证一下就可以了,不必严格地证明。

方程 $y - y_0 = k(x - x_0)$ 称为直线的"点斜式"方程。点斜式,顾名思义,直线可以由一个点及它的斜率确定。事实上,在讨论直线的斜率时,学生已经了解,不是所有的直线都有斜率。直线的点斜式方程涉及直线的斜率,有斜率的直

线才能写成点斜式方程,凡是垂直于 x 轴的直线,其方程都不能用点斜式表示。平行于 x 轴的直线可以用点斜式表示,此时直线的斜率为 0。经过点 $P_0(x_0,y_0)$,垂直于 x 轴的直线可以写成 $x = x_0$。

(2)求直线的斜截式方程

直线的斜截式方程的教学可以从两个方面入手:一方面,提出问题:求经过点 $B(0,b)$,斜率为 k 的直线 l 的方程。利用直线的点斜式方程,容易得到 $y = kx + b$。另一方面,学生已经学习过一次函数,可以让学生回忆一次函数的定义及其图像。函数 $y = kx + b$(其中 $k \neq 0$)称为一次函数,它的图像是一条直线,b 是直线与 y 轴交点的纵坐标,称为在 y 轴上的截距,k 是直线的斜率。通过这两方面,让学生体会直线的斜截式方程与一次函数的关系。

值得注意的是,学生容易把"截距"与"距离"混淆起来,误以为截距就是直线与坐标轴的交点与原点的距离。直线在 y 轴上的截距是直线与 y 轴交点的纵坐标,直线 l 在 x 轴上的截距是直线 l 与 x 轴交点的横坐标。

2.关于直线的两点式方程

(1)求直线的两点式方程

求直线的两点式方程时,要充分利用直线的点斜式方程。利用已经学习过的知识。容易得到直线的两点式方程

$$\frac{y - y_1}{y_2 - y_1} = \frac{x - x_1}{x_2 - x_1}$$

值得注意的是,两点式方程 $\dfrac{y - y_1}{y_2 - y_1} = \dfrac{x - x_1}{x_2 - x_1}$ 中的条件 $x_1 \neq x_2$,$y_1 \neq y_2$ 使得它既不能表示与 x 轴垂直的直线,也不能表示与 y 轴垂直的直线。

(2)中点坐标公式

如图 7-11 所示,若点 $P_1(x_1,y_1)$,$P_2(x_2,y_2)$,则线段 P_1P_2 的中点为 $M(x,y)$,

则 $$x = \frac{x_1 + x_2}{2}, y = \frac{y_1 + y_2}{2}$$

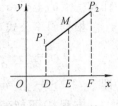

图 7-11　中点坐标

这就是中点坐标公式。可以看出,中点的横坐标只与 P_1,P_2 的横坐标有关,纵坐标只与点 P_1,P_2 的纵坐标有关。

此外,还有直线方程的另一种形式 —— 截距式方程:

$$\frac{x}{a} + \frac{y}{b} = 1。$$

只要学生了解即可。

3.关于直线的一般式方程

第一,分析直线的点斜式方程、斜截式方程、两点式方程的共同点,发现它

们都是关于 x, y 的二元一次方程。反过来,每一个关于 x, y 的二元一次方程是不是都表示一条直线呢?这个问题正是本小节所要讨论的主要问题。

第二,要说明一个二元一次方程表示一条直线,只要说明它能够化成已经学习过的几种形式的方程中的一种就可以了。

对于任意一个二元一次方程

$$Ax + By + C = 0(A, B \text{ 不同时为 } 0)$$

之所以首先考虑 $B \neq 0$ 的情形,是因为这样就可以变形为我们熟悉的斜截式方程。

当 $B \neq 0$ 时,方程 $Ax + By + C = 0$ 变形为

$$y = -\frac{A}{B}x - \frac{C}{B}。$$

它表示经过点 $(0, -\frac{C}{B})$,斜率是 $-\frac{A}{B}$ 的直线。也可以说,这是直线的斜截式方程,它表示一条直线。

当 $B = 0$ 时,由于 A, B 不同时为零,知 $A \neq 0$,方程 $x = -\frac{C}{A}$ 变形为 $Ax + By + C = 0$,它表示垂直于 x 轴的直线。

因为关于 x, y 的二元一次方程只有以上两种情形,不论哪种情形,它都表示一条直线。因此,任何一个二元一次方程都表示平面上的一条直线。

第三,二元一次方程

$$Ax + By + C = 0(A, B \text{ 不同时为 } 0)$$

称为直线的一般式方程。与前面学习的其他形式的直线方程的一个不同点是,直线的一般式方程能够表示平面上的所有直线,而点斜式、斜截式、两点式方程,都不能表示与 x 轴垂直的直线。

第四,本小节的最后,教科书说明应该从几何与代数两个角度看待二元一次方程:在代数中我们研究方程,着重研究方程的解;建立直角坐标系后,二元一次方程的每一个解都可以看成平面直角坐标系中的一个点的坐标。这个方程的解集,就是坐标满足二元一次方程的全体点的集合,这些点的集合组成一条直线,直角坐标系把直线与方程联系起来。

(四)直线与圆的位置关系

1. 教学重点与难点

教学重点:能根据给定直线、圆的方程,判定直线与圆、圆与圆的位置关系;能用直线和圆的方程解决一些简单的问题。

教学难点:直线与圆的方程的应用。

2. 编写意图与教学建议

教科书一开始,提出了一个直线与圆的位置关系的应用题,是为了说明研

究直线与圆的位置关系有一定的实际意义,说明研究直线与圆的位置关系的必要性。当然这个问题用几何法也是可以解决的。

如图 7-12 所示,设轮船始于 x 轴上的 A 点,港口位于 y 轴上的 B 点。利用平面几何知识,在 Rt△AOB 中,原点 O 到直线 AB 的距离即为斜边上的高。

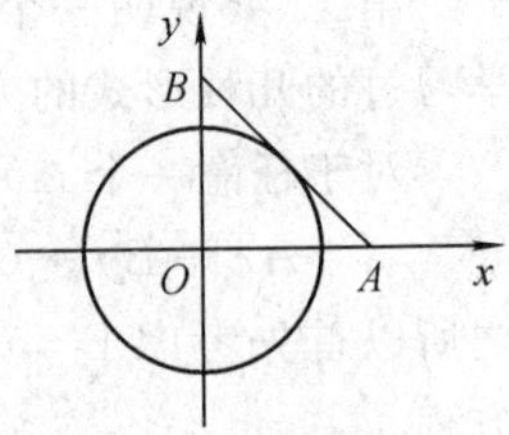

图 7-12

如果 $|OA| = 70\text{km}$, $|OB| = 40\text{km}$,根据勾股定理,有

$$|AB| = \sqrt{70^2 + 40^2} = 10\sqrt{65}\,\text{km},$$

设 O 到 AB 的距离为 d,则有

$$d \cdot |AB| = |OA| \cdot |OB|,$$

所以 $d = \dfrac{|OA \cdot OB|}{|AB|} = \dfrac{70 \times 40}{10\sqrt{65}} \approx 34.7\text{km}$。

因为 $34.7\text{km} > 30\text{km}$,所以,这艘轮船不必改变航向,不会受到台风的影响。

3. 关于直线与圆的位置关系

第一,学生已经从初中几何中得知,直线与圆有三种位置关系:直线与圆相交,有两个公共点;直线与圆相切,只有一个公共点;直线与圆相离,没有公共点。其划分的标准是直线与圆公共点的个数。

第二,通过直线与圆的方程如何研究它们之间的位置关系,根据学生的已有经验,判断直线 l 与圆 C 的位置关系,有两种方法:一种方法,可以根据圆心到直线的距离与半径的关系;另一种方法,就是看它们的方程组成的方程组有无实数解。通过方程组解的研究来研究曲线间的位置关系,突出坐标法的思想。即便是依据圆心到直线的距离与半径长的关系来判断直线与圆的位置关系,也是运用点到直线的距离公式求出圆心到直线的距离,然后比较这个距离与圆的半径的大小作出位置关系判断,仍然是用坐标法解决问题。

第三,曲线的交点也就是两条曲线的公共点,求曲线的交点就是求两条曲线的公共点的坐标。由曲线上点的坐标和它的方程的解之间的对应关系可知,两条曲线交点的坐标,应该是这两条曲线的方程所组成的方程组的实数解。方程组有几组实数解,这两条曲线就有几个交点;方程组无实数解,那么这两条曲线就没有交点。也就是说,两条曲线有交点的条件是这两条曲线的方程所组成的方程组有实数解。

第四,教科书中的例2是给出过定点的直线与定圆相交,并且已经知道被截得的弦长,要求直线的方程。

要注意分析过程,由于直线过定点,要求直线的方程只要再确定直线的斜率就可以了,可以选择直线的点斜式方程,然后根据条件确定直线的斜率 k。条件的使用方式是解题的关键,不同的使用方式可能产生不同的解法。

教科书给出的解法突出了"适当地利用图形的几何性质,有助于简化计算"。强调图形在解题中的辅助作用,加强了形与数的结合。实际上,直线被圆所截得的弦长是直线与圆的两个交点之间的距离,因此可以利用弦长公式把弦的长度用 k 表示出来。由于弦长已经给出,从而可以得到关于斜率 k 的方程,解出 k,再确定直线的方程,因此这里还有解法二。

解法二:设直线 l 与已知圆的交点为 $A(x_1,y_1)$,$B(x_2,y_2)$,直线 l 的斜率为 k。

因为直线 l 过点 $M(-3,-3)$,所以,所求直线 l 的方程为
$$y+3=k(x+3)$$
即
$$y=kx+3k-3$$

代入圆的方程 $x^2+y^2+4y-21=0$,并整理得
$$(1+k^2)x^2+2k(3k-1)x+(3k-1)^2-25=0$$

根据一元二次方程根与系数的关系,有
$$x_1+x_2=\frac{2k(3k-1)}{k^2+1},x_1x_2=\frac{(3k-1)^2-25}{k^2+1} \qquad ①$$

$$AB=\sqrt{(x_1-x_2)^2+(y_1-y_2)^2}$$
$$=\sqrt{(x_1-x_2)^2+k^2(x_1-x_2)^2}$$
$$=\sqrt{(1+k^2)(x_1-x_2)^2}$$
$$=\sqrt{(1+k^2)[(x_1+x_2)^2-4x_1x_2]}$$

因为 $|AB|=4\sqrt{5}$,所以有
$$(1+k^2)[(x_1+x_2)^2-4x_1x_2]=80 \qquad ②$$

把 ① 式代入 ②,得
$$(1+k^2)\left[\left(\frac{2k(3k-1)}{k^2+1}\right)^2-4\times\frac{(3k-1)^2-25}{k^2+1}\right]=80$$

经过整理,得
$$2k^2-3k-2=0,$$

解得　　$k=-\dfrac{1}{2}$,或 $k=2$。

所以,所求直线 l 有两条,它们的方程分别为
$$y+3=-\frac{1}{2}(x+3),或\ y+3=2(x+3),$$
即　　　　$x+2y+9=0$,或 $2x-y+3=0$。

这里的解法二与教科书给出的解法相比,① 式代入 ② 式的运算显然要繁琐一些。但是,数学是一个过程,不是仅仅为了追求一个结果。不妨让学生再用

解法二的方法做一做,因为解法二更具有一般性,为解决直线被圆锥曲线截得的线段长度作准备。

第五,教科书在本小节的最后部分总结了判断直线 l 与圆 C 位置关系的两种方法:

一种是,判断直线 l 与圆 C 的方程组成的方程组是否有解。如果有解,直线 l 与圆 C 有公共点。有两组实数解时,直线 l 与圆 C 相交;有一组实数解时,直线 l 与圆 C 相切;无实数解时,直线 l 与圆 C 相离。

另一种方法是,判断圆 C 的圆心到直线 l 的距离 d 与圆的半径 r 的关系。如果 $d < r$,直线与圆相交;如果 $d = r$,直线与圆相切;如果 $d > r$,直线与圆相离。

这个小结突出了直线 l 与圆 C 交点的坐标是它们的方程组成的方程组的实数解。

教学时,教师可以引导学生讨论、归纳、总结。

4. 关于圆与圆的位置关系

第一,同判断直线与圆的位置关系一样,判断圆与圆的位置关系有两种方法:一种是利用初中学习过的结论,另一种是根据它们的方程组成的方程组解的情况。

设圆 C_1 的半径为 r_1,圆 C_2 的半径为 r_2,则:当连心线的长 $> r_1 + r_2$ 时,圆 C_1 和圆 C_2 相离;当连心线的长 $= r_1 + r_2$ 时,圆 C_1 和圆 C_2 相外切;当 $|r_1 - r_2| <$ 连心线的长 $< r_1 + r_2$ 时,圆 C_1 和圆 C_2 相交;当连心线的长 $= |r_1 - r_2|$,圆 C_1 和圆 C_2 内切;当连心线的长 $< |r_1 - r_2|$,圆 C_1 和圆 C_2 内含。

第二,教科书中的例3给出了两种解法。

第一种解法,是讨论由两个圆的方程组成的方程组的解的情况,然后判断两圆的位置关系,突出坐标法的特点。

在解法一中,把圆 C_1 与圆 C_2 的方程联立,得到方程组

$$\begin{cases} x^2 + y^2 + 2x + 8y - 8 = 0 & ① \\ x^2 + y^2 - 4x - 4y - 2 = 0 & ② \end{cases}$$

① $-$ ②,得

$$x + 2y - 1 = 0 \qquad\qquad ③$$

如图 7-13 所示,方程 ③ 所表示的直线是两圆公共弦所在的直线。

因为由方程 ①、② 组成的方程组的解 (x, y) 必满足方程 ③,如果方程组有两组实数解,即两圆有两个公共点,这两个公共点必在方程 ③ 确定的直线上,两点确定一条直线,方程 ③ 表示的直线就是两圆公共弦所在的直线。

这样一来,圆 C_1 与 C_2 公共点的问题就化归为直线 $x + 2y - 1 = 0$ 与 $x^2 + y^2 + 2x + 8y - 8 = 0$ 或者 $x^2 + y^2 - 4x - 4y - 2 = 0$)公共点的问题。

于是,就可以先求圆心 $(-1, -4)$ 或者 $(2, 2)$ 到直线 $x + 2y - 1 = 0$ 的距离

d，再把 d 与圆 $x^2+y^2+2x+8y-8=0$（或者 $x^2+y^2-4x-4y-2=0$）的半径 r_1（或者 r_2）进行大小比较，来判断位置关系。

在解法二中，要判断圆 C_1 与 C_2 相交，不仅需要判断连心线的长与 r_1+r_2 的关系，还要判断连心线的长与 $|r_1-r_2|$ 的关系。因为只有当 $|r_1-r_2|<$ 连心线的长 $<r_1+r_2$ 时，圆 C_1 与 C_2 相交。

5. 关于直线与圆的方程的应用

本小节设置了两道例题，分别说明直线

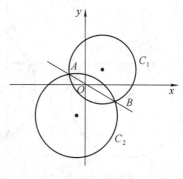

图 7-13

与圆的方程在实际生活中的应用，以及用坐标法研究几何问题的基本思想及其解题过程。所谓坐标法，就是首先建立适当的坐标系，将几何问题代数化，用代数的语言描述几何要素及其关系，进而将几何问题转化为代数问题；处理代数问题；分析代数结果的几何意义，最终解决几何问题。

例题 4 的解答利用了坐标法。教学中，可以补充说明相应的几何法解答过程，来衬托出坐标法解题的优越性。如图 7-14 所示，过 P_2 作 $P_2H\perp OP$。由已知得，$|OP|=4$，$|OA|=10$。在 $\mathrm{Rt}\triangle AOC$ 中，有 $|CA|^2=|CO|^2+|OA|^2$。设圆拱所在圆 C 的半径长是 r，则有

$$r^2=(r-4)^2+10^2 。$$

解得 $r=14.5$。

在 $\mathrm{Rt}\triangle CP_2H$ 中，利用勾股定理可得

$$|CH|^2=r^2-|OA_2|^2=14.5^2-4=206.25 。$$

于是有

$$|OH|=|CH|-|CO|=\sqrt{206.25}-10.5$$
$$\approx 14.36-10.5=3.86 。$$

所以支柱 A_2P_2 的长度约为 3.86m。

相比之下，坐标法比较简单。

例题 5 是典型的用坐标法证明平面几何问题的题。应该强调的是，建立直角坐标系时应该注意选择图形中互相垂直的两条直线作为 x 轴与 y 轴，并尽可能使所涉及的点位于坐标轴上，因为这样可以使得它们的坐标比较简单（有一个是零）。如图 7-15 所示，把找出 O' 的坐标的任务分解为找出它的横坐标与纵坐标两件事，因此应该由点 O' 向 x 轴画垂线，找出垂足 M 的横坐标，也就是点 O' 的横坐标。类似地，点 O' 的纵坐标就是点 N 的纵坐标。

此外，例 5 还可以采用综合法进行证明，如图 7-16 所示，这一方法的难点在于作出辅助线 AF。这样就可以找出 $2|O'E|$，即 FD，然后证明 $ax^2+bx+c=0$。

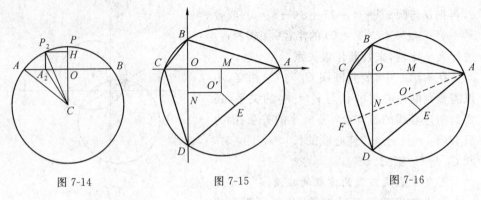

图 7-14   图 7-15   图 7-16

最后,应该引导学生讨论、交流、归纳,总结出坐标法解题的一般步骤。用坐标方法解决几何问题时,先用坐标和方程表示相应的几何元素:点、直线、圆。然后通过对坐标和方程的代数运算,把代数运算结果"翻译"成几何关系,得到几何问题的结论。这就是用坐标方法解决平面几何问题的"三部曲"。第一步:建立适当的平面直角坐标系,用坐标和方程表示问题中涉及的几何元素,将平面几何问题转化为代数问题;第二步:通过代数运算,解决代数问题;第三步:把代数运算结果"翻译"成几何结论。

第三节　数学 3

一、教材内容与课程目标

人教 A 版数学 3 安排了三章内容,如表 7-3 所示。

表 7-3　数学 3 的内容

第一章　算法初步	第二章　统计	第三章　概率
1.1　算法与程序框图	2.1　随机抽样	3.1　随机事件的概率
1.2　基本算法语句	2.2　用样本估计总体	3.2　古典概型
1.3　算法案例	2.3　变量间的相关关系	3.3　几何概型

算法思想是现代人应具备的一种数学素养。第一章的课程目标是,让学生了解算法的初步知识和几个典型的算法案例;使学生体会算法的基本思想、基本特征;发展学生有条理的思考和表达的能力,提高逻辑思维能力;同时让学生体会算法在科学技术和社会发展中的重要作用,了解以"算法"为基础的中国古代数学的辉煌成就。

第二章主要介绍最基本的获取样本数据的方法,以及几种从样本数据中提取信息的统计方法,其中包括用样本估计总体分布、数字特征和线性回归等内容。从义务教育阶段来看,统计知识的教学从小学到初中分为三个阶段,在每个阶段都要学习收集、整理、描述和分析数据等处理数据的基本方法,教学要求随着学段的升高逐渐提高,在义务教育阶段的统计与概率知识的基础上,本章通过实际问题,进一步介绍随机抽样、样本估计总体、线性回归的基本方法。

第三章通过具体实例,帮助学生了解概率的某些性质,理解古典概型,初步体会几何概型;学会通过实验、计算器或计算机模拟估计简单随机事件发生的概率;通过阅读与思考等栏目,加深对随机现象的理解。

二、教育价值

(一)算法内容的教育价值

1.有利于培养学生的思维能力

算法一方面具有具体化、程序化、机械化的特点,同时又有抽象性、概括性和精确性。对于一个具体算法而言,从算法分析到算法语言的实现,任何一个疏漏或错误都将导致算法的失败。算法是思维的条理化、逻辑化。算法所体现出来的逻辑化特点被有些学者看成是逻辑学继形式逻辑和数理逻辑之后发展的第三个阶段。因此,培养逻辑思维能力,不仅可以通过几何论证、代数运算等手段来进行,还可以通过算法设计的学习来达到。

2.有利于培养学生的理性精神和实践能力

算法既重视"算则",更重视"算理","算理"是"算则"的基础,"算则"是"算理"的表现。算法思想可以贯穿于整个中学数学内容之中,有很丰富的层次递进的素材,是实施探究性学习的良好素材。

3.有利于学生理解构造性数学

算法是一般意义上解决问题策略的具体化,即有限递归构造和有限非递归构造,这两点也恰恰构成了算法的核心。

4.算法内容反映了时代的特点,同时也是中国数学课程内容的新特色

中国古代数学以算法为主要特征,取得了举世公认的伟大成就。现代信息技术的发展使算法焕发了前所未有的生机和活力,算法进入中学数学课程,既反映了时代的要求,也是中国古代数学思想在一个新的层次上的复兴。

(二)统计与概率的教育价值

描述确定性现象的数学有助于培养人们的确定性思维,而统计与概率可以给人们提供另一种有效而且非常适用的思维方式——找出客观事物的统计规律性与随机现象的客观规律性。因此,统计与概率的基础知识已经成为一个未来公民的必备常识。

在人类的发展史上,有很多事例说明统计与概率思想对人们决策所起的重要作用。目前,社会上各行各业都离不开统计学,一些新兴研究领域更离不开统计与概率。随机现象在日常生活中大量存在。在不确定的情境中,根据大量的无组织的信息作出合理的决策,将成为未来公民必备的基本素质。

随着社会的发展,统计观念和随机思想将成为现代社会一种普遍适用并且强有力的思维方式。因此,高中阶段在义务教育阶段的基础上,进一步学习统计与概率的思想方法,使学生形成尊重事实、用数据说话的态度,能有效地利用统计分析的方法,科学合理地利用数据信息。同时,让学生了解随机现象,将有助于他们形成科学的世界观和方法论。

总之,统计与概率的思想方法有助于培养学生以随机的观点来理解世界,形成正确的世界观与方法论,为以后进一步学习和工作做好准备。

三、知识结构

本册计三章内容,各章内容的知识结构如图 7-17、图 7-18、图 7-19 所示。

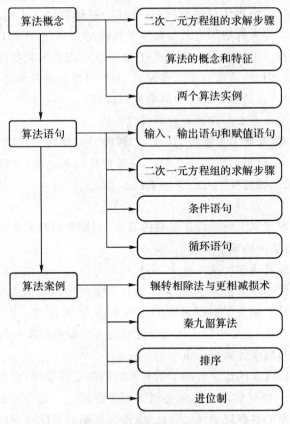

图 7-17 算法初步内容结构

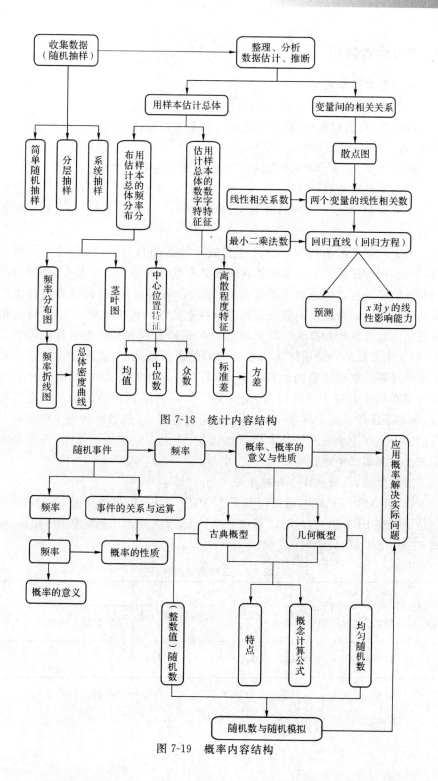

图 7-18 统计内容结构

图 7-19 概率内容结构

四、部分内容解析

(一)基本算法语句

1.教学重点与难点

教学重点:通过实例,使学生理解 5 种基本的算法语句的表示方法、结构和用法,进一步体会算法的基本思想。

教学难点:将某个具体问题的程序框图转换为程序语句。

2.编写意图与教学建议

本节主要学习如何用程序设计语言(programming language,PL)来表示算法。

为了向学生说明用程序设计语言表示算法的目的,可以参考下面两个方面:第一,用程序设计语言来描述算法的必要性。一是为了解某个具体问题,我们设计的算法包含大量繁琐的计算、复杂的作图等操作,这时计算机强大的数据处理功能可以帮助我们轻松地完成这些重复性的机械步骤。二是"计算机解决任何问题都要依赖算法",计算机解决问题的过程就是一个对算法的执行过程,但这个算法必须是用计算机能够理解的语言描述的,而程序设计语言基本上就是计算机能够理解的语言。第二,无论是用自然语言描述算法,还是用程序框图和程序语句表示算法,都是对算法的一种形式化的表示。但是写出算法,不等于已经实现了算法,在计算机上运行程序,就是对算法的一种实现。而我们的重点在于学习几种基本的算法语句,并用它们来表示算法,而不是学习上机运行和调试程序。

3.关于输入、输出语句和赋值语句

在 QBASIC 语言中,输入语句是 INPUT 语句,输出语句是 PRINT 语句,赋值语句是 LET 语句("LET"可以省略)。表 7-4 列出了这三种语句的一般格式、主要功能和相关说明。

表 7-4　三种语句的对照

	INPUT 语句	PRINT 语句	赋值语句
格　式	INPUT"提示内容";变量	PRINT "提示内容";表达式	LET 变量＝表达式
功　能	可对程序中的变量赋值	可输出表达式的值,计算	可对程序中的变量赋值,计算

续表

	INPUT 语句	PRINT 语句	赋值语句
说明	①又称"键盘输入语句"，在程序运行过程中,停机等候用户由键盘输入数据,而不需要在写程序时指定； ②"提示内容"和它后面的";"可以省略； ③一个语句可以给多个变量赋值,中间用","分隔； ④无计算功能； ⑤用户由键盘输入的数据必须是常量,输入多个数据时用","分隔,且个数要与变量的个数相同。	①又称为"打印语句",将表达式的值在屏幕上显示出来； ②表达式可以是变量、计算公式或系统信息； ③一个语句可以输出多个表达式,不同的表达式之间可用","分隔； ④有计算功能,能直接输出计算公式的值。	①在程序运行过程中给变量赋值； ②"LET"可以省略,"＝"的右侧必须是表达式,左侧必须是变量； ③一个语句只能给一个变量赋值； ④有计算功能； ⑤将一个变量的值赋给另一个变量,前一个变量的值保持不变;可先后给一个变量赋多个不同的值,但变量的取值总是最近被赋予的值。

4.关于条件语句

本节的开篇把条件语句的两种一般格式与程序框图对应起来,这样设计的意图是借助程序图,帮助学生理解条件语句的结构,加深学生对条件逻辑结构的理解。教师可以给出条件语句的一般格式,让学生自己画出相应的程序框图。

在例题的教学中,应告诉学生,一个"好"的算法往往包括一些的"小技巧",要想熟练、有效地运用它们,则需要在大量的算法设计中积累经验。教师也可以让学生先根据自己的思路设计算法,再提示他们改进算法,以避免重复计算等问题。

5.关于循环语句

教科书介绍了两种结构的循环语句——当型和直到型,它们的区别在于:当型循环语句先对一些条件进行判断,根据判断的结果决定是否执行循环体,因此又称"前测试型"循环;直到型循环语句则是先执行一次循环体,再对一些条件进行判断,然后根据判断的结构决定是否继续执行循环体,因此由称"后测试型"循环。也就是说直到型循环语句至少执行一次循环体,而当型循环语句则可能一次也不执行循环体,但二者本质上是相同的,可以互相转化。

本节重点在于引导学生掌握5种基本算法语句,所用的例子都是浅显的,教学过程中也可以按照这个原则增加一些例题和备用练习。条件允许的学校也可以结合信息技术课程,介绍更为准确的算法语句形式,并安排学生上机练习,提高学生的学习兴趣,增加学生的实践机会。

(二)用样本估计总体

1. 教学重点与难点

教学重点:体会分布的意义和作用,在表示样本数据的过程中,学会列频率分布表、画频率分布直方图、频率折线图、茎叶图,体会它们各自的特点;理解样本数据标准差的意义和作用,学会计算数据标准差,对样本数据中基本的数字特征(如平均数、标准差)作出合理的解释;体会用样本估计总体的思想,会用样本的频率分布估计总体分布,会用样本的基本数字特征估计总体的基本数字特征;初步体会样本频率分布和数字特征的随机性;会用随机抽样的基本方法和样本估计总体的思想,解决一些简单的实际问题;能通过数据的分析为合理的决策提供一些依据,认识统计的作用,体会统计思维与确定性思维的差异,形成对数据处理过程进行初步评价的意识。

教学难点:对总体分布概念的理解,统计思维的建立。

2. 编写意图与教学建议

本节的引言说明了用统计方法解决实际问题的一般框架,明确了估计总体分布和总体数字特征的重要性。

在实际应用中,总体分布可以为合理决策提供依据(总体分布描述了总体在各个范围内个体的百分比)。因此,很多实际问题的解答就转化为求总体分布的问题,其求解途径是通过样本来估计总体分布。

在很多情况下,总体分布是由几个总体数字特征所唯一确定的,或者需要解决的统计问题是关于总体数字特征的问题,这时就需要估计总体的数字特征,其求解途径也是通过样本来估计。

教科书通过探究栏目提出"居民生活用水定额管理问题",引用总体分布的估计问题,以及估计总体分布的途径,而且这个问题贯穿本节始终。

通过对该问题的探究,学生学会列频率分布表、画频率分布直方图、频率折线图。教师可以利用初中有关随机事件的知识,引导学生进一步体会由样本确定的频率分布直方图的随机性;通过初中有关频率与概率之间的关系,了解频率分布直方图的规律性,即频率分布与总体分布之间的关系,进一步体会用样本估计总体的思想来源。

由于样本频率分布直方图可以估计总体分布直方图,因此可以用样本频率分布特征来估计相应的总体分布特征,教科书中还通过该问题展示了利用频率分布直方图估计总体分布的众数、中位数和平均数的方法。当然,总体的中位数和平均数都可以通过相应的样本中位数和样本平均数来估计,并且这样的估计通常具有更高的精度,教师可以通过计算机模拟让学生体会这一点。用样本频率分布特征来估计相应的总体分布特征的意义在于,当原始样本数据丢失时还可以估计总体特征。

为了便于理解茎叶图和标准差(方差)的实际含义和应用,这两个概念都是通过离散型随机变量引入的。进一步地,对于正态分布的总体,利用总体平均数和总体标准差,可以完全确定总体分布,从而在这种情况下,可以用样本平均数和样本标准差来估计总体平均数和总体标准差,进而估计总体分布。

在教学中,应该让学生利用上一节对特征实际问题所收集的样本,模仿居民生活用水定额管理问题的解决思路,给出相应实际问题的解答。通过此过程,初步培养学生运用统计思想表达、思考和解决现实世界中的问题的能力。

(三)随机事件的概率

1.教学重点与难点

教学重点:了解随机事件发生的不确定性和频率的稳定性;正确理解概率的意义。

教学难点:理解频率与概率的关系;对概率含义的正确理解。

2.编写意图与教学建议

由于在初中学生已接触过随机事件、不可能事件、必然事件的概念,所以教科书以"北京的天气变化情况"、"水稻种子发芽后的生长情况"为例,简略叙述了客观世界中偶然与必然的内在联系,给出了随机事件、不可能事件、必然事件的概念,这些概念与初中教科书略有不同。例如,随机事件的概念,初中教科中叙述为"在一定条件下,可能发生也可能不发生的事件称为随机事件",本教科书则叙述为"在条件 S 下可能发生也可能不发生的事件,叫做相对于条件 S 的随机事件,简称随机事件",这里条件 S 可以是一个条件,也可以是一组条件(可以理解为一个条件集),这样可以使表述得更加清楚和简洁。

概率研究随机事件发生的可能性大小问题,这里既有随机性,又有随机性中表现出的规律性,这是学生理解的难点。突破难点的最好办法是给学生亲自动手操作的机会,使学生在实践过程中形成对随机事件的随机性以及随机性中表现出的规律性的直接感知。为此,教科书特别强调利用学生熟悉的典型实例(如掷硬币的试验),通过学生亲自动手试验,来引导学生体会随机事件发生的随机性和随机性中的规律性。通过试验,观察随机事件发生的频率,可以发现随着试验次数的增加,频率稳定在某个常数附近,然后再给出概率的定义。在这个过程中,体现了试验、观察、归纳和总结的思想方法。通过试验模拟等方法,可以澄清日常生活中对概率的错误认识,这也是加深学生理解概率的意义的机会。另外,加强概率的实际应用,可以使学生体会概率的重要性。因此,教学中一定要特别重视让学生操作这个环节。

随机事件可以看成集合,所以可以类比集合之间的关系与运算,得到事件之间的关系与运算。教学中,可以引导学生在回顾集合的关系及其运算的有关知识的基础上,学习用图形表示事件之间的关系及其运算的思想和方法。

概率的性质可以类比频率的性质,并利用频率与概率的关系得到。教学中,要尽量使用统计图和统计表展示频率的稳定性。

第四节 数学4

一、教材内容与课程目标

人教 A 版数学 4 安排了三章内容,如表 7-5 所示。

表 7-5 数学 4 的内容

第一章 三角函数	第二章 平面向量	第三章 三角恒等变换
1.1 任意角和弧度制	2.1 平面向量的实际背景及基本概念	3.1 两角和与差的正弦、余弦和正切公式
1.2 任意角的三角函数	2.2 平面向量的线性运算	3.2 简单的三角恒等变换
1.3 三角函数的诱导公式	2.3 平面向量的基本定理及坐标表示	
1.4 三角函数的图像与性质	2.4 平面向量的数量积	
1.5 函数 $y=A\sin(\omega x+\varphi)$	2.5 平面向量应用举例	
1.6 三角函数模型的简单应用		

三角函数的教学,应使学生学习:了解任意角的概念和弧度制,能进行弧度与角度的互化。借助单位圆理解任意角三角函数(正弦、余弦、正切)的定义。借助单位圆中的三角函数线推导出诱导公式,能画出正弦、余弦、正切函数的图像,了解三角函数的周期性。借助图像理解正弦函数、余弦函数在 $[0,\pi]$ 上,正切函数在 $\left(-\dfrac{\pi}{2},\dfrac{\pi}{2}\right)$ 上的性质(如单调性、最大值与最小值、图像与轴交点等)。理解同角三角函数的基本关系式: $\sin^2 x+\cos^2 x=1$, $\dfrac{\sin x}{\cos x}=\tan x$。结合具体实例,了解 $y=A\sin(\omega x+\varphi)$ 的实际意义;能借助计算器或计算机画出 $y=A\sin(\omega x+\varphi)$ 的图像,观察参数 A,ω,φ 对函数图像的影响。会用三角函数解决一些简单实际问题,体会三角函数是描述周期变化现象的重要数学模型。根据

问题情境建立精确的三角函数模型解决问题;通过数学建模,利用数据建立拟合函数解决实际问题。

平面向量的教学,应使学生学习:通过力和力的分析等实例,了解向量的实际背景,理解平面向量和向量相等的含义,理解向量的几何表示。通过实例,掌握向量加、减法的运算,并理解其几何意义。通过实例,掌握向量数乘运算,并理解其几何意义,以及两个向量共线的含义。了解向量的线性运算性质及其几何意义,了解平面向量的基本定理及其意义,掌握平面向量的正交分解及坐标表示,会用坐标表示平面向量的加、减及数乘运算。理解用坐标表示的平面向量共线的条件。通过物理中"功"等实例,理解平面向量数量积的含义及物理意义。体会平面向量的数量积与向量投影的关系,掌握数量积的坐标表达式,会进行平面向量数量积的运算,能运用数量积表示两个向量的夹角,会用数量积判断两个向量的垂直关系。经历用向量方法解决某些简单的平面几何问题、力学问题与其他一些实际问题的过程,体会向量是一种处理几何问题、物理问题等的工具,发展运算能力和解决实际问题的能力。

三角恒等变换的教学,应使学生学习:经历用向量的数量积推导出两角差的余弦公式的过程,进一步体会向量方法的作用。能用两角差的余弦公式导出两角和与差的正弦、余弦、正切公式,二倍角的正弦、余弦、正切公式,了解它们的内在联系。能利用上述公式进行简单的恒等变换,并在教师引导下推导半角公式,以积化和差、和差化积公式(公式不需要记忆)作为基本训练,进一步提高运用联系转化的观点去处理问题的自觉性,体会一般与特殊的思想、换元的思想、方程的思想等数学思想在三角恒等变换中的作用。

二、教育价值

三角函数是基本初等函数,它是描述周期现象的重要数学模型,具有广泛的应用价值。向量是近代数学中重要和基本的数学概念之一,它是沟通代数、几何与三角函数的一种工具,有着极其丰富的现实背景。三角恒等变换在数学中有一定的应用,同时有利于发展学生的推理能力,这部分内容的教育价值主要体现在以下几个方面。

(一)有助于学生体会数学与实际生活的联系,以及数学在解决实际问题中的作用

三角函数与向量是刻画现实世界的重要数学模型,学生在实际生活中遇到大量的周期变化现象,如音乐的旋律、波浪、昼夜的交替、潮汐、钟摆的运动、交流电等,这些都是三角函数的实际背景,都可以用三角函数加以刻画和描述。力、速度、位移等在实际生活中随处可见,这些都是向量的实际背景,也可以用向量加以刻画和描述。教材突出三角函数与向量的实际背景与应用,因此通过

本模块内容的学习,有助于学生认识到三角函数、向量与实际生活的密切联系,以及三角函数、向量在解决实际问题中的广泛应用,从中感受数学的价值,学会用数学的思维方式去观察、分析现实世界,去解决日常生活和其他学科学习中问题,发展数学应用意识。

(二)有助于学生认识数学内容之间的内在联系,体验数学的发现与创造过程

向量既是代数的对象,又是几何的对象,是沟通代数与几何的重要桥梁。教材将向量与三角函数设计在一个模块中,主要是为了通过向量沟通代数、几何与三角函数的联系,体现向量在处理三角函数问题中的工具作用。教材要求学生经历用向量的数量积推导出两角差的余弦公式的过程,并由此公式作为出发点,推导出两角和与差的正弦、余弦、正切公式,二倍角的正弦、余弦、正切公式以及积化和差、和差化积、半角公式等。这个过程有助于学生体会向量与三角函数的联系、数与形的联系以及三角恒等变换公式之间的联系。

(三)有助于发展学生的运算能力和推理能力

向量作为代数对象,可以像数一样进行运算。运算对象的不断扩展是数学发展的一条重要线索,数运算、字母运算、向量运算、函数运算、映射、变换、矩阵运算等是数学中的基本运算,从数运算、字母运算到向量运算,是运算的一次飞跃,向量运算使运算对象从一元扩充到多元,对于进一步理解其他数学运算具有基础作用。《标准》要求学生掌握向量的加、减、数乘、数量积的运算,推导三角恒等变换公式。三角恒等变换公式的推导既是一种三角函数运算,也体现了公理化方法和推理论证在数学研究中的作用。因此,本模块内容的学习有助于学生体会数学运算的意义,以及运算、推理在探索、发现数学结论,建立数学体系中的作用,发展学生的运算能力和推理能力。

三、知识结构

本册共三章内容,知识结构如图 7-20、图 7-21、图 7-22 所示。

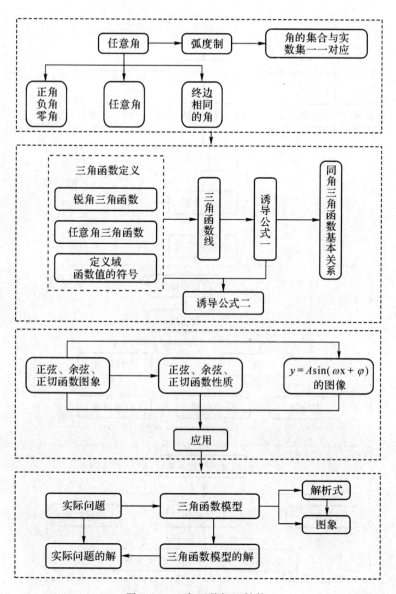

图 7-20　三角函数知识结构

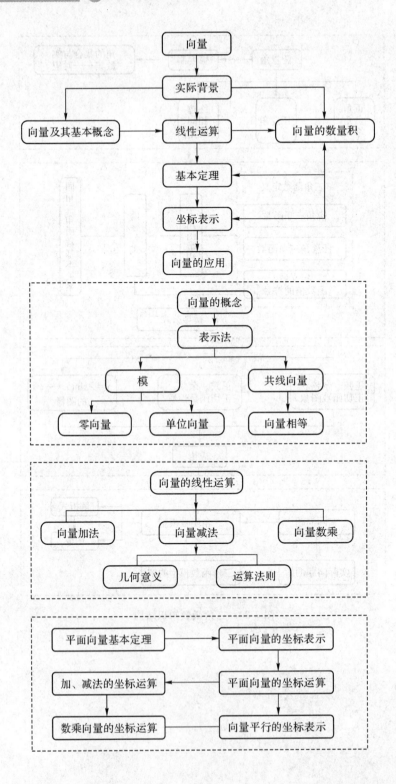

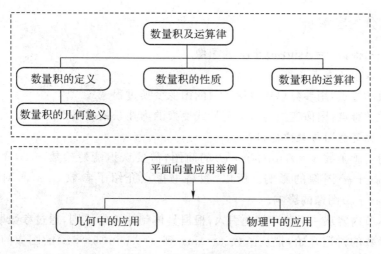

图 7-21 平面向量知识结构

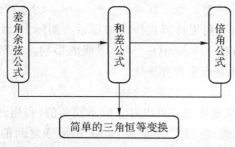

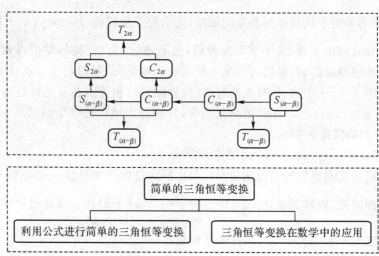

图 7-22 三角恒等变换知识结构

四、部分内容解析

(一)函数 $y = A\sin(\omega x + \varphi)$ 的图像

1.教学的重点与难点

教学重点:用参数思想讨论函数的图像变换过程。

教学难点:图像变换与函数解析式变换的内在联系的认识。

2.编写意图与教学建议

为了画函数 $y = A\sin(\omega x + \varphi)$ 的简图,需要认识清楚参数 φ, ω, A 对 $y = A\sin(\omega x + \varphi)$ 图像的影响。所以,教科书重点介绍了参数 φ, ω, A 对的 $y = A\sin(\omega x + \varphi)$ 图像的影响。

本节内容从一个物理问题引入,根据具体到抽象的原则,通过参数赋值,从具体函数的讨论开始,把从函数 $y = \sin x$ 到 $y = A\sin(\omega x + \varphi)$ 的图像的变换过程,分解为先分别考察参数 φ、ω、A 对函数图像的影响,然后整合为对 $y = A\sin(\omega x + \varphi)$ 的整体考察。鉴于作函数 $y = A\sin(\omega x + \varphi)$ 的图像有一定的复杂性,因此教科书给出了利用计算机作图的提示。实际上,计算机可以动态地演示参数 A、φ、ω 对函数 $y = A\sin(\omega x + \varphi)$ 图像的影响。这对学生认识函数 $y = A\sin(\omega x + \varphi)$ 的图像特点非常有好处。

(1)φ 对 $y = \sin(\omega x + \varphi)$ 的图像的影响

教科书开宗明义地指出:"可以对 φ 取不同的值,利用计算机作出这些函数在同一坐标系的图像,观察它们与 $y = \sin x$ 的图像之间的关系。"在具体操作中,教科书采用了从具体到抽象的做法,先引导学生讨论 $y = \sin\left(x + \dfrac{\pi}{3}\right)$ 与 $y = \sin x$ 图像之间的关系,从中获得经验后,然后通过"边空"提示学生再观察几个值对函数图像的影响,最后再得出一般结论。教学中,可以利用信息技术,使教科书的图 1.5-2 中 A、B 两点动起来(保持纵坐标相等),在变化的过程中观察 A、B 的坐标,$x_B - x_A$,$|AB|$ 的变化情况,这将有力地促进学生归纳出 φ 对 $y = \sin(x + \varphi)$ 的图像的影响。

(2)ω 对 $y = \sin(\omega x + \varphi)$ 的图像的影响

这里的探索思想与前面的完全一致。因为这时的变量是 ω,而 φ 相对固定,为了作图方便,教科书取 $\varphi = \dfrac{\pi}{3}$,从而使 $y = \sin(\omega x + \varphi)$ 在 φ 变化过程中的比较对象固定为 $y = \sin\left(x + \dfrac{\pi}{3}\right)$。具体过程是:

①以 $y = \sin\left(x + \dfrac{\pi}{3}\right)$ 为参照,把 $y = \sin\left(2x + \dfrac{\pi}{3}\right)$ 的图像与 $y = \sin\left(x + \dfrac{\pi}{3}\right)$ 的图像作比较,发现规律:把 $y = \sin\left(x + \dfrac{\pi}{3}\right)$ 图像上所有点的横坐标缩到原来的

$\dfrac{1}{2}$ 倍,纵坐标保持不变,就得到 $y=\sin\left(2x+\dfrac{\pi}{3}\right)$ 的图像。教学中应当非常认真地对待这个过程,引导学生在自己独立思考的基础上给出规律。

②取 $\omega=\dfrac{1}{2}$,让学生自己比较 $y=\sin\left(\dfrac{1}{2}x+\dfrac{\pi}{3}\right)$ 的图像与 $y=\sin\left(x+\dfrac{\pi}{3}\right)$ 的图像。教学中可以让学生通过作图、观察和比较图像、讨论等活动,得出结论:把 $y=\sin\left(x+\dfrac{\pi}{3}\right)$ 图像上所有点的横坐标伸长到原来的 2 倍(纵坐标不变)就得到 $y=\sin\left(\dfrac{1}{2}x+\dfrac{\pi}{3}\right)$ 的图像。

③取 ω 为其他值,观察相应的函数图像与 $y=\sin\left(x+\dfrac{\pi}{3}\right)$ 的图像的关系,得出类似的结论。一般地,这一步应当利用信息技术来完成。

④将上述结论一般化:归纳 $y=\sin(\omega x+\varphi)$ 的图像与 $y=\sin(x+\varphi)$ 的图像之间的关系,得出结论"函数 $y=\sin(\omega x+\varphi)$ 的图像可以看做把 $y=\sin(x+\varphi)$ 的图像上所有点的横坐标缩短($\omega>1$)或伸长($0<\omega<1$)到原来的 $\dfrac{1}{\omega}$(纵坐标保持不变)而得到。"

(3)A 对 $y=A\sin(\omega x+\varphi)$ 的图像的影响

教科书安排的探索 A 对 $y=A\sin(\omega x+\varphi)$ 的图像的影响的过程,与探索 ω、φ 对 $y=A\sin(\omega x+\varphi)$ 的图像的影响完全一致,教学处理也可以用同样的思路。不过,这时可以主要让学生独立完成。

(4)作函数 $y=A\sin(\omega x+\varphi)$ 的简图

教科书介绍的作图方法是先变相位,再变周期,最后变振幅。也可以改变顺序,先变周期,再变振幅,最后变相位。例如,要得到函数 $y=3\sin\left(2x+\dfrac{\pi}{3}\right)$ 的图像,先把正弦曲线上所有的点向左平行移动 $\dfrac{\pi}{3}$,得到 $y=\sin\left(x+\dfrac{\pi}{3}\right)$ 的图像;再使曲线上所有点的横坐标缩短到原来的 $\dfrac{1}{2}$ 倍(纵坐标不变),得到函数 $y=\sin\left(2x+\dfrac{\pi}{3}\right)$ 的图像;最后把曲线上所有点的纵坐标伸长到原来的 3 倍(横坐标不变),就可以得到函数 $y=\sin\left(2x+\dfrac{\pi}{3}\right)$ 的图像。

另外,还可以按照这样的顺序作图像变换:把正弦曲线上所有点的横坐标缩短到原来的 $\dfrac{1}{2}$ 倍(纵坐标不变),得到函数 $y=\sin 2x$ 的图像;再把后者所有点的纵坐标伸长到原来的 3 倍(横坐标不变),得到函数 $y=3\sin 2x$ 的图像;再把所得图像上所有的点向左平行移动 $\dfrac{\pi}{6}$ $\left[$因为 $y=3\sin\left(2x+\dfrac{\pi}{3}\right)=3\sin2\left(x+\dfrac{\pi}{6}\right)$,所以不是向左平行移动 $\dfrac{\pi}{3}\right]$ 个单位长度,得到函数 $y=3\sin\left(2x+\dfrac{\pi}{3}\right)$ 的图像。不过,学生容易在这一顺序的第三步出错,教学时应引起注意。

教科书在总结由函数 $y=\sin x$ 的图像变为函数 $y=A\sin(\omega x+\varphi)$ 的图像的步骤时,特意将中间步骤留空,目的是让学生提出多种思路。

(5)信息技术工具的使用

除了教科书中介绍的利用信息技术工具进行研究的方法外,教学时,还可以利用信息技术工具。从整体上研究参数 φ、ω、A 对 $y=A\sin(\omega x+\varphi)$ 图像整体变化的影响:一种做法是,作为 $y=A\sin(\omega x+\varphi)$ 的图像,改变 φ、ω、A 的值,观察图像的变化;另一种做法是,取 φ、ω、A 的多组值,分别作出 $y=A\sin(\omega x+\varphi)$ 的图像,然后对比各个图像的异同。

(二)平面向量的数量积

1.教学重点与难点

教学重点:平面向量数量积的概念,用平面向量的数量积表示向量的模及向量的夹角。

教学难点:平面向量数量积的定义及运算律的理解,平面向量数量积的应用。

2.编写意图与教学建议

前面已经看到,向量的线性运算有非常明确的几何意义,因此利用向量的线性运算可以讨论一些几何元素的位置关系。既然向量可以进行加减运算,一个自然的想法是两个向量能否作乘法运算呢? 如果能,运算结果应该是什么呢? 另外,距离和角是刻画几何元素(点、线、面)之间度量关系的基本量。我们需要一个向量的运算来反映向量的长度和两个向量间夹角的关系。众所周知,向量概念的引入与物理学的研究密切相关。向量数量积的概念也可以从物理学的概念出发进行研究。

(1)平面向量数量积的物理背景及其含义

我们知道,如果一个物体在力 $\boldsymbol{F}$ 的作用下产生位移 $\boldsymbol{s}$,那么力 $\boldsymbol{F}$ 所做的功

$$W=|\boldsymbol{F}||\boldsymbol{s}|\cos\theta,$$

其中 θ 是 $\boldsymbol{F}$ 与 $\boldsymbol{s}$ 的夹角。

功是一个标量,它由力和位移两个向量来确定。这给我们一种启示,能否把"功"看成是这两个向量的一种运算的结果呢?

为此,我们引入向量"数量积"的概念。已知两个非零向量 $\boldsymbol{a}$ 与 $\boldsymbol{b}$,我们把数量 $|\boldsymbol{a}||\boldsymbol{b}|\cos\theta$ 叫做 $\boldsymbol{a}$ 与 $\boldsymbol{b}$ 的数量积(或内积),记作 $\boldsymbol{a}\cdot\boldsymbol{b}$,即

$$\boldsymbol{a}\cdot\boldsymbol{b}=|\boldsymbol{a}||\boldsymbol{b}|\cos\theta,$$

其中 θ 是 a 与 b 的夹角，$|a|\cos\theta(|b|\cos\theta)$ 叫做向量 a 在 b 方向上（b 在 a 方向上）的投影。我们规定，零向量与任一向量的数量积为 0。

对比向量的线性运算，我们发现，向量线性运算的结果是一个向量，而两个向量的数量积是一个数量，而且这个数量的大小与两个向量的长度及其夹角有关。

由向量投影的定义，我们可以得到 $a \cdot b$ 的几何意义：数量积 $a \cdot b$ 等于 a 的长度 $|a|$ 与 b 在 a 的方向上的投影 $|b|\cos\theta$ 的乘积。

（2）一些基本结论

设 a 和 b 都是非零向量，则

①$a\perp b \Leftrightarrow a \cdot b=0$。②当 a 与 b 同向时，$a \cdot b=|a||b|$；当 a 与 b 反向时，$a \cdot b=-|a||b|$。特别地，$a \cdot a=|a|^2$ 或 $|a|=\sqrt{a \cdot a}$。③$|a \cdot b|\leqslant|a||b|$。

已知向量 a,b,c 和实数 λ，则：①$a \cdot b=b \cdot a$；②$(\lambda a) \cdot b=\lambda(a \cdot b)=a \cdot (\lambda b)$；③$(a+b) \cdot c=a \cdot c+b \cdot c$。

已知两个非零向量 $a=(x_1,y_1),b=(x_2,y_2)$，则有：①$a \cdot b=x_1x_2+y_1y_2$；②若 $a=(x,y)$，则 $|a|=\sqrt{x^2+y^2}$；③$a\perp b \Leftrightarrow x_1x_2+y_1y_2=0$；④$\cos\theta=\dfrac{a \cdot b}{|a||b|}$

$=\dfrac{x_1x_2+y_1y_2}{\sqrt{x_1^2+y_1^2}\sqrt{x_2^2+y_2^2}}$

（三）两角和与差的正弦、余弦和正切公式

1. 教学重点与难点

教学重点：引导学生通过独立探索和讨论交流，导出两角和与差的三角函数的 11 个公式，并了解它们的内在联系，为运用这些公式进行简单的三角恒等变换打好基础。

教学难点：两角差的余弦公式的探索与证明。

2. 编写意图与教学建议

本节内容可分为四部分，即引入，两角差的余弦公式的探索、证明及初步应用，和差公式的探索、证明及初步应用，倍角公式的探索、证明及初步应用。

在章头图中，给出了这样一个问题：

某城市的电视发射塔建在市郊的一座小山上。如图 7-27 所示，小山高 BC 约为 30 米，在地平面上有一点 A，测得 A,C 两点间距离约为 67 米，从 A 观测电视发射塔的视角（$\angle CAD$）约为 45°。求这座电视发射塔的高度。

设 $\angle CAB=\alpha$，可求得 $CD=\dfrac{30\tan(45°+\alpha)}{\tan\alpha}-30$

如果能由 $\sin\alpha=\dfrac{30}{67}$ 求得 $\tan(45°+\alpha)$ 的值，那么就能求出电视发射塔的高度了。

能不能用 $\sin\alpha$ 把 $\tan(45°+\alpha)$ 表示出来？一般地能不能用 α,β 的三角函数值把 $\alpha+\beta$ 或 $\alpha-\beta$ 的三角函数值表示出来呢？

两角差的余弦公式探究：如何用任意角 α,β 的正弦、余弦值来表示 $\cos(\alpha-\beta)$ 呢？

探究的过程可以分为两个步骤，第一步探求表示结果，第二步对结果的正确性加以证明。

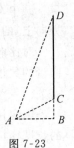

图 7-23

你探究得到的结果是什么呢？你认为会是 $\cos(\alpha-\beta)=\cos\alpha-\cos\beta$ 吗？

不妨以特例作验证，容易发现上式不成立。显然，要得到正确的结果，需要联系已学过的其他知识。

思考：你认为要获得相应的表达式需要哪些已学过的知识？

由于这里涉及的是三角函数的问题，是 $\alpha-\beta$ 这个角的余弦问题，所以可以考虑联系单位圆上的三角函数线或向量的知识。

我们先对简单的情况进行讨论，如图 7-24，设 α,β 为锐角，且 $\alpha>\beta$，角 α 的终边与单位圆的交点为 P_1，$\angle POP_1=\beta$，则 $\angle xOP=\alpha-\beta$。

过点 P 作 PM 垂直于 x 轴，垂足为 M，那么 OM 就是角 $\alpha-\beta$ 的余弦线，这里就是要用角 α,β 的正弦线、余弦线来表示 OM。

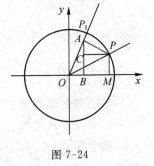

图 7-24

过点 P 作 PA 垂直于 OP_1，垂足为 A。过点 A 作 AD 垂直于 x 轴，垂足为 B。过点 P 作 PC 垂直于 AB，垂足为 C。那么 OA 表示 $\cos\beta$，AP 表示 $\sin\beta$，并且 $\angle PAC=\angle P_1Ox=\alpha$。于是

$$OM=OB+BM=OB+CP$$
$$OA\cos\alpha+AP\sin\alpha=\cos\beta\cos\alpha+\sin\beta\sin\alpha$$

值得注意的是，以上结果是在 $\alpha,\beta,\alpha-\beta$ 都是锐角，且 $\alpha>\beta$ 的情况下得到的。要说明此结果是否对任意角 α,β 都成立，还要做不少推广的工作，并且这项推广工作的过程也是比较繁难的。同学们可以自己动手试一试。

下面再运用向量的知识进行探究。

如图 7-25，以 Ox 为始边作角 α,β，它们的终边与单位圆的交点分别为 A,B。

则
$$\overrightarrow{OA}=(\cos\alpha,\sin\alpha),$$
$$\overrightarrow{OB}=(\cos\beta,\sin\beta),$$

由向量数量积的定义，有

$$\overrightarrow{OA}\cdot\overrightarrow{OB}=|\overrightarrow{OA}||\overrightarrow{OB}|\cos(\alpha-\beta)$$

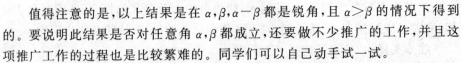

图 7-25

$$=\cos(\alpha-\beta)$$

由向量数量积的坐标表示,有

$$\overrightarrow{OA}\cdot\overrightarrow{OB}=(\cos\alpha,\sin\alpha)\cdot(\cos\beta,\sin\beta)$$

$$=\cos\alpha\cos\beta+\sin\alpha\sin\beta$$

于是　　　$\cos(\alpha-\beta)=\cos\alpha\cos\beta+\sin\alpha\sin\beta$

思考:以上推导是否有不严谨之处? 若有,请作出补充。

第五节　数学5

一、教材内容与课程目标

人教 A 版数学 5 安排了三章内容,如表 7-6 所示。

表 7-6　数学 5 的内容

第一章　解三角形	第二章　数列	第三章　不等式
1.1 正弦定理和余弦定理	2.1 数列的概念与简单表示法	3.1　不等关系与不等式
1.2 应用举例	2.2 等差数列	3.2　一元二次不等式及其解法
1.3 实习作业	2.3 等差数列的前 n 项和	3.3　二元一次不等式(组)与简单的线性规划问题
	2.4 等比数列	3.4　基本不等式
	2.5 等比数列前 n 项和	

学生将在已有知识的基础上,通过任意三角形边角关系的探究,发现并掌握三角形中边长与角度之间的关系,并运用它们解决一些与测量及几何有关的实际问题。

数列作为一种特殊的函数,是反映自然规律的基本数学模型。强调用函数的背景和研究方法来认识、研究数列,在通过实际问题引入数列概念后,学生可以体会数列的函数背景,感受数列是研究现实问题情境的数学模型。通过数列学习,学生能够经历从日常生活中的实际问题抽象出等差数列和等比数列模型的过程,探索并掌握其中的一些基本数量关系,感受这两种数列模型的广泛应用,并利用它们解决一些实际问题。

学生将通过具体情境,感受在现实世界和日常生活中存在着大量的不等关系,理解不等式(组)对于刻画不等式关系的意义和价值;掌握求解一元二次不等式的基本方法,并解决一些实际问题;能用一元二次不等式组表示平面区域,并尝试解决简单的二元线性规划问题,认识基本不等式并能简单应用;了解不等式、方程及函数之间的关系。

二、教育价值

(一)有利于学生认识数学与现实世界和实际生活的联系,培养和发展学生的数学应用意识

解三角形、数列、不等式的内容具有丰富的现实背景,在解决实际问题中有着广泛的应用。解三角形属于几何中的度量问题,体现了数学的量化思想。数列是一种离散函数,它是一种重要的数学模型。日常生活中遇到的大量的实际问题,如贷款、利率、折扣、人口增长、放射物的衰变等都可以用等差数列和等比数列来表现。不等式是刻画现实世界中不等关系的数学模型,反映了事物在量上的区别。《标准》在这些内容的处理上突出了它们的现实背景和实际应用。因此,这些内容的学习有利于学生认识数学与现实世界和实际生活的联系,培养和发展学生的数学应用意识。

(二)有助于学生进一步认识和理解函数思想

函数思想贯穿于高中数学的始终,在其他必修内容中出现的函数基本上是连续函数,本模块中的数列为学生提供了离散函数模型,将等差数列、等比数列与一次函数、指数函数联系起来,有助于学生加深对一次函数、指数函数的认识。同时,将函数与方程、不等式相联系。从连续与离散的角度认识函数,从函数与方程、不等式的联系中理解函数,有助于提升学生对函数思想的理解水平。

(三)有助于学生体会数学中的优化思想及其应用

优化思想是人们思考问题、解决问题的基本和重要的思想。在日常生活、学习和工作中,为了提高效益,会遇到各种各样的优化问题。人们做事总要有目标,从数学的角度考虑,希望对目标加以量化,量化的目标才有好坏之分。人们希望目标越来越好,避免目标越来越坏,这就需要对影响目标的因素进行量化分析研究,即要研究区域上的目标函数,求目标函数在区域上的最大值,求目标函数的最大值需要运用算法。不等式是刻画和解决优化问题的重要工具之一,本模块中,突出了不等式的实际背景和应用,将不等式作为解决优化问题的工具,用不等式组刻画区域,解决一些简单的线性规划问题,用基本不等式解决一些简单的最值问题。因此,本模块内容的学习有助于学生体会优化思想和数学在解决优化问题中的广泛应用。

三、知识结构

本册供三章内容,各章内容的知识结构如图 7-26、图 7-27、图 7-28 所示。

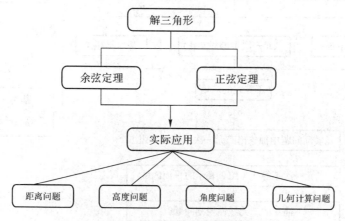

图 7-26 解三角形知识结构

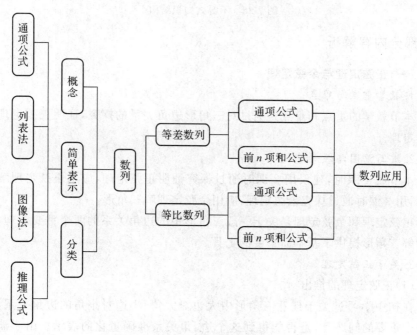

图 7-27 数列知识结构

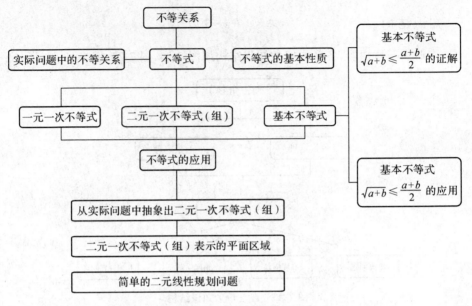

图 7-28　不等式知识结构

四、部分内容解析

(一)正弦定理与余弦定理

1.教学重点与难点

本节教学的重点和难点是通过对三角形边角关系的探究,证明正弦定理和余弦定理。

2.编写意图与教学建议

本节约 4 课时,建议用 2 课时通过探究证明正弦定理,应用正弦定理解三角形,用 2 课时通过探究余弦定理,应用余弦定理解三角形。

正弦定理和余弦定理是关于一般三角形中的边角关系的两个重要定理,它们为解三角形提供了基本而重要的工具。

3.关于正弦定理

(1)正弦定理的推出

在初中学习过关于任意三角形中大边对大角、小边对小角的边角关系,这里一个重要的问题是,是否能得到这个边、角关系准确量化的表示。由于涉及边角之间的数量关系,就能比较自然地引导到三角函数上去。在直角三角形中,边之间的比就是锐角的三角函数。研究直角三角形中的正弦,就能证明直角三角形中的正弦定理。

分析直角三角形中的正弦定理,考察结论是否适用于锐角三角形,可以发现 $a\sin B$ 和 $b\sin A$ 实际上表示了锐角三角形 AB 边上的高。这样,利用这个高的两个不同表示,就容易证明锐角三角形中的正弦定理。

钝角三角形中的定理的证明要应用正弦函数的诱导公式,教科书要求学生自己通过探究加以证明。

研究直角三角形中的其他三角函数,也可以证明直角三角形中的正弦定理,但不如用正弦函数直接、简明。

除了教科书中的证明方法以外,我们也可以借助于向量的方法证明正弦定理,教学中可以引导学生探究得到这种方法。证明如下:

当$\triangle ABC$是锐角三角形时(见图7-29(1)),过点A作单位向量i垂直于AB,因为

$$\overrightarrow{AC}=\overrightarrow{AB}+\overrightarrow{BC},$$

所以 $\quad i \cdot \overrightarrow{AC}=i \cdot (\overrightarrow{AB}+\overrightarrow{BC}),$

$\quad\quad i \cdot \overrightarrow{AC}=i \cdot \overrightarrow{AB}+i \cdot \overrightarrow{BC},$

所以 $\quad b \cdot \cos(90°-A)=c \cdot \cos90°+a \cdot \cos(90°-B)$

即 $\quad b\sin A=a\sin B,$

得 $\quad \dfrac{a}{\sin A}=\dfrac{b}{\sin B}°$

当$\triangle ABC$是钝角三角形时也可类似证明,如图7-29(2)所示。

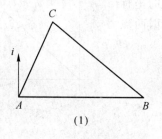
(1)

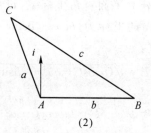
(2)

图 7-29

如果$\angle A<\angle B$,由三角形的性质,$a<b$。当$\angle A$、$\angle B$都是锐角,由正弦函数在区间$\left(0,\dfrac{\pi}{2}\right)$上的单调性可知,$\sin A<\sin B$。等式指出了三角形中边与对应角的正弦之间的一个关系式,它描述了三角形中大边与大角的一种准确的数量关系。当$\angle A$是锐角,$\angle B$是锐角,因为$\angle A+\angle B<\pi$,所以$\angle B<\pi-\angle A$,由正弦函数在区间$\left(\dfrac{\pi}{2},\pi\right)$上的单调性可知,$\sin B>\sin(\pi-A)=\sin A$,所以 $\sin A<\sin B$,等式$\dfrac{a}{\sin A}=\dfrac{b}{\sin B}$仍描述了此三角形中大边对大角的一种准确的数量关系。所以,教科书指出,正弦定理非常好地描述了任意角三角形中边与角的一种数量关系。

（2）解三角形

用正弦定理解三角形是正弦定理的一个直接应用。一般地，把三角形的三个角 A,B,C 和它们的对边 a,b,c 叫做三角形的元素。由已知三角形的几个元素求其他元素的过程叫做解三角形。

公式 $\dfrac{a}{\sin A}=\dfrac{b}{\sin B}=\dfrac{c}{\sin C}$ 实际上表示了三个等式，这就是：

$$\frac{a}{\sin A}=\frac{b}{\sin B},\frac{b}{\sin B}=\frac{c}{\sin C},\frac{a}{\sin A}=\frac{c}{\sin C}$$

上面的每一个等式都表示了三角形两个角和它们的对边的关系，因此，正弦定理可以用于两类解三角形的问题：

①已知三角形的任意两个角与一边，求其他两边和另一角。

②已知三角形的两边和其中一边的对角，计算另一边的对角，进而计算出其他的边和角。

4.关于余弦定理

第一，余弦定理就是研究如何从已知的两边和它们的夹角计算三角形的另一边和两个角的问题。余弦定理用坐标法证明也比较容易，证法如下：

如图 7-30 所示，以 C 为原点，边 CB 所在直线为 x 轴，建立平面直角坐标系，设点 B 的坐标 $(a,0)$，点 A 的坐标为 $(b\cos C,b\sin C)$，根据两点间距离公式：

$$AB=\sqrt{(b\cos C-a)^2+(b\sin C-0)^2}$$

整理得：

$$c^2=b^2\cos^2 C-2ab\cos C+a^2+b^2\sin^2 C$$

$$c^2=a^2+b^2-2ab\cos C$$

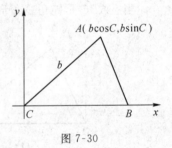

图 7-30

同理可以证明：$a^2=b^2+c^2-2bc\cos A$，

$$b^2=a^2+c^2-2ac\cos B$$

也可以用三角方法证明余弦定理，当三角形是锐角三角形时，证明过程如下：

如图 7-31（1）所示，$AD=b\sin C,BD=BC-CD=a-b\cos C$，在 Rt$\triangle ABD$ 中，根据勾股定理，

$$AB^2=AD^2+BD^2=(b\sin C)^2+(a-b\cos C)^2$$

整理可得：

$$c^2=a^2+b^2-2ab\cos C$$

当三角形是钝角三角形时，可以证明如下：

如图 7-31（2）所示，$AD=b\sin C,BD=CD-BC=b\cos C-a$，在 Rt$\triangle ABD$ 中，根据勾股定理，

$$AB^2 = AD^2 + BD^2 = (b\sin C)^2 + (b\cos C - a)^2$$

整理可得：

$$c^2 = a^2 + b^2 - 2ab\cos C$$

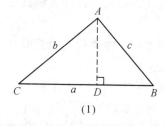
(1)

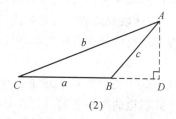
(2)

图 7-31

另外的两个等式可同理证明。

第二，余弦定理指出了三角形的三条边与其中的一个角之间的关系，每一个等式都包含四个不同的量，它们分别是三角形的三边和一个角，知道其中的三个量，就可以求得第四个量。从已知三角形的三边确定三角形的角，就是余弦定理的推论，也可以说是余弦定理的第二种形式：

$$\cos A = \frac{b^2 + c^2 - a^2}{2bc}, \cos B = \frac{c^2 + a^2 - b^2}{2ca}, \cos C = \frac{a^2 + b^2 - c^2}{2ab}$$

第三，应用余弦定理及其推论，并结合正弦定理，可以解决的解三角形有：已知两边和它们的夹角解三角形、已知三角形的三边解三角形。

在已知两边及其夹角解三角形时，可以用余弦定理求出第三条边，这样就把问题转化成已知三边解三角形的问题。在已知三边和一个角的情况下，求另一个角既可以应用余弦定理的推论，也可以用正弦定理。用余弦定理的推论，可以根据角的余弦值直接判断角是锐角还是钝角，但计算比较复杂。用正弦定理计算相对比较简单，但仍要根据已知条件中边的大小来确定角的大小，所以一般应该选择用正弦去计算比较小的边所对的角，以避免作进一步的讨论。

在本章中，复杂的计算是借助计算器计算的。当使用计算器时，约定当计算器所示的三角函数值是准确数时用等号，当取其近似值时，相应的运算结果用约等号，但一般的代数运算结果按通常的运算规则，是近似值时用约等号。

(二)等比数列的前 n 项和

1. 教学重点与难点

教学重点：使学生掌握等比数列的前 n 项和公式，用等比数列的前 n 项和公式解决实际问题。

教学难点：由研究等比数列的结构特点推导出等比数列的前 n 项和公式。

2. 编写意图与教学建议

与等差数列的前 n 项和公式一样，等比数列的前 n 项和公式也是数列求和的化简式,用这个公式可以方便地求解出任意等比数列的前 n 项的和。

教科书中,等比数列的前 n 项和公式的推导方法是"错位相减法",这也是一种算法,其设计的思路是"消除差别",从而达到化简的目的。可以向学生介绍其他的求和算法,或者让学生自己根据等比数列的特点来设计求和算法。

(1)等比数列的前 n 项和公式的推导

在对一般的形式推导之前,可以先让学生思考一个特殊的简单情形,即:

$$1+q+q^2+\cdots+q^n=?$$

这个式子更突出地表现了等比数列的特征,所以更有利于引导学生观察,若将上式右边的每一项乘以公式 q,就得到它后面相邻的一项。

等比数列的前 n 项和公式是求等比数列的前 n 项和的一个化简式,它的推导有很多方法,教科书所采用的方法是:在 $S_n=a_1+a_1q+a_1q^2+\cdots+a_1q^{n-1}$ 中,将等式右边的每一项乘以公比 q,就得到它后边相邻的一项,就采用了"错位相减,消除差别"的方法,即由

$$S_n=a_1+a_1q+a_1q^2+\cdots+a_1q^{n-1}$$
$$qS_n=a_1q+a_1q^2+\cdots+a_1q^{n-1}+a_1q^n$$

得 $\qquad (1-q)S_n=a_1-a_1q^n$,

当 $q\neq1$ 时,有

$$S_n=\frac{a_1(1-q^n)}{1-q}$$

这时可以告诉学生,这一思路的得出,源于对上式的观察和分析。

还可以向学生介绍其他的方法。例如,根据等比数列的定义,可得

$$\frac{a_n}{a_{n-1}}=\cdots=\frac{a_3}{a_2}=\frac{a_2}{a_1}=q,$$

再由分式的性质,得

$$\frac{S_n-a_1}{S_n-a_n}=q^n,$$

整理得 $\quad S_n=\dfrac{a_1-a_nq}{1-q}(q\neq1)$。

(2)与等比数列的前 n 项和公式相关的问题

①由于等比数列的前 n 项和公式 $S_n=\dfrac{a_1(1-q^n)}{1-q}$ 中 $q\neq1$,可以引导学生思考当 $q=1$ 时,等比数列的前 n 项和公式等于多少($S_n=na$)。另外,还可以对公式进行变形,即

$$S_n=\frac{a_1(1-q^n)}{1-q}=\frac{a_1(q^n-1)}{q-1},$$

让学生思考,当 $q>1$ 和 $q<1$ 时分别使用哪个公式更方便。

②与等差数列类似,等比数列还有一个求和公式,即

$$S_n = \frac{a_1 - a_n q}{1 - q}(q \neq 1)。$$

可以让学生自己推出这个公式,并分析两个公式各适用于什么情况。

③有了等比数列的通项公式和前 n 项和公式,如果已知 a_1, a_n, q, n, S_n 五个量中的任意三个,就可以求出其余的两个,这其中渗透了方程的思想。

④由数学的递推公式,求数列的首项和第 n 项的办法,即 $a_1 = S_1, a_n = S_n - S_{n-1}$。

(三)基本不等式 $\sqrt{a+b} \leqslant \dfrac{a+b}{2}$

1.教学重点与难点

本节教学重点是应用数形结合的思想理解基本不等式,并从不同角度探索基本不等式 $\sqrt{a+b} \leqslant \dfrac{a+b}{2}$ 的证明过程。难点是用基本不等式求最大值和最小值。

2.编写意图与教学建议

本节主要内容是使学生了解基本不等式的代数、几何背景及基本不等式的证明及应用。本节从实际问题抽象出不等式 $a^2 + b^2 \geqslant 2ab$ 后,应从三种不同角度引导学生认识基本从三种不同角度引导学生认识基本不等式 $\sqrt{ab} \leqslant \dfrac{a+b}{2}(a、b \geqslant 0)$:

①当 $a > 0、b > 0$ 时,在不等式 $a^2 + b^2 \geqslant 2ab$ 中以 $\sqrt{a}、\sqrt{b}$ 分别代替 $a、b$,得到 $\sqrt{ab} \leqslant \dfrac{a+b}{2}(a、b \geqslant 0)$;

②借助初中阶段学生已熟知的几何图形,引导学生探究不等式 $\sqrt{ab} \leqslant \dfrac{a+b}{2}(a、b > 0)$ 的几何解释,通过数与形的结合,赋予不等式 $\sqrt{ab} \leqslant \dfrac{a+b}{2}(a、b > 0)$ 几何直观,目的是利用学生原有的平面几何知识,进一步领悟到不等式 $\sqrt{ab} \leqslant \dfrac{a+b}{2}$ 成立的条件 $a > 0、b > 0$,及当且仅当 $a = b$ 时,等式 $\sqrt{ab} = \dfrac{a+b}{2}$ 才能成立;

③在不等式 $\sqrt{ab} \leqslant \dfrac{a+b}{2}(a、b \geqslant 0)$ 的证明过程中,以填空的形式突出体现了分析法证明的关键步骤,意在把思维的时空切实留给学生,让学生在探究的基础上体会分析法的证明思路,加大了证明不等式 $\sqrt{ab} \leqslant \dfrac{a+b}{2}(a、b \geqslant 0)$ 的探究力度。

教科书还通过两个实际问题分析了不等式 $\sqrt{ab} \leqslant \dfrac{a+b}{2}(a、b \geqslant 0)$ 的实用价

值,目的是让学生感受数学的应用价值。在使用基本不等式解决实际问题的过程中,教学时应着重引导学生领会不等式 $\sqrt{ab} \leqslant \dfrac{a+b}{2}(a、b \geqslant 0)$ 成立时的三个限制条件(简称一正、二定、三相等)在求解实际问题的最大、最小值中的作用。

第六节 选修系列 1 与系列 2

高中数学的选修系列 1 和系列 2,是在必修课程的基础上,为不同发展方向的学生设置的数学课程。对于大多数高中学生而言,它们依然是必要的和基础性的。选修课程中,系列 1 与系列 2 分别由若干模块构成。其中,有些内容是相同的,如常用逻辑用语、数系扩充与复数的引入;有些内容从标题来看是相同的,但是在要求上有所区别,如圆锥曲线与方程、导数及其应用、推理与证明等;还有一些内容被分别安排在不同的系列中,如框图只在系列 1 中才有,而空间向量与立体几何、计数原理、概率只在系列 2 中才有。因此,本节的分析将以模块为主。

一、常用逻辑用语、圆锥曲线与立体几何

(一)课程目标

第一,正确地使用逻辑用语是现代社会公民应该具备的基本素质。无论是进行思考、交流,还是从事各项工作,都需要正确地运用逻辑用语表达自己的思维。在本模块中,学生将在义务教育阶段的基础上,学习常用逻辑用语,体会逻辑用语在表达和论证中的作用,利用这些逻辑用语准确地表达数学内容,从而更好地进行交流。

第二,在必修阶段学习平面解析几何初步的基础上,在本模块中,学生将学习圆锥曲线方程,了解圆锥曲线与二次方程的关系,掌握圆锥曲线的基本几何性质,感受圆锥曲线在刻画现实世界和解决实际问题中的作用。结合已学过的曲线及其方程的实例,了解曲线与方程的对应关系,进一步体会数形结合的思想。

第三,空间向量为处理立体几何问题提供了新的视角。空间向量的引入,为解决三维空间中图形的位置关系与度量问题提供了一个十分有效的工具。本模块中,学生将在学习平面向量的基础上,把平面向量及其运算推广到空间,运用空间向量解决有关直线、平面位置关系的问题,体会向量方法在研究几何图形中的作用,进一步发展空间想象能力和几何直观能力。

(二)教育价值

第一,在日常生活中,为了使表达更加准确、清楚、简洁,我们常常要用一些

逻辑用语。因此,正确地使用逻辑用语是现代社会公民应具备的基本素质。无论是进行思考、交流,还是从事各项工作,都需要正确地运用逻辑用语表达自己的思维,使得思维清晰明了,说理有据。在本模块中,学生将在义务教育阶段数学学习的基础上,学习利用这些逻辑用语准确地表达数学内容,同时体会逻辑用语在表述和论证中的作用,从而更好地进行交流(无论是在数学上还是在日常生活中)。

第二,圆锥曲线在数学上是一个非常重要的几何模型,有很多非常好的几何性质。这些重要的几何性质在日常生活、社会生产及其他科学中都有着重要而广泛的应用,所以学习这部分内容对于提高学生自身的素质是非常重要的。高中阶段对圆锥曲线的学习,主要是结合已学过的曲线及其方程的实例,了解曲线与方程的对应关系,进一步体会数形结合的思想。同时,在本模块中,在必修阶段学习平面解析几何初步的基础上,学生将学习圆锥曲线与方程,了解圆锥曲线与二次方程的关系,掌握圆锥曲线的基本几何性质,感受圆锥曲线在刻画现实世界和解决实际问题中的作用。圆锥曲线本身有一些很深奥的性质(如光学性质、行星运行轨道的性质等),其中有一些是圆锥曲线最基本的性质,由于学时限制,可以只介绍结论和应用。

第三,在本模块中,学生将在学习平面向量的基础上,把平面向量及其运算推广到空间,运用空间向量解决有关直线、平面位置关系的问题,体会向量方法在研究几何图形中的作用,进一步发展空间想象能力和几何直观能力。这些也为进一步学习向量和研究向量奠定了一定的基础。

(三)"曲线与方程"内容分析

1. 教学重点与难点

教学重点:曲线的方程、方程的曲线的概念。

教学难点:理解曲线的方程、方程的曲线的概念;求曲线的方程。

2. 关于曲线与方程

本节主要目的是使得学生对曲线与方程的关系有一个更加系统、完整的认识。

一般地,在直角坐标系中,如果某曲线 C(看作适合某种条件的点的集合或轨迹)上的点与一个二元方程 $f(x,y)=0$ 的实数解有如下关系:

①曲线上的点的坐标都是这个方程的解;

②以这个方程的解为坐标的点都是曲线上的点。

那么,这个方程叫做曲线的方程,这条曲线叫做方程的曲线。

由曲线的方程的定义可知,如果曲线 C 的方程是 $f(x,y)=0$,那么点 $P_0(x_0,y_0)$ 在曲线 C 上的充要条件是 $f(x_0,y_0)=0$。

为了帮助学生理解曲线与方程的关系,首先要明确曲线指什么,方程指什么。在理解什么是"曲线"时，要注意曲线是满足条件的图形；在理解"方程"时，要注意方程包含对其中未知数的限制。

3.关于求曲线的方程

解析几何研究问题的特点就是：借助坐标系，用坐标表示点，把曲线看成满足某种条件的点的集合，用曲线上的点的坐标 (x,y) 所满足的方程 $f(x,y)=0$ 表示曲线，通过研究方程的性质间接地来研究曲线的性质。这就是反复提到的坐标法。这样做的目的是使学生更加明确坐标法这一重要的数学思想，重要的数学思想方法不怕重复。

在例题教学中，要求学生逐步掌握求曲线的方程的五个步骤。在这五个步骤中，第二步要求明确集合 $P=\{M|p(M)\}$，也就是明确"曲线"是什么，以便明确"说明以化简后的方程的解为坐标的点都在曲线上"的意义。第四步的化简强调同解变形。如果不能做到同解变形，那么要就特殊情况作出适当说明，以保证方程所表示的点集与集合 $P=\{M|p(M)\}$ 一致。

另外，通过对方程的检验，也可以确定其中变量的范围。

二、统计、概率与计数

(一)课程目标

第一，计数问题是数学的重要研究对象之一。分类加法计数原理、分步乘法计数原理是解决计数问题的最基本、最重要的方法，也称为基本计数原理，它们为解决很多实际问题提供了思想和工具。在本模块中，学生将学习计数基本原理、排列、组合、二项式定理及其应用，了解计数与现实生活的联系，会解决简单的计数问题。

第二，通过具体实例，帮助学生理解取有限值的离散型随机变量及其分布列、均值、方差的概念，理解超几何分布和二项分布的模型并能解决简单的实际问题。使学生认识分布列对于刻画随机现象的重要性，认识正态分布曲线的特点及曲线所表示的意义，了解条件概率和两个事件相互独立的概念。

第三，在必修课程《数学 3》概率统计内容的基础上，通过典型案例进一步介绍回归分析的基本思想、方法及其初步应用；通过典型案例介绍独立性检验的基本思想、方法及其初步应用，使学生认识统计方法在决策中的作用。

(二)教育价值

第一，在本模块中，学生将在必修课程已学习统计的基础上，通过对典型案例的讨论，了解和使用一些常用的统计方法，进一步体会运用统计方法解决实际问题的基本思想，认识统计方法在决策中的作用。《标准》中提供的一些案例所涉及的统计模型都是学生将来在走向社会时所要面临的、常见的统计模型，如质量控制、回归、独立性、聚类分析、假设检验等。在一定的程度上，很好地理解和应用这些统计模型会对将来学生的生活和工作质量起到一定的促进作用。另外,通过对这些统计模型的学习,学生将学习到一些经典的统计方法和统计思想,体验解决特殊问题的统计过程和统计方法,进而感受到统计思想在解决实际问题过程中的作用。

第二,学生将在必修课程已学习概率的基础上,学习某些离散型随机变量分布列及其均值、方差等内容,初步学会利用离散型随机变量思想描述和分析某些随机现象的方法,并能用所学知识解决一些简单的实际问题,进一步体会概率模型的作用及运用概率思考问题的特点,初步形成用随机观念观察、分析问题的意识。学生通过这些内容的学习,将在随机观念方面得到一次提升,了解如何从定量的角度来刻画与反映离散型随机变量,这是从定性到定量的一次提升,有助于学生思维的发展。

第三,曲线与方程计数是人与生俱来的一种能力,也是了解客观世界的一种最基本的方法。计数问题是数学中的重要研究对象之一,分类加法计数原理、分步乘法计数原理是解决计数问题的最基本、最重要的方法,也称为基本计数原理,它们为解决很多实际问题提供了思想和工具。

(三)"二项分布及其应用"内容分析

1.教学重点与难点

教学重点:理解次独立重复试验的模型,理解二项分布模型,并能用它解决一些简单的实际问题。

教学难点:理解条件概率的概念,理解独立性的概念,利用二项分布模型解决实际问题。

2.编写意图与教学建议

为导出二项分布,需要条件概率和事件独立性的概念。所以本节第一部分介绍条件概率的概念,第二部分介绍事件独立性的概念,第三部分介绍独立重复试验与二项分布。

条件概率是比较难理解的概念。教科书利用"抽奖"这一典型实例,以无放回抽取奖券的方式,通过比较抽奖前和在第一名同学没有中奖的条件下,最后一名同学中奖的概率,从而引入条件概率的概念,给出两种计算条件概率的方法。同时指出条件概率具有概率的性质,并给出了条件概率的两个性质。

利用抽奖实例,以有放回抽样的方式,通过计算在第一名同学没有中奖的条件下,最后一名同学中奖的概率,可以发现它与在抽奖前计算最后一名同学中奖的概率相等。这就是事件独立性概念的直观背景,借助它就比较容易理解事件独立性概念。

利用 n 次重复掷硬币的试验给出次独立重复试验的描述,说明在 n 次重复试验中,$P(A_1A_2\cdots A_n)=P(A_1)P(A_2)\cdots P(A_n)$。

有了这个公式之后,就可以导出二项分布的公式。

教学中,要通过实际问题的直观含义和具体计算结果的对比,帮助学生了解条件概率、事件的独立性以及二项分布的概念。

3. 关于条件概率

条件概率的概念在概率理论中占有十分重要的地位,本教科书只是简单介绍条件概率的初等定义,更抽象的条件概率定义涉及测度论的知识。为了便于学生理解,教科书以简单事例为载体,通过逐步探究,引导学生体会条件概率的思想。

在条件概率教学中需要注意的问题:①在条件概率的定义中,要强调 $P(A)$ >0,当 $P(A)=0$ 时,不能用现在的方法定义事件 A 发生的条件下事件 B 发生的概率,而需要从极限的角度,或更一般地从测度论的角度来定义。②对于初学者来说,由于没有理解条件概率的含义,在利用古典概型计算概率的公式 $P(B|A)=\dfrac{n(AB)}{n(A)}$ 计算条件概率时,可能会出现的错误是分子会用事件 B 包含的基本事件个数 $n(B)$ 代替 $n(AB)$,这时计算的概率会偏大,有时可能会大于1。利用公式 $P(B|A)=\dfrac{P(AB)}{P(A)}$ 计算条件概率时,同样要注意分子是事件 AB 发生的概率。③条件概率也是概率,具有概率的性质。

4. 关于事件的相互独立性

(1)两个事件相互独立的概念

在概率论中,独立性也是极其重要的概念。它的主要作用是简化概率计算。本节中引入独立性的概念主要是为了介绍二项分布的产生背景。

教科书通过分析得出:事件 A 的发生不会影响事件 B 发生的概率,即 $P(B|A)=P(B)$,从而得到 $P(AB)=P(A)P(B)$。将上面的结论一般化,就是两个事件相互独立的概念。

(2)教学中应注意的问题

①独立性概念的直观解释:如果事件 A 的发生会影响事件 B 发生的概率,或者事件 B 的发生会影响事件 A 发生的概率,则事件 A 与 B 相互独立。

②条件概率的定义与相互独立的定义的比较:在事件 A 与 B 相互独立的定义中,A 与 B 的地位是对称的;在条件概率 $P(B|A)$ 的定义中,A 与 B 的地位是不对称的,这里要求 $P(A)>0$。

③不能用作为 $P(B|A)=P(B)$ 作为事件 A 与 B 相互独立的定义,原因是这个等式的适用范围是 $P(A)>0$。

④两个事件相互独立与两个事件互斥这两个概念,初学者容易混淆,建议在教学中要让学生对这两个概念进行比较。

5.关于独立重复试验与二项分布

教学中应注意的问题：

①教科书 n 次独立重复试验为背景引入二项分布。实际上，二项分布的数学定义可以完全脱离这个背景：若离散型随机变量 X 的分布列为

$$P(X=k)=C_n^k p^k (1-p)^{n-k}, k=0,1,\cdots,n,$$

其中 $0 \leqslant p \leqslant 1$，则称 X 服从二项分布。

② n 次独立重复试验中事件 A 发生的次数 $X \sim B(n,p)$，这里的 A 是一个事件，可以包含多个基本事件或者无穷多个试验的结果。在实际应用中要根据需要确定 A，以把要解决的问题归结为二项分布模型。

③应使学生了解二项分布与两点分布的关系。事实上，两点分布是一种特殊的二项分布，即是 $n=1$ 的二项分布。

④二项分布 $B(n,p)$ 中有两个参数，一个是独立重复试验的总次数 n，另一个是每次试验事件 A 出现的概率 p。

三、导数及其应用

(一)课程目标

微积分的创立是数学发展中的里程碑，它的发展和广泛应用开创了向近代数学过渡的新时期，为研究变量和函数提供了重要的方法和手段。导数、定积分都是微积分的核心概念，它们有着及其丰富的实际背景和广泛应用。在本章中，学生将通过大量实例，经历由平均变化率到瞬时变化率刻画现实问题的过程，理解导数概念，了解导数在研究函数的单调性、极值等性质中的作用。学生还将经历求解曲边梯形的面积、汽车行驶的路程等实际问题的过程，初步了解定积分的概念，为以后进一步学习微积分打下基础。通过本章的学习，学生将体会导数的思想及其丰富内涵，感受导数在解决实际问题中的作用，了解微积分的文化价值。

(二)教育价值

《标准》对"导数及其应用"内容的处理有了很大的变化，特别是对导数本质的认识、导数的应用、如何渗透算法思想以及与现代信息技术的整合方面，与原有的处理相比都有了较大的变化。这部分内容的教育价值主要体现在：

1.促进学生全面认识数学的价值

微积分是全面认识数学价值的一个较好的载体。随着科技的进步和社会的发展，无论是中学毕业后直接步入社会还是继续进入高一级学校学习，都应对微积分的基本思想有所了解。尤其是变化率的概念，在现代社会中随处可见（如运动速度、绿地面积增长率、工厂"三废"的排污率、人口的增长率、汽油的使用效率等）。"导数及其应用"的学习可以帮助学生认识变化率，以及平均变化

率与瞬时变化率的区别与联系,并对在实践中如何应用它们处理优化问题有所了解。此外,通过"导数及其应用"的学习,还可体会人类文明与科技、社会的发展对微积分创立的促进作用,以及微积分的创立在人类科技文化发展中的意义与价值。总之,"导数及其应用"的学习将促进学生全面认识数学的价值,包括应用价值、科学价值、文化价值。

2.使学生对变量数学的思想方法有新的感受

如果说"数"是用来描述静态事物的,函数是对运动变化的动态事物的描述,体现了变量数学在研究客观世界中的重要作用,那么,可以说,导数就是对事物变化快慢的一种描述,并由此可进一步处理和解决极大极小、最大最小等实际问题,是研究客观事物变化率和优化问题的有力工具。通过学习导数,可以从中体验研究和处理不同对象所用的不同数学概念和相关理论,以及变量数学的力量。

3.发展高中学生的思维能力

极限是重要的数学思想之一,也是人们认识世界的一种重要的思维模式,它和我们以前学到的思维模式有很大的不同。导数就是一种特殊的极限,在现实生活中有着广泛的应用。在高中阶段,应通过大量的实例,让学生理解从平均变化到瞬时变化,从有限到无限的思想,认识和理解这种特殊的极限,通过它了解这种认识世界的思维模式,提高中学生的思维能力。

4.为学生进一步学习微积分打好基础

在微积分的学习中,将会遇到各种不同形式的极限,如数列的极限、函数的极限,而连续、导数、高阶导数、定积分、线积分、面积分等概念根本地都是通过极限来定义的。在高中阶段,学生将通过丰富的具体实例,像速度、加速度等,在经历从平均变化率过渡到瞬时变化率的过程中,理解导数这种特殊的极限。学生不仅可以理解导数应用的广泛性,还可以通过这些具体的实例理解极限,为进一步学习其他形式的极限,进一步理解极限的理论做一定的铺垫。

(三)"微积分基本定理"内容分析

1.教学重点与难点

教学重点:直观了解微积分基本定理的含义,并能用定理计算简单的定积分。

教学难点:了解微积分基本定理的含义。

2.编写意图与教学建议

教科书采用从局部到整体、从具体到一般的思想,先利用物理意义和导数的几何意义,并根据定积分的概念,探究变速直线运动物体在某段时间内的速度与位移的关系,通过寻求导数和定积分之间的内在联系,得到微积分基本定理的雏形,然后一般化而得出微积分基本定理。在这个过程中,学生既经历了微积分基本定理的发现过程,又直观了解了微积分基本定理的含义。

微积分基本定理不仅揭示了导数和定积分之间的内在联系,而且还提供了计算定积分的一种有效方法。

(1)揭示寻求计算定积分新方法的必要性,激发学生的求知欲

从理论上看,可以用定积分的定义计算定积分,但这种方法需要计算一个和式的极限,而求和与求极限一般都要经过复杂的计算,技巧性强,有时甚至不可能计算出结果。从计算定积分 $\int_0^1 x^3 dx$ 的过程可以发现,虽然被积函数 $f(x)$ $= x^3$ 比较简单,但利用定义计算定积分时,需要用 $\sum_{i=1}^{n} i^3 = \frac{1}{4}n^2(n+1)^2$ 这一结果,技巧性较强。另外,像 $\int_1^2 \frac{1}{x} dx$ 的计算,需要求 $\frac{1}{n} + \frac{1}{n+1} + \cdots + \frac{1}{2n-1}$ 的和,而这个"和"是"求不出"的,因而用定义就算不出 $\int_1^2 \frac{1}{x} dx$ 的结果。因此,我们需要寻找一种简便、有效的方法来求定积分,教学中可以让学生用定义求一求 $\int_1^2 \frac{1}{x} dx$,以增强感受,激发学习微积分基本定理的欲望。

对于怎样寻找简便、有效的方法求定积分的问题,教科书接着指出:"微积分学中两个最基本和最重要的概念——导数和定积分,这两个概念之间有没有内在的联系呢?我们能否利用这种联系求定积分呢?"以明确本节的主要目的,指出寻找计算定积分新方法的方向。这样做主要是考虑到由学生想到导数与积分具有内在联系比较困难。

(2)突出微积分基本定理的探究过程

教科书通过"探究",引导学生分别用物体的运动规律 $y = y(t)$ 和速度函数 $v = v(t)$ 表示出变速直线运动物体在时间段 $[a,b]$ 上的位移 s,从而为得出微积分基本定理奠定基础。

如果做直线运动的物体的运动规律是 $y = y(t)$,那么根据物理知识可得,这个物体在时间段 $[a,b]$ 上的位移为 $s = y(b) - y(a)$。

另一方面,根据定积分的定义,可由速度 $v(t)$ 求出位移 s。先把时间段 $[0,1]$ n 等分为 $[t_{i-1}, t_i](i = 1,2,\cdots,n)$ 等,再分别从物理意义、导数的几何意义两个角度给出物体在 $[t_{i-1}, t_i](i = 1,2,\cdots,n)$ 上位移的近似值:利用物理意义求物体在时间段 $[t_{i-1}, t_i](i = 1,2,\cdots,n)$ 上位移的近似值是学生所熟知的(在 1.5.2 节中遇到过);由函数 $y = y(t)$ 的图形,并利用导数的几何意义,可以使学生从几何图形上直观地看出物体在时间段 $[t_{i-1}, t_i](i = 1,2,\cdots,n)$ 上位移的近

似值。最后，由定积分的定义，得 $s = \int_a^b v(t)dt = \int_a^b y'(t)dt = y(b) - y(a)$，这就是微积分基本定理的雏形。

把所得的结论一般化，就可得出微积分基本定理。这种处理方式，尽管不是严格的证明，但体现了定积分的基本思想，突出了导数的几何意义，体现了数形结合这一数学中的基本思想方法。

(3) 微积分基本定理的重要意义

微积分基本定理揭示了导数和定积分之间的内在联系，是微积分学乃至整个高等数学中最重要的定理，它的作用怎么说都不为过。教学中可以结合数学史、数学文化的学习向学生进行适当介绍。

另一方面，微积分基本定理也提供了计算定积分的一种有效方法。由微积分基本定理知，计算定积分 $\int_a^b f(x)dx$ 关键是找出满足 $F'(x) = f(x)$ 的函数 $F(x)$，从而把问题转化为计算函数 $F(x)$ 在区间两个端点处的函数值之差。通常，我们可以运用基本初等函数求导公式和导数的四则运算法则从反方向上求出 $F(x)$。教学中可以引导学生对"定义法"和用定理求定积分进行对比，使学生体会利用微积分基本定理求定积分的优越性。

四、推理与证明、数系的扩充与复数的引入

(一) 课程目标

第一，推理与证明是数学的基本思维过程，也是人们学习和生活中经常使用的思维方式。推理一般包括合情推理和演绎推理。合情推理是根据已有的事实和正确的结论(包括定义、公理、定理等)、实验和实践的结果，以及个人的经验和直觉等推测某些结果的推理过程，归纳、类比是合情推理常用的思维方法。在解决问题的过程中，合情推理具有推测和发现结论、探索和提供思路的作用，有利于创新意识的培养。演绎推理是根据已有的事实和正确的结论(包括定义、公理、定理等)，按照严格的逻辑法则得到新结论的推理过程。培养和提高学生的演绎推理或逻辑证明的能力是高中数学课程的重要目标。合情推理和演绎推理之间联系紧密、相辅相成。证明通常包括逻辑证明和实验、实践证明，数学结论的正确性必须通过逻辑证明来保证，即在前提正确的基础上，通过正确使用推理规则得出结论。本部分中，学生将通过对已学知识的回顾，进一步体会合情推理、演绎推理以及二者之间的联系与差异；体会数学证明的特点，了解数学证明的基本方法，包括直接证明的方法(如分析法、综合法、数学归纳法)和间接证明的方法(如反证法)；感受逻辑证明在数学以及日常生活中的作用，养成言之有理、论证有据的习惯。

第二，复数的引入是中学阶段数系的又一次扩充，这不仅可以使学生对于

数的概念有一个初步的完整的认识,也为进一步学习数学打下了基础。通过本部分知识的学习,要使学生在问题情境中了解数系扩充的过程以及引入复数的必要性,学习复数的一些基本知识,体会人类理性思维在数系扩充中的作用。

(二)教育价值

1.有助于学生体会数学与其他科学以及实际生活的联系

《标准》强调推理与证明、框图与其他学科以及实际生活的联系,提倡通过生活实例与数学实例认识,体会推理与证明的意义及其重要性,通过生活实例与数学实例认识,体会框图在解决实际问题中的作用。这样处理打破了以往数学与其他学科以及实际生活之间的人为壁垒,有助于学生体会数学与其他科学以及实际生活的联系。

2.有助于学生理解数学的本质,形成对数学较为完整的认识

《标准》中将合情推理作为推理与证明的重要内容,有助于学生认识到数学既是演绎的科学,又是归纳的科学,数学不单是现成结论的体系,结论的发现过程也是数学的重要内容,从而形成对数学较为完整的认识,而且学习合情推理有助于培养学生进行归纳时的严谨作风,从而形成实事求是的思维习惯。

《标准》将复数作为数系扩充的结果引入,体现了实际需求与数学内部的矛盾在数系扩充过程中的作用,以及数系扩充过程中数系结构与运算性质的变化。这部分内容的学习,有助于学生体会数学理论产生与发展的过程,认识到数学发展既有来自外部的动力,也有来自数学内部的动力,从而形成正确的数学观。

3.有助于学生认识数学的科学价值、应用价值和文化价值

《标准》在推理与证明部分设计了数学文化的内容,要求学生通过欧几里得的《几何原本》、牛顿力学体系等实例,体会公理化思想,同时初步了解计算机在自动推理领域和数学证明中的作用。这部分内容的学习,有助于学生认识数学的科学价值、应用价值和文化价值。

4.有助于发展学生的数学思维能力,提高学生的数学素养

《标准》要求学生通过对已有知识的回顾与总结,进一步体会直观感知、观察发现、归纳类比、空间想象、抽象概括、符号表示、运算求解、数据处理、演绎证明、反思与建构等数学思维过程,以及合情推理、演绎推理之间的联系与差异;体会数学证明的特点,了解数学证明的基本方法,包括直接证明的方法(如分析法、综合法、数学归纳法)和间接证明的方法(如反证法),感受逻辑证明在数学以及日常生活中的作用,养成言之有理、论证有据的习惯。因此,推理与证明、框图、数系的扩充与复数的引入等内容的学习,有助于发展学生的数学思维能力,形成理性思维和科学精神。

5.有助于发展学生的创新意识和创新能力

经历数学发现过程,掌握从事数学发现的基本方法是发展学生的创新意识和创新能力的有效途径,归纳、类比是合情推理常用的思维方法。在解决问题的过程中,合情推理的结论往往超越了前提所包容的范围,具有猜测和发现结论、探索和提供思路的作用。《标准》在推理与证明部分设计了合情推理的内容,要求学生通过运用合情推理探索与发现数学结论和思路,体会合情推理在数学发现中的作用。因此,这些内容的学习有助于发展学生的创新意识和创新能力。

(三)"合情推理与演绎推理"内容分析

1.教学重点与难点

教学重点:了解合情推理的含义,能利用归纳和类比进行简单的推理;了解演绎推理的含义,能利用"三段论"进行简单的推理。

教学难点:用归纳和类比进行推理,作出猜想;用"三段论"进行简单的推理。

2.编写意图与教学建议

推理一般包括合情推理和演绎推理,它们都是日常学习和生活中经常使用的思维方法,教科书尽量结合学生已学过的数学实例,从中挖掘、提炼出合情推理和演绎推理的含义和推理方法,同时纠正推理过程中可能犯的典型错误,帮助学生了解合情推理和演绎推理的含义,为学生规范地应用这两种推理解决问题作出示范。

3.关于合情推理

数学发现的过程往往包含合情推理的成分,在人类发明、创造活动中,合情推理也扮演了重要角色。因此,分析合情推理的过程,对于了解数学发现或其他发现的过程是非常重要的,归纳、类比是合情推理常用的思维方法。教科书以学生熟悉的例子为载体,引导他们提炼、概括归纳和类比的含义和推理方法,并借助例题具体说明在数学发现的过程中应用归纳和类比的过程。

(1)归纳推理的含义

教科书以数学史上著名的哥德巴赫猜想引入归纳推理,哥德巴赫猜想的提出过程是一个典型的运用归纳推理的过程。教科书详细分析了猜想的提出过程,同时分析了其中的思维方法,并从这个过程中提炼出归纳推理的含义。

教学中,在分析哥德巴赫猜想的提出过程时,可以引导学生认识以下几点:第一,"猜想"有一定的偶然性,但这与哥德巴赫对数有极其浓厚的兴趣有关;第二,数学研究中,有时对研究对象进行一些形式上的改变有利于发现规律,例如把 $3+7=10,3+17=20\cdots\cdots$ 改写为 $10=3+7,20=3+17\cdots\cdots$ 第三,在猜想提出的过程中,特例的验证是必须的;第四,由于特例的属性可能有许多,所以,特例也要尽量选得具有"一般性";第五,猜想是从具体实例中概括出来的,因此对每一个具体事例的不同方面的特征进行细致分析很重要,这样才有利于概括出不同事例的共同特征,进而作出猜想。

(2)归纳推理的特点

①归纳推理是由部分到整体、由个别到一般的推理;

②归纳推理的前提是部分的、个别的事实,因此归纳推理的结论超出了前提所界定的范围,其前提和结论之间的联系不是必然性的,而是或然性的,所以"前提真而结论假"的情况是有可能发生的。

③人们在进行归纳推理的时候,总是先搜集一定的事实材料,有了个别性的、特殊性的事实作为前提,然后才能进行归纳推理,因此归纳推理要在观察和实验的基础上进行。

④归纳推理能够发现新事实、获得新结论,是作出科学发现的重要手段。

在进行归纳推理时,一般步骤是:首先,对有限的资料进行观察、分析、归纳整理;然后,在此基础上提出带有规律性的结论,即猜想;最后,检验这个猜想。教科书中的例1就是按照这个过程进行归纳推理的,教学中也要让学生进行简单的归纳推理的练习。

(3)类比推理的含义

与归纳推理类似,教科书对类比推理的引入也是先分析具体例子所反映的思维过程,从中提炼出类比推理的一般过程,然后再概括出类比推理的含义。教科书列出的两个引例是科学家将火星与地球作类比的例子和数学上将空间中的球与平面上的圆作类比的例子。第一个引例的思维过程是:先把火星与地球作类比,发现火星存在一些与地球类似的特征,然后从地球的一个已知特征(有生命存在)出发,猜测火星也可能具有这个特征。教师可以用表格的形式将这个过程明确表示出来。第二个引例的思维过程是:将球与圆作类比,发现球存在一些与圆类似的特征(如都具有完美的对称性,都是到定点的距离等于定长的点的集合),而已经知道圆的一些已知特征,由此可以推测球的类似特征。由于圆是平面内的基本图形,而球是空间中的基本图形,所以在将圆的基本特征推广为球的类似特征时,要将涉及的平面元素推广为相应的空间元素。

(4)类比推理的特点

①类比推理是从特殊到特殊的推理;

②类比推理是从人们已经掌握了的事物的特征,推测正在被研究的事物的特征,所以类比推理的结果具有猜测性,不一定可靠;

③类比推理以旧的知识做基础,推测新的结果,具有发现的功能。类比在

数学发现中有重要作用,例如,通过空间与平面、向量与数、无限与有限、不等与相等的类比,可以从熟悉的知识(平面、数、有限、相等)中得到启发,发现可以研究的问题及其研究方法;

④由于类比推理的前提是两类对象之间具有某些可以清楚定义的类似特征,所以进行类比推理的关键是明确地指出两类对象在某些方面的类似特征。

在进行类比推理时,一般步骤是:首先,找出两类对象之间可以确切表述的相似特征;然后,用一类对象的已知特征去推测另一类对象的特征,从而得出一个猜想;最后,检验这个猜想。教科书的例3就是按照这个过程进行类比推理的。教学中也要让学生进行简单的类比推理的练习。

4.关于演绎推理

与合情推理一样,演绎推理也是学生在学习和生活中常用的一种推理形式。特别地,数学证明主要通过演绎推理来进行。学生对演绎推理并不陌生,这里学习演绎推理的目的,除了了解演绎推理在证明中的应用外,主要是为了了解演绎推理的含义、基本方法及其与合情推理的联系及差异。

(1)演绎推理的含义和"三段论"

教学中,应该让学生结合具体例子体会演绎推理是由一般到特殊的推理,这也决定了演绎推理的结论不会超出前提所界定的范围,所以其前提和结论之间的联系是必然的。因此,在演绎推理中,只要前提和推理形式正确,结论就必然正确。

"三段论"是演绎推理的一般模式。教科书以"三段论"来说明演绎推理的特点、作用以及推理过程中可能犯的典型错误。教学中要先结合具体例子明确说明"三段论"中"大前提"、"小前提"和"结论"的含义,以及"三段论"的推理过程。在应用"三段论"进行推理的过程中,大前提、小前提或推理形式之一错误,都可能导致结论错误。

教学中可以视需要适当补充一些证明题,要求学生给出证明,并写出其中的大前提、小前提和结论。

(2)合情推理与演绎推理的联系及差异

在合情推理和演绎推理的教学之后,应对这两种推理的联系与差异进行总结,使学生进一步认识它们各自的特点和相互关系。

总体来说,从推理形式和推理所得结论的正确性上讲,二者有差异;从二者在认识事物的过程中所发挥的作用的角度考虑,它们又是紧密联系、相辅相成的。合情推理的结论需要演绎推理的验证,而演绎推理的内容一般是通过合情推理获得的。正如波利亚所说的:"论证推理(即演绎推理)是可靠的、无疑的和终决的。合情推理是冒险的、有争议的和暂时的。它们相互之间并不矛盾,而是相互补充的。"

对于数学学习来说,演绎推理可以验证合情推理的结论的正确性,合情推理可以为演绎推理提供方向和思路。波利亚认为:"一个对数学有抱负的学生,不管他将来的兴趣如何,都应该力求学习两种推理——论证推理(演绎推理)和合情推理。前者是他专业也是他从事的那门科学的特殊标志,后者则是他取得真正的成就所必不可少的。"因此,通过本节的学习,要让学生不仅学会证明,也要学会猜想。

研讨活动

活动主题

教材处理

研讨目标

■了解教科书如何体现课程标准的理念;

■把握教学内容在教材知识体系中的地位与作用;

■理解教材内容的编写意图以及相关的教学建议;

■掌握教材分析的一些基本技能。

研讨方式

通过问题思考、阅读材料、案例分析、小组讨论、大组交流等活动方式,使得研讨参与者领悟上述研讨目标,把握研讨内容。

研讨内容

活动卡
1.选取教科书的某一个知识内容,阅读课程标准中对该内容的要求以及相关的教学建议,查阅相关资料,并把相关的内容制作成一个表格。 　2.结合学生的认知特点,就所选取的知识内容,确定相应的教学目标、重点、难点与关键,然后把你对教材的分析写下来。 　3.在小组之间相互交流你对该内容的教材分析结果,并与同伴讨论进一步完善的方案。 　4.试就你的体会,谈一谈应该如何更好地处理教材。

研讨建议

1.活动之前,主持人可以提供说教材的具体内容,供研讨者参考,或者由研讨者自己选定说教材的内容。

2.主持人可以把参与研讨的人员分成若干小组,研讨者或独立完成或小组共同完成活动卡中的任务1与任务2。

3.小组成员在交流期间,主持人注意引导参与者把握说教材的一些要点,并也可提出一些进一步讨论的问题,鼓励参与者活动后完成。

4.主持人应该注意捕捉参与者在讨论期间的一些重要信息,组织全班成员对其中的关键问题或模糊问题进行讨论。

5.主持人可以结合具体的说课案例进行评述,使得参与者体会如何处理教材、分析教材,以促进学生驾驭教材能力的提高。

6.围绕说教材的具体问题,主持人可以提供一些有关的阅读材料,或者相关的网络资源等。

7.主持人应该要求参与者在活动后及时整理、进一步修改并完善说教材的文本。

8.活动时间:1课时。

思考问题

1.人教A版数学1至数学5的内容体现了《标准》所设置的必修课程5个模块的基本内容。尽管有些内容在目标、重点以及处理方式上发生了一些变化,但这些内容对于高中学生来说都是非常必要的基础。为什么这些内容具有基础性呢?

2.根据《标准》确立的课程框架,选修系列1是为希望在人文、社会科学等方面发展的学生设置的数学课程,系列2是为希望在理工、经济等方面发展的学生设置的数学课程。请你结合人教A版的选修教材,分析"导数及其应用"这一模块在内容要求上的差异。

3.函数一直是高中数学课程的一个主线,函数思想是贯穿于高中数学课程始终的重要思想之一。请你以人教版的教材为例,说明该教材是如何处理函数以及函数思想的。

4.你如何理解统计的教育价值?请结合人教版的教材内容进行说明。

5.几何(立体几何与解析几何)是高中数学课程的重要部分。人教版的教材在几何内容的安排上有怎样的一些特点?

6.向量是数学中重要的、基本的概念,它既是代数的对象,又是几何的对象。作为代数对象,向量可以运算,作为几何对象,向量有方向,可以刻画直线、平面、切线等几何对象;向量有长度,可以刻画长度、面积、体积等几何度量问题。人教A版教材中在哪些内容的处理上使用了向量?

进一步阅读的书籍以及拓展资源

1.王尚志,张思明.走进高中数学新课程.上海:华东师范大学出版社,2008.

2.张定强,吕世虎.高中数学新课程内容解析.北京:首都师范大学出版社,2004.

3.网络资源:人民教育出版社 http://www.pep.com.cn。

第八章

浙教版初中数学教材分析

 本章提要

　　浙江版初中数学实验教科书依年龄段分六册编排了课程标准的设置内容。本章主要选取"数与代数"、"空间与图形"、"统计与概率"这三个领域的部分内容进行分析。通过学习,应该达到如下的目标:

　　❖ 了解浙教版初中数学内容的整体安排;

　　❖ 认识浙教版初中数学内容的教育价值;

　　❖ 理解浙教版初中数学的编写意图与教学建议。

第一节　七年级

一、教材的内容安排

　　浙教版七年级数学教材安排了如下的一些内容,如表 8-1 所示。

表 8-1　浙教版七年级内容

七年级上册	七年级下册
第 1 章　从自然数到有理数	第 1 章　三角形的初步知识
第 2 章　有理数的运算	第 2 章　图形和变换
第 3 章　实数	第 3 章　事件的可能性
第 4 章　代数式	第 4 章　二元一次方程组
第 5 章　一元一次方程	第 5 章　整式的乘除
第 6 章　数据与图表	第 6 章　因式分解
第 7 章　图形的初步知识	第 7 章　分式

　　在七年级,学生将学习有理数、实数、整式、方程和方程组等知识,探索数、形及实际问题中蕴涵的关系和规律,初步掌握一些有效地表示、处理和交流数

量关系以及变化规律的工具,发展符号感;探索基本图形(直线形)的基本性质及其相互关系,进一步丰富对空间图形的认识和感受,学习平移、旋转、对称的基本性质,欣赏并体验变换在现实生活中的广泛应用,发展空间观念;体会抽样的必要性以及用样本估计总体的思想,进一步学习描述数据的方法,进一步体会概率的意义,能计算简单事件发生的概率。

二、对教材内容的分析

(一)从自然数到有理数

本章的主要内容有:有理数及其相关概念,如数轴、相反数、绝对值等知识。

正数、负数的概念对有理数概念的建立起了关键性的作用,数轴不仅能直观解释其余的相关概念,而且是解决许多数学问题的重要工具,因此,正数、负数及数轴是本章教学中的重点。正数、负数概念的建立需要一个学生经历从未经历过的数学抽象过程,数轴涉及数和形两个方面,绝对值涉及较复杂的符号问题,这些是本章教学中的难点。本章的知识结构如图8-1所示:

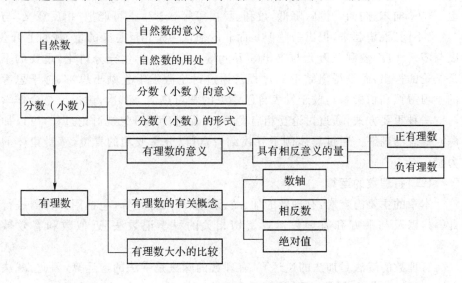

图 8-1 从自然数到有理数知识结构

本章主要内容分析:

第一,体现数学来源于生活,素材与学生现实紧密结合。学习内容大多选择学生身边的现实例子,素材都力求具有真实的背景,如外出乘车、关于跨海大桥的报道、月球表面温度的变化、五个城市的温度比较、读材料《中国古代在数的发展方面的贡献》等等例子都是学生熟悉的内容,增强学生解决问题的欲望,促进学生对数学学习的兴趣。

第二,注重数形结合思想的渗透,充分利用好"数轴"的直观性来分析、解答一些数学概念和问题。数轴是客观实际抽象出来的数学模型，它不仅能直观解释有理数的相关概念，而且还是解决许多数学问题的常用工具。如借助生活中的直观模型掌握好数轴的概念，如应用温度计，抽象出数轴，突出数轴的三个要素；借助数轴解释相反数几何意义：在原点两侧，关于原点对称的两点直观描述了两个互为相反数代表的点的位置关系，把数轴上的点到原点的距离作为绝对值的概念来体验绝对值的几何意义，从而从此定义得出绝对值的求法；利用数轴规定有理数的顺序"在数轴上表示的两个数，右边的数总比左边的大；正数都大于零，负数都小于零，正数大于负数"，帮助我们分析比较有理数的大小，既直观又形象，涵盖了有理数大小比较的所有情况，有利于帮助我们突破难点重点。

第三，重视合作学习的设计，让学生在合作、自主探究中探索、归纳、理解有理数的相关概念。合作学习是针对课文中提出的问题，要求学生运用观察、实验、猜测、验证、归纳、推理、概括等方法，组织同学之间相互讨论、交流，以面对面互动的形式，分工合作探索或完成某一学习任务。先让学生从观察身边的事物入手，尽量多地说出在日常生活和生产实践中遇到具有相反意义的量，如零上、零下、向东、向西、升高、降低、盈利、亏损等等。学生也可能把"相反意义"与"意义不同"混淆起来，提出一些似是而非的他认为是相反意义的量，譬如上升 3 度与零下 3 度，盈利 3 万元与支出 3 万元等。应该让学生充分讨论，重要的不是结论的得出，而是得出结论的过程。通过讨论激发学生勤于思考、善于思考的学习习惯和积极参与敢于发表自己意见的学习热情。其次，讨论也是合作学习的一种重要方式，通过讨论互相启发、互相促进。不可忽视讨论过程，可以加深对概念的理解。通过具体例子寻找结论，可以分享成功的喜悦，感受集体的力量。

（二）有理数的运算

本章的主要内容有：有理数的加、减、乘、除和乘方运算（包括用计算器进行计算），以及与乘方和有理数运算密切相关的科学记数法、近似数和有效数字等。

有理数的减法是加法的逆运算，有理数的除法是乘法的逆运算，因此，减法和除法可以转化为加法和乘法，而乘方可以看做乘法的特殊情况，所以本章教学的重点是有理数的加法和乘法运算。有理数的混合运算需要运用多种法则，较复杂的符号判别和运算顺序是本章教学的主要难点。本章的知识结构如图8-2 所示：

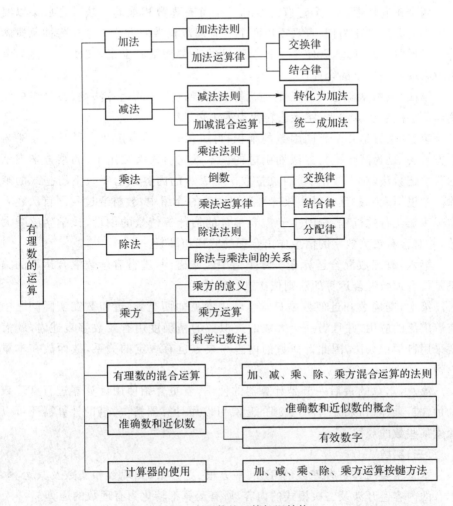

图 8-2　有理数的运算知识结构

本章主要内容分析：

第一，教材首先从建筑工地仓库进出货记录为例，直观得出有理数加法法则，之后又通过例题，在数轴上表示有理数的加法运算，这一方面是通过数轴直观验证有理数的加法法则，另一方面又充分体现数轴的作用，展示数形结合的思想。然后通过合作学习，在图案内填数这种游戏方式，让学生探索有理数加法的运算律——交换律和结合律。

第二，有理数减法的核心是将减法转化为加法。教科书以气温为例，直观探索有理数的减法法则。

第三，有理数乘法法则中，"负负得正"的导入和理解是本章教学的难点，教材采用乘法与加法的联系，首先把两个正有理数及一个正有理数和一个负有理数的乘法看成几个相同因数的和，并用数轴直观表示运算的过程和结果，由此引入两个正有理数及一个正有理数和一个负有理数相乘的方法。之后又以实验室中的温度变化为例,直观得出两个负有理数相乘的方法。这样将抽象概念进行了形象化的处理,既使学生体验有理数乘法法则的由来,又使学生体会有理数乘法法则规定的合理性。

第四,教材从除法与乘法的逆运算关系导出除法的运算法则,并且根据乘法与除法的逆运算关系,将除法转化为乘法来进行。

第五,乘方是几个相同因数的乘积,可以用乘法运算解决。科学记数法与乘方有关,是为简化记数方法而引进的。本章先引入大数用 10 的乘方来表示的科学记数法(对小数用 10 的负整数次幂表示的内容在七年级下册整式的乘除一章里引入),并且在对大数的科学记数法的介绍中,教材通过我国首次载人航天飞船飞行的行程、全国 1 年需要粮食的估计等情景的创设,让学生感受大数,并对含有较大数字的信息作出合理的解释和推断。

第六,有理数混合运算在实际生活中经常碰到,进行有理数混合运算的关键是按有理数混合运算的法则依次进行运算。

第七,准确数和近似数是日常生活中常见的两类数,近似数在实际问题中有着广泛的应用,并且当一个大数的近似数的精确度用有效数字表述时,就需要采用科学记数法,因此近似数的内容与乘方也有一定的关系,故而放在本章学习。

第八,本章的最后一节是计算器的使用,着重介绍使用计算器进行有理数的加、减、乘、除和乘方运算,繁琐的运算可以用计算器解决,借助计算器还可以探索某些数的规律。

(三)实数

本章主要内容是有理数的开方、平方根、立方根、无理数和实数及其运算。本章的内容避开涉及二次根式的内容,所有运算都转化为有理数的运算。

实数与数轴上的点的对应关系直观地反映了数的扩展状况,这种数与点的一一对应关系,使数轴成为解释和解决许多数学问题的有效工具,也是数形结合研究方法的重要依据。平方根、立方根的概念,实数与数轴上点的一一对应关系是本章教学中的重点。平方根的概念是通过逆运算来建立的,而且有多种不同情况。无理数的概念比较抽象,它是一个确定的数,却不能把它完全直观地表示出来。平方根的概念、无理数的概念是本章教学中的主要难点。本章的知识结构如图 8-3 所示:

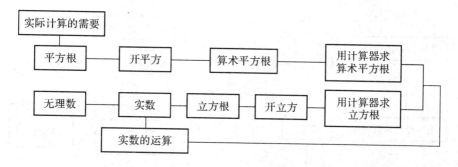

图 8-3　实数知识结构

本章主要内容分析：

第一，教材由实际计算需要引出平方根的概念。随着这些数的出现，就必须建立新的数的概念——无理数。无理数的概念的建立，为数从有理数扩展为实数奠定了基础；

第二，立方根也是由于人们生活和生产实践的需要而产生的数的概念。虽然这一节在实数一节之后，但仍起着加深对实数的认识的作用。在实数范围内进行开立方的运算，无论从认知的角度，还是从表述的角度，都较为方便；

第三，随着数集的扩展，数的运算也必须随之扩展。这不仅是实际计算的需要，也是数发展自身的需要。没有扩展数的运算，数系的扩展就没有意义。实数部分新增的运算是开方运算，在本章中，开方运算主要是利用计算器来进行，也就是通过近似计算，把实数的运算化归为有理数的运算。

(四)代数式

本章主要内容有：用字母表示数，代数式、整式和整式的加减。本章不仅要使学生进一步认识用字母表示数的意义，还要理解字母可以与数一起参与运算，可以用数、字母、运算符号组成的代数式表示具有某种普遍意义的数量关系。本章的知识结构如图 8-4 所示：

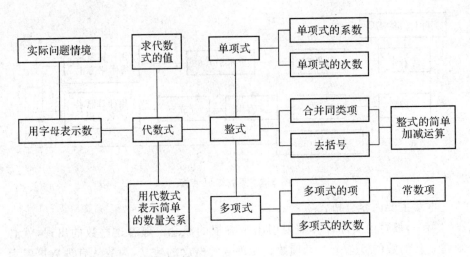

图 8-4　代数式知识结构

本章主要内容分析：

第一，通过比较—判别—交流—构造等环节，学生经历代数式概念的产生过程。教科书用唱儿歌的形式引入："一只青蛙二张嘴，二只眼睛四条腿，扑通一声跳下水；……"让学生在愉快地吟唱中接受用字母表示数，并体验用字母表示数所带来的简捷明了，用合作学习的方式探求用字母简明地表示一些数学规律。

第二，列代数式是进行代数式计算和方程、不等式、函数各种数学知识的基础，也是把现实问题归结为数学问题来解决的必不可少的基础，更是列方程解应用题的关键。因此必须适当加强基础知识和基本技能的训练，为后续知识学习做好必要准备；在列代数式时可以从"把语言表述的数量关系列成代数式"和"把代数式表示的数量关系用语言表述"两方面进行对比、观察、归纳。教材从计算时差开始，利用学生对我国申奥成功的自豪感，引出求代数式的值，渗透了对学生爱国主义教育。

第三，学习整式，让学生从提供的材料中找特点，着重理解项、系数、次数的概念，通过变式练习加以强化；从残留的墙面积计算引入后，可以给学生一组代数式，让学生观察、分析、比较应该怎样来分类，得出所含字母相同，并且相同字母的指数也相同的一类称为同类项的概念。让学生在充分讨论的基础上归纳出合并同类项的法则。

第四，整式的加减实际上是对整式进行两个重要的恒等变形，即合并同类项和去括号。这是学生第一次经历式的运算，无论是从观念上、算法上还是表述上都需要有一个适应过程。

（五）一元一次方程

本章的主要内容包括：一元一次方程的有关概念和解法，利用一元一次方程解决实际问题,问题解决的基本步骤。

　　一元一次方程的解法是本章的主要内容,而利用方程这个工具去分析问题、解决问题才是学习本章的目的。因此本章的学习重点是方程的解法和体会方程的工具作用,难点是运用方程这个工具去分析问题和解决问题,因为这涉及较多的问题情境,需要学生具有一定的阅读能力、理解问题的能力、分析数量关系和表示数量关系的能力,并与学生的实际生活经验有关。本章的知识结构如图 8-5 所示:

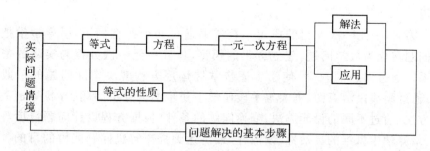

图 8-5　一元一次方程知识结构

本章主要内容分析:

　　第一,一元一次方程的概念。本章以合作学习的方式,通过几个实际问题,让学生列出方程,引出了一元一次方程的概念,复习方程的解的概念,并让学生用估计、列表、尝试的方法求出方程的解。这样安排的目的,一方面是做好与小学阶段的衔接,另一方面也是渗透估计、尝试的思想,让学生了解观察、估计、尝试、列表等也是数学学习的方法,并体验到对于一些复杂的方程,用这些方法有时会很繁琐,进一步学习其他方法就显得更有必要。

　　教材的编写是建立学生已学过等式的性质,会用等式的性质解简单方程的基础上展开的。教科书直接指出,"求方程的解,可以运用等式的性质,把方程变形成'$x=a$(a 为已知数)'的形式"。在例题的处理上,安排了方程解的检验过程,目的是培养学生良好的解题习惯,同时也使学生能进一步理解方程的解。两个例题的选取都是直接运用等式的两条性质。课内练习第 2 题是华氏、摄氏两种温标的转换,这是数学和自然之间知识上的一种联系,设置了"温度描述"一栏,更好地体现了一种常识。作业题的第 5 题,要求学生"编写两个不同的方程,使它们的解都是 $x=2$",应注意发挥它在培养学生的逆向思维和发散性思维方面的作用。本节在安排上突出了方程与实际问题的联系,意在通过这些问题的解答,让学生初步体验到方程是解决实际问题的有效工具,这样在后面学习方程的解法时目的就更加明确。另外,像课内练习的第 1 题,也体现了数形结合的思想。

　　第二,一元一次方程的解法。第一课时的内容主要是学习解方程中的"移项"和"去括号"。教科书在每个例题的边上都用方框表示了移项的过程,意在让学生更好地理解移项中符号的变化过程。第二课时的内容主要是学习"去分母"。首先,教科书通过例1分析了某些项含有分母的方程的解法,接着借助例1的解答,归纳出去分母、去括号、移项、合并同类项等都是方程变形的常用方法,并明确各项变形的依据。最后揭示了解一元一次方程的基本程序,本课时学习的方程在结构上更复杂,有系数是分数(小数)的,有可以运用整体思想的,教学中有利于培养学生思维的灵活性。探究活动更是带有趣味性,应很好利用。

第三,一元一次方程的应用。教科书通过几个典型例子,引导学生把实际问题转化为数学问题,建立方程的模型,体验一元一次方程与实际的密切联系。通过例题的教学,使学生逐步掌握运用方程解决实际问题的一般过程;通过画线段示意图、列表等手段使学生初步学会分析问题、寻找等量关系的方法;通过不同的设元方法、变换问题的条件、根据方程设计问题情境等内容,培养学生思维的灵活性、发散性,最终达到提高解决问题能力的目的。教科书先介绍美籍匈牙利数学家乔治·波利亚的解决问题模式(四个步骤),然后通过"想一想"把这种模式与应用一元一次方程解决实际问题的一般过程联系起来,归纳出问题解决的基本步骤。通过两个例题具体学习了这种模式的应用,意在培养学生分析问题、解决问题的能力,特别在"回顾"一步中,往往是常规教学中比较忽视的一环,应该加以突出,以培养教师和学生的反思意识和反思能力。

(六)数据与图表

本章主要内容是数据的收集与整理的基本步骤与方法,调查表、统计表的结构与设计,条形统计图、折线统计图和扇形统计图的概念、绘制方法和应用,学会选择合适的统计图直观有效地表示数据。

任何统计活动都离不开数据的收集和整理。在小学阶段学生已经掌握条形统计图和折线统计图的画法,所以本章的教学重点是使用适当的方法(计数、测量、实验等)收集数据,经历数据的收集、整理、描述和分析的过程,认识扇形统计图,根据需要选择合适的统计图直观有效地表示数据。数据的收集与整理,运用统计图分析社会生活与科学领域的实际问题都需要较强的运用知识的能力和必需的生活经验,是本章的难点。本章的知识结构如图8-6所示:

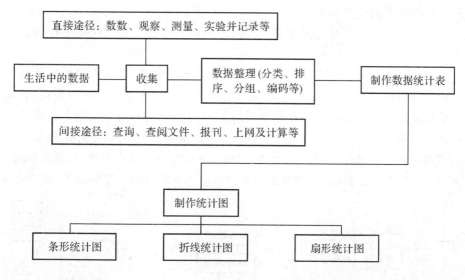

图 8-6 数据与图表知识结构

本章主要内容分析：

第一，本章是统计与概率的基础，作为义务教育第二学段统计与概率部分的延续，为后续的统计知识的学习奠定基础，起到承上启下的作用。章头的引言安排了两个实际问题，一个源自于学生的生活经验——鞋码问题，另一个是三次地震震级的比较问题，这两个问题虽然学生可以根据生活经验作出回答，但要给出令人信服的结论还需要统计的知识。

第二，"数据的收集与整理"。教科书首先通过合作学习引出了数据收集的基本方法。通过具体的例子讲述了对数据进行分类、排序、分组、编码的方法，使学生掌握数据处理的基本方法。

第三，统计表。将收集的数据经整理后使之表格化，这既是数据整理和表达的一种方式，又是绘制统计图的基础。由于这部分内容在第一学段学生已有初步的概念，因此教科书采用了示例的形式编制统计表，没有对统计表作较为严格的规定与讨论。

第四，统计图。教科书在学生小学学习的基础上，对条形统计图、折线统计图、扇形统计图的形式，以及反映数据的特点、绘制的方法与步骤进行了讲述，特别是要求学生能根据数据的特点，选择合适的统计图来表示数据，并能够理解各种统计图所表示数据的含义。

第五，课题学习。课题学习的内容是利用数学统计软件 Excel 绘制统计图表。计算机的使用可以大大提高数据整理和显示的效果，为学生提供了一个良好的工具，使学生的主要精力集中在数据处理和表示的思想和方法上，拓宽了学生的知识面，为学生综合运用知识解决问题提供了机会。

（七）图形的初步知识

本章的主要内容有几何图形、线段、射线和直线、角、相交线与平行线。本章不是对以前知识的简单复习，而是同类知识的螺旋上升。

线段和角是两种最基本的图形，它们在周围随处可见，和人们的生活和生产实践密切相关。在今后的几何学习中几乎所有问题都会涉及线段和角，熟练掌握有关线段和角的知识和技能是学好几何的一个十分重要的起点。所以本章的教学重点是线段和角。与线段、角、直线的垂直和平行线的概念、表示法和性质随之而来的是几何语言，学生要正确应用几何语言进行分析、判断和表述，需要一个较长的过程，是本章主要的教学难点。本章的知识结构如图8-9所示：

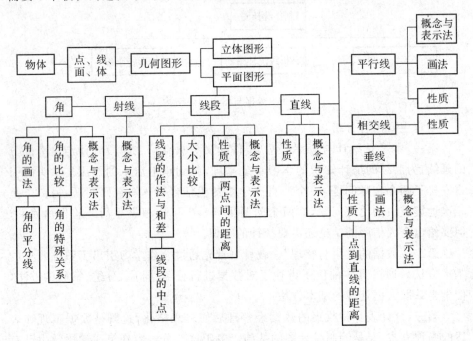

图 8-7　图形的初步知识知识结构

本章主要内容分析：

第一，本章的主要内容是图形的初步认识，教科书从学生生活周围熟悉的物体入手，使学生对物体形状的认识从感性逐步上升到抽象的几何图形。教师可以补充一些具体的事例，如点动成线、线动成面、面动成体，形象地使学生初步认识立体图形和平面图形的联系。在此基础上，认识一些简单的平面图形——直线、射线、线段、角以及直线的两种最常见的位置关系——相交与平行。

第二，直线、射线、线段和角都是一些最简单的几何图形，比较复杂的图形都是由最简单的图形组成的，有关直线、射线、线段和角的要领和性质也是研究比较复杂的图形,如三角形、四边形等的必要基础,有关它们的画法、计算,也是有关复杂图形的画法、计算的基础。因此,教科书在 7.1 节"几何图形"之后,安排了 7.2 节"线段、射线和直线"与 7.3 节"线段的长度比较",在前一学段学习直线、射线、线段知识的基础上,给出了它们的表示方法以及线段长度比较的内容,让学生通过探究,体验两点确定一条直线和两点之间线段最短的性质。接着,安排了 7.4 节"角与角的度量"、7.5 节"角的大小比较"和 7.6 节"余角和补角"的内容,结合丰富的实例,进一步认识角、角的表示方法、角的度量、角的画法以及角的比较、补角和余角等内容。最后,安排了 7.7 节"相交线"和 7.8 节"平行线"的内容,通过角的关系以及具体的事例,介绍了相交线与平行线的有关知识,了解并掌握了经过直线外一点,有且只有一条直线平行于已知直线等性质。

第三,本章的学习要注意多从实物出发,让学生感受到图形世界无处不在,引起学生学习的兴趣。结合一些具体问题,让学生感受学习空间与图形知识的重要性和必要性。对于一些抽象的概念、性质等,要设置丰富多彩的生活情境让学生充分经历从客观实际到几何图形的抽象过程。同时要注意概念的定义和性质的表述,逐步使学生懂得几何语句的意义并能建立几何语句与图形之间的联系。这些不仅是学习好本章的关键,对于学好以后各章也是很重要的。

(八)三角形的初步知识

本章主要内容是在初步了解三角形的基础上进一步学习三角形的一些基本性质以及尺规作图。本章的知识结构如图 8-8 所示:

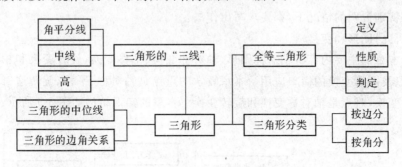

图 8-8　三角形的初步知识知识结构

本章主要内容分析:

第一,介绍三角形的边与角的有关知识,"三角形任何两边的和都大于第三边"这一性质,学生在小学阶段已学过,本章的教学要求要比小学高,体现在:①要会运用两点之间线段最短来解释;②归结为即使是两条较短的边之和也大于最长的边。让学生经历三角形任何两边的和都大于第三边这一性质的发生过程。用不等式来表达这一性质时,应是 $a+b>c, a+c>b, c+b>a$ 三个不等式同时成立。三角形的内角和等于180°这个性质,教材设计了一个折纸的"合作学习",这不要认为是简单的重复,实际上是为学生提供一个更丰富的实践活动,进一步理解这一性质的正确性,体现知识的螺旋上升的结构特点,学生可以通过观察、归纳、类比等方法去体验,通过说理去验证命题。动手操作的过程,为学生转换学习方式创造了条件。

第二,全等的概念用三对完全相同的树叶、邮票、拼图板等来引导学生,通过观察、对比、与同伴交流,得出能够重合这种全等图形的本质属性,通过一些学生身边的、熟悉的例子,让学生经历概念的形成过程。范例是用叠合的方法来说明这两个三角形全等,有一定的难度,目前为止,可以说明两个图形重合的基本依据有:①两条线段的两个端点重合,则这两条线段重合;②有一条公共边的两个相等的角,沿公共边折叠时,这两个角的另一条边也必定重合。

教材以"合作学习"的方式让学生经历实验、观察、验证、交流等过程,来探索并掌握两个三角形全等的条件,得出结论。另外,在探索三角形全等的条件时,教材把"SSS"作为第一个条件,这样编排更符合学生的思维特点。

第三,在学习作三角形时,教材正式提出"尺规作图"的概念。在这一章中《标准》对尺规作图的要求有以下三个方面。①完成以下基本作图:作一个角等于已知角,作角的平分线(可通过 SSS 来说明作图的正确性),作线段的垂直平分线;②利用基本作图作三角形:已知三边作三角形,已知两边及其夹角作三角形,已知两角及其夹边作三角形;③了解尺规作图的步骤,对于尺规作图题,会写已知、求作和作法(不要求证明)。所以本教材对尺规作图题,从这节开始在没有特别说明的情况下,都要求写出作法。

(九)图形和变换

本章的主要内容有轴对称图形,轴对称变换、平移变换、旋转变换和相似变换,以及图形变换的简单应用。本章教学的重点是轴对称、平移、旋转这三种图形的变换,难点是轴对称变换和旋转变换。本章的知识结构如图 8-9 所示:

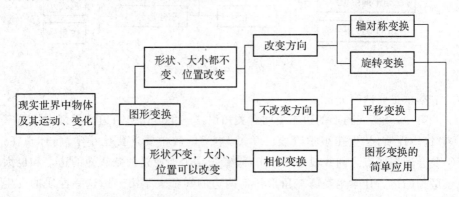

图 8-9 图形和变换知识结构

本章主要内容分析：

第一，虽然本章内容学生已有所接触，学生已学习用折纸等方法来确定轴对称图形的对称轴、用方格纸画轴对称图形、按一定比例将简单图形放大或缩小、将简单图形平移或旋转90°、设计图案等，同时学生对轴对称、平移、旋转、相似等变换也具有一定的感性认识和生活经验。但还非常肤浅，对图形变换的认识只停留在具体、感性的阶段。

第二，课本对这四种变换的性质的处理都是先从实际例子引出有关的概念，然后安排一个例题的学习，最后通过"想一想"、"做一做"等环节归纳出性质。从实际例子引入的过程中，课本安排了"合作学习"栏目，意在让学生经历一个合作的过程，在合作中探讨、体会其含义。例题大多是画图题，通过画图能使学生直观地感受到其"变"与"不变"。最后是通过练习达到对性质的初步运用，从而加深对性质的理解。这样介绍四种变换的概念、性质和简单的作图，侧重于对其性质的探索和理解，同时能运用其性质进行简单图形变换的作图。轴对称、平移、旋转变换均属于保距变换，和全等图形的关系比较密切，其概念、性质将在本章中作完整地介绍，并在后面的学习中作进一步的渗透和应用。相似变换是保角变换，对相似变换的概念和性质的真正理解和掌握，还须进一步学习相似三角形、位似形等知识，这将在九年级上册学习。

（十）事件的可能性

本章主要内容有：对概率的初步认识，必然事件、不确定事件（随机事件）、不可能事件等概念，用列举法（包括列表、画树状图）统计在简单问题情境中可能发生的事件的种数。本章的知识结构如图8-10所示：

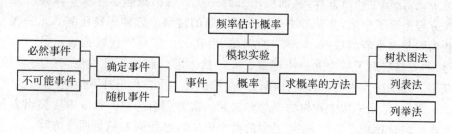

图8-10　事件的可能性知识结构

本章主要内容分析：

第一，课本从学生生活中熟悉的事件入手，使学生对具体事件的认识从感性逐步上升到事件发生的可能性的概念，通过补充一些具体的事例，帮助学生认识事件发生的可能性的大小以及可能性与概率的意义。

第二，事件的可能性的认识是概率学习的基础，是教学的一个难点。课本在3.1节"认识事件的可能性"与3.2节"可能性的大小"之后，安排了3.3节"可能性和概率"，旨在使学生能计算一些简单事件发生的可能性的基础上，给出等可能性事件概率的计算公式。

第三，本章的学习要注意多从实例出发，让学生感受到可能性事件在现实世界中无处不在，引起学生学习的兴趣。在教学中，应注重所学内容与日常生活、自然、社会和科学技术领域的联系，让学生感受学习事件的可能性与概率的重要性和必要性。

（十一）二元一次方程组

本章主要内容有：二元一次方程的概念及其解的不唯一性、二元一次方程组的解法及建立和运用二元一次方程组这种数学模型解决一些简单的实际问题。本章的知识结构如图 8-11 所示：

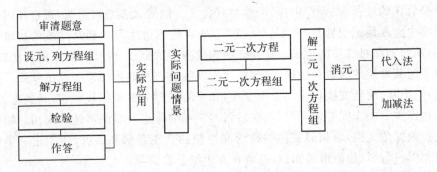

图 8-11　二元一次方程组知识结构

本章主要内容分析：

第一，在学了一元一次方程的基础上，通过生活中的实际问题，以合作学习的方式，让学生列出方程，从而引出二元一次方程的概念。让学生体验二元一次方程来源于生活，并是解决生活实际问题的需要。怎样正确理解二元一次方程的解是本小节的难点，本小节的例题（用含一个字母的代数式表示另一个字母）的安排有助于学生进一步理解二元一次方程的解的不唯一性，并且为如何获得二元一次方程的解及后面用代入法解二元一次方程组打下伏笔。

第二，二元一次方程组的概念和二元一次方程组的解。教学中应突出方程组产生的过程和必要性，方程组中的两个未知数必须同时满足两个方程。在本节中，课本通过"做一做"让学生亲身体验二元一次方程组的解是两个二元一次方程解集的"交集"，同时向学生渗透了集合思想。本节中的例题进一步说明二元一次方程组的解在实际问题中的运用。

第三，学习用代入消元法及加减消元法解二元一次方程组。课本通过浅显易懂并形象的"天平"实例，引入代入消元法和加减消元法，直观地揭示了代入消元与加减消元法的实质。通过例2、例3、例4的学习，让学生经历代入消元法和加减消元法解二元一次方程组的一般步骤，此时归纳出的"步骤"容易被学生接受，对于二元一次方程组的解法，课本力求淡化其技巧和具体步骤，而注重揭示其本质思想——消元,让学生初步体验化"未知"为"已知",化复杂问题为简单问题的化归思想。

第四,创设实际问题的情境,引导学生列二元一次方程组来解决实际问题,在实际问题的解决过程中,让学生再一次体验波利亚问题解决的四个步骤:理解问题、制订计划、执行计划、回顾。借此,提高学生分析问题、解决问题的能力。同时通过问题的解决使学生进一步体会方程(组)是刻画现实世界的有效数学模型。

(十二)整式的乘除

本章的主要内容有同底数幂的乘法和除法,幂的乘方和积的乘方,以及单项式与单项式相乘、单项式与多项式相乘、多项式与多项式相乘、单项式除以单项式、多项式除以单项式等运算,以及零指数、负整数指数幂的意义和用科学记数法表示绝对值较小的数等。本章的知识结构如图 8-12 所示:

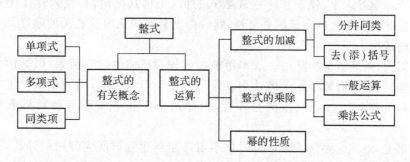

图 8-12　整式的乘除知识结构

本章主要内容分析:

第一,同底数幂的乘法。课本首先从一个国际空间站发现的第 100 颗行星与地球之间距离的计算引出数学运算或处理现实世界中数量之间的关系时,经常会碰到同底数幂相乘的问题,由此引导学生进行合作学习,探索同底数幂相乘的规律,得出同底数幂的乘法法则。之后,让学生继续通过合作学习,进一步探索幂的乘方与积的乘方的运算法则。在这三个法则的探索过程中,对乘方意义的理解和运用是关键,其中积的乘方法则的得出还需用到乘法交换律。

第二,单项式的乘法。课本从一个实际例子:一位旅行者用步长测量天安门广场的面积,引出单项式的乘法,并引导学生思考两个单项式相乘的运算方法和依据(两个单项式相乘运算的依据主要是乘法交换律和同底数幂的乘法法则),并在此基础上引导学生归纳得出单项式与单项式相乘的法则。又设置合作学习栏目,引导学生从一幅电脑画面面积的不同表示和乘法分配律两个方面探索单项式与多项式相乘的运算规律,得出单项式与多项式相乘的法则。

第三,多项式的乘法。对多项式与多项式相乘的法则,课本也是通过对图形面积的不同表示直观得出的,这样处理方便学生理解,符合初中学生形象思维丰富的特点。之后让学生想一想,用乘法分配律解释法则,提高学生对多项式相乘法则的理性理解。

第四,乘法公式。实际是两个特殊的多项式相乘及其所得的结果,由于在数学运算中经常用到,就把它们作为公式。课本采用引导学生观察相乘的两个多项式的系数和字母的特点,以及所得多项式的系数和字母的特点,比较它们之间的关系,得出平方差公式和两数和的完全平方公式。对于两数差的完全平方公式则采用代换的方法得出,这是一种重要的思想方法。课本还分别安排了让学生尝试用图形的面积直观验证平方差公式和两数和的完全平方公式成立,目的是使学生了解公式的几何背景。用平方差公式进行两个特殊数值的相乘计算,来体现说明乘法公式还可用于简便计算。

第五,整式的化简。本节既是整式乘法的运用,又是实际运算的需要。课本从合作学习入手,说明求一些代数式的值,先将其化简,再代入计算比较简捷。由此说明整式的化简的必要性,然后提出整式的化简应遵循的顺序及乘法公式的运用。

第六,同底数幂的除法。课本用求细胞分裂所需的时间引入,引导学生通过填空,归纳同底数幂相除的法则。采用合作学习的方式,引导学生讨论零指数幂和负整数指数幂规定的合理性,由此给出零指数幂和负整数指数幂的意义。

第七,整式的除法。课本首先从宇宙飞船到达月球所需时间的计算,引导学生考虑两个单项式相除的方法,并得出单项式除以单项式的法则。之后安排做一做,引导学生将数的除法类比到式的除法,然后归纳多项式除以单项式的运算方法,得出运算法则。

(十三)因式分解

本章的主要内容包括因式分解的概念,会用两种方法(运用公式不超过两次,指数为正整数)分解因式即提取公因式法、公式法(平方差公式、完全平方公式)进行因式分解,及因式分解在简便计算、多项式的除法和解简单的一元二次方程等方面的应用。本章的知识结构如图 8-13 所示:

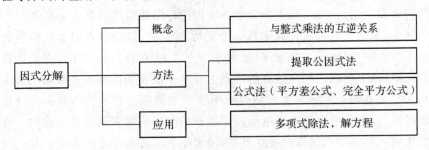

图 8-13 因式分解知识结构

本章主要内容分析：

第一，通过学生观察、比较两种代数式的变形，引入因式分解的概念，这样安排的目的是让学生体验知识的形成过程，从中体会事物之间可以相互转化的辩证思想。让学生观察、比较是数学学习的一种方式，教材编写是建立在学生已有的认知基础上进行的，在例题的处理上安排用乘法检验、验证因式分解的正确与否，是让学生进一步体验因式分解与整式乘法互逆关系，课内练习、作业中安排计算使学生体会运用因式分解可以使运算更简便，有利于学生明确学习因式分解的必要性，可以激发学生学习的兴趣，这节课在安排上突出了因式分解与整式乘法的互逆关系，让学生体会了因式分解在代数变形中的作用，渗透了转化思想，培养学生逆向思维能力。分解因式问题的提出，实际上是对整式乘法的逆过程的思考并运用，逆向思考的方法是我们处理一般问题的重要方法，而且是我们发现问题的重要方法。

第二，因式分解的方法主要有提取公因式法和公式法。通过乘法分配律的逆运算来引入提取公因式法，这样安排的目的是通过学生熟悉的问题情景，引出新知。通过想一想、做一做让学生在尝试中学习。例1的4个小题有层次梯度，提取负号是难点，同时教材这样安排也有利于学生的自学，例2的安排渗透了整体思想，要培养学生的预见性，培养学生思维的灵活性，通过例1、例2的学习最后提炼成添括号法则。

通过整式乘法的平方差公式逆向得出公式法分解因式的方法，再通过做一做让学生尝试用平方差公式分解，这是符合学生认知的，然后用例1来强化理解较复杂的用平方差公式分解的题型结构特点。综合运用多种方法进行因式分解（先提取公因式再运用公式法）是本节课的难点，教材安排合作学习是很合理的，运用合作学习来突破难点。通过整式乘法的完全平方公式逆向得出公式法分解因式的方法的过程，发展学生的逆向思维和推理能力，应用完全平方公式因式分解的关键是让学生判断因式是否是完全平方式。要明确完全平方式的结构特点，教材通过做一做填表来突破这个难点，教材引导和培养认真观察的良好习惯，使学生掌握完全平方式的结构特点。例3的安排，渗透整体换元的思想，教材作业的安排上由浅入深。

第三，因式分解的应用重点是因式分解在多项式除法及解一元二次方程中的应用，教材例1多项式除法中蕴含了换元转化思想，通过合作学习理解一元二次方程解法的算理，明白因式分解在降次转化中起的作用，课本作业第6题因式分解是一个几何背景的因式分解运用问题，通过几何图形面积的变换，教材提供了因式分解恒等变形的几何解释。

（十四）分式

本章的主要内容是分式的概念，分式的基本性质和分式的加、减、乘、除运算。

分式由分子、分母两部分组成，分式的运算与整式运算相比，运算的步骤多，符号变化复杂，方法较为灵活，需要的运算能力要求也较高，分式的四则运算是本章的难点。本章的知识结构如图 8-14 所示：

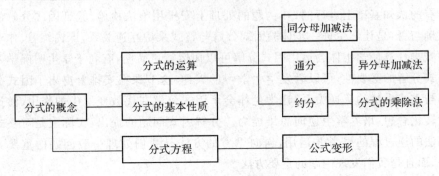

图 8-14　分式知识结构

本章主要内容分析：

第一，本章学习中，无论是引入，还是性质、法则的得出，都采用了分式与分数的类比进行。例如，通过学生熟知的分数性质、运算法则进行类比，学生通过对分数的性质、法则的回忆，比较自然地过渡到对分式的研究。而得到分式的性质、运算法则，这既符合知识的产生和发展的过程，又符合学生的认知规律。实际上，分式与分数只是一般与特殊的关系，教材采用类比的方法既渗透数学思想方法，又易于学生理解和掌握。

第二，本章一个重要思想方法是数学中的转化思想。例如，异分母分式的加减要转化成同分母分式的加减，分式方程的求解要把它转化到前面学过的一元一次方程才能实现。这种把新问题转化为已经解决了的已知问题求解的方法应不断地向学生有意识地渗透。数学中的转化一般有两种，一种是等价转化，另一种是条件转化，转化必须满足一定的条件才有可能。在分式方程中，在方程两边同乘的整式必须不为零，否则得出的根有可能是增根。由于转化需要一定的条件，根的检验成为必要的步骤。本章的重点是分式的四则运算，分式的四则运算的本质还是"转化"，将分式问题转化为整式问题来解决，公式变形也是一种转化。

第二节　八年级

一、教材的内容安排

浙教版八年级数学教材安排了如表 8-2 所示的一些内容:

表 8-2　浙江版八年级数学内容

八年级上册	八年级下册
第 1 章　平行线	第 1 章　二次根式
第 2 章　特殊三角形	第 2 章　一元二次方程
第 3 章　直棱柱	第 3 章　频数及其分布
第 4 章　样本与数据分析初步	第 4 章　命题与证明
第 5 章　一元一次不等式	第 5 章　平行四边形
第 6 章　图形与坐标	第 6 章　特殊平行四边形
第 7 章　一次函数	

这十三章内容中,属于数与代数领域的有"一元一次不等式"、"一次函数"、"二次根式"和"一元二次方程";属于空间与图形领域的有"平行线"、"特殊三角形"、"直棱柱"、"图形与坐标"、"命题与证明"、"平行四边形"和"特殊平行四边形";属于统计与概率领域的有"样本与数据分析初步"和"频数及其分布"。其教育价值主要体现在以下几个方面:

(一)数与代数领域

第一,能使学生体会到数学与现实生活的紧密联系,认识到方程、不等式与函数是现实世界的数学模型,从而认识到数学是解决实际问题和进行交流的重要工具,从中感受到数学的价值,初步学会运用数学的思维方式去观察、分析现实社会,去解决日常生活和其他学科学习中的问题,增强应用意识,培养初步的应用能力。第二,通过对现实世界中数量关系的探索、方程的建立和求解、函数关系的探究等活动,促进学生对数学学习的兴趣,提高解决问题的能力和自信心,培养学生初步的创新意识和发现能力。同时,在变量与函数的研究中,让学生明白用运动、变化的观点来考察,可以使认识更加深刻。这必将有助于培养学生的辩证唯物主义观点,有利于学生用科学的观点认识现实世界。

(二)空间与图形领域

通过本部分"空间与图形"领域的学习,一方面使学生更好地认识、理解生活的空间,更好地生存和发展;另一方面通过完成从"实验"向"论证"的过渡,体会几何证明的必要性,理解证明的基本过程,掌握证明的书写格式,初步感受公理化思想,使学生获得必需的知识和必要地技能,并初步发展空间观念、学会推理。

(三)统计与概率领域

通过本部分"统计与概率"领域的学习,一方面让学生感受抽样和随机抽样的重要性,体会用样本估计总体的思想,使学生形成科学的世界观和方法论;另一方面通过对三个反映数据集中程度的统计量(平均数、中位数、众数)的选择,利用频数、频率、极差等描述数据,进而培养"运用数据进行推断"的思考方法,发展学生解决问题的能力。

二、对教材内容的分析

(一)平行线

本章是在学生学习了图形的初步知识——相交线、平行线及平移变换等基础上,进一步探索平行线的有关事实,从现实的情境出发,抽象出"三线八角"的几何模型,并在直观认识的基础上,概括出三类角的概念,进而探究平行线的判定方法与平行线的特性。平行线与相交线是同一平面内两条直线的基本位置关系,平行线的相关知识是学生今后进一步学习三角形、平行四边形等知识的重要基础。

本章的总体知识编排与原平行线知识要求相差不大,只是基本证明依据比以前更加明确了——"同位角相等,两直线平行","两直线平行,同位角相等",其他的判定、性质都以此为依据推理,判定中明确了"同旁内角互补,两直线平行"的方法,在教学过程中要把握说明理由的难度,整章教材的练习仍以填空为主,没有较长完整理由的说明,虽然学过三角形的基本知识和全等三角形,但教学时仍要注意避免较综合性理由的说明。

本章知识框架如图 8-15 所示。

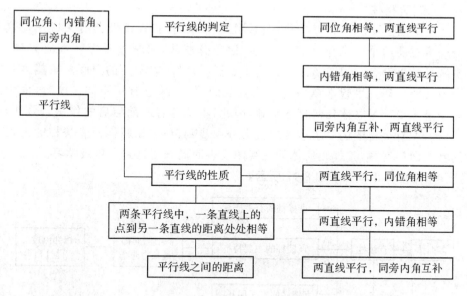

图 8-15　平行线知识结构

(二)特殊三角形

本章的主要内容是等腰三角形、直角三角形这些特殊三角形,是七年级下册"三角形的初步知识"一章的延续和深化。这两类特殊三角形的性质和判定是学习后续几何知识的主要基础,并在日常生活和生产实际中有着广泛的应用。

本章的知识框架如图 8-16 所示。

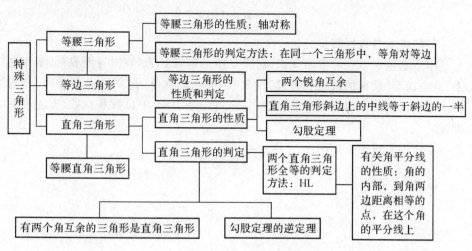

图 8-16　特殊三角形知识结构

(三)直棱柱

本章的主要内容有直棱柱、直棱柱的展开图、三视图及其有关应用。这些内容在前两个学段学生已有接触,但十分肤浅,只学过长方体和立方体。本章是学生已有空间图形知识的进一步扩展,对培养学生的空间想象能力是很重要的一环。尽管本章内容仍是直观的,但要求已有所不同。同时,也为高中进一步学习立体几何打下基础,因此,本章具有承前启后的作用。另外,《标准》中有关视图的要求本套教科书分两步到位,本章只涉及直棱柱的三视图及表面展开图,其他几何体的三视图及表面展开图将到九年级学习。

本章的知识框架如图 8-17 所示:

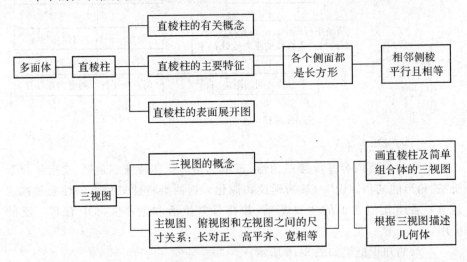

图 8-17　直棱柱知识结构

(四)样本与数据初步分析

本章着重学习统计方面知识,它建立在七年级上册"数据与图表"的基础之上,既是前面"数据的收集和整理"的延续,又为后面学习"频数及其分布"作准备。本章的主要内容有抽样的概念和必要性,平均数、中位数和众数,方差和标准差。

本章的知识框架如图 8-18 所示:

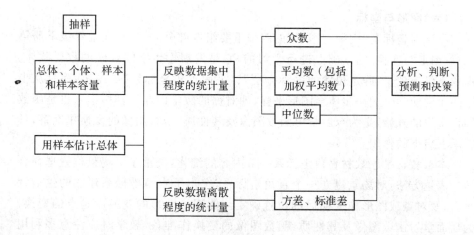

图 8-18　样本与数据初步分析知识结构

(五)一元一次不等式

本章的主要内容有不等式的概念及其基本性质,一元一次不等式和一元一次不等式组,以及列一元一次不等式(组)解应用题。对于一元一次不等式组,《标准》只要求会解由两个一元一次不等式组成的一元一次不等式组。本章是中学阶段代数不等式的起始内容,是今后进一步学习不等式的证明和解不等式的重要基础。客观世界中不仅存在着大量的相等关系,也存在着许多不等关系。和方程一样,不等式是刻画现实世界的一种重要的数学模型,它在生活和生产实际中有着广泛的应用。

本章的知识框架如图 8-19 所示:

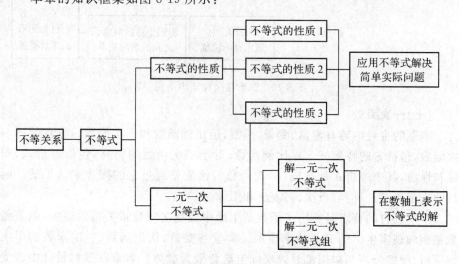

图 8-19　一元一次不等式知识结构

（六）图形与坐标

图形与坐标是"空间与图形"的四个重要组成部分之一，是在七年级下册第二章《图形与变换》的基础上进行学习的，它是发展学生空间观念的重要载体。本章不仅呈现了"确定位置的多种方法"、"平面直角坐标系"等内容，而且从坐标的角度使学生进一步体会图形平移、轴对称的数学内涵，同时，本章也是函数知识学习的开始，是为今后学习函数图像及其性质、函数图像的变换作准备，具有承上启下的作用。

本章教材是原教材直角坐标系一节内容的细化，侧重了对场景位置选择合适的表达方法，对场景建立一个直角坐标系，突出了直角坐标系建立的生活背景，以及对点或图形作变换后的位置确定。体现了图形的变换就是点的变换，为后面学习函数图像及其性质、函数图像的变换作准备，教学时应注意多利用实际场景图示，减少点的位置表达的抽象性，增加点与有序数对的对应性。

本章的知识框架如图 8-20 所示：

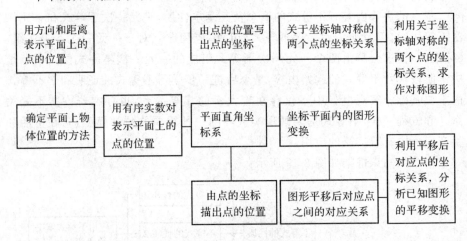

图 8-20　图形与坐标知识结构

（七）一次函数

本章的主要内容有常量、变量，函数、正比例函数和一次函数。重点学习一次函数，包括它的特例——正比例函数，对于一次函数的研究，包括解析式、图像和性质，其中解析式是基础，一次函数的性质是通过它的图像来认识的。函数的表示法有三种：解析法、列表法和图像法。

本章教材的特点是突出了函数是生活中变量之间数量关系的刻画，侧重函数是刻画现实生活的又一数学模型。常量与变量、认识函数、一次函数的引入与分析、图像分析与应用都是以实际生活背景为载体。本章在教材设计中改变了传统教材中先研究特殊的正比例函数，再研究一般的一次函数的教学顺序，将正比例函数纳入一次函数的研究中去，在学习一次函数的同时把正比例函数的学习也完成了。

本章的知识框架如图 8-21 所示：

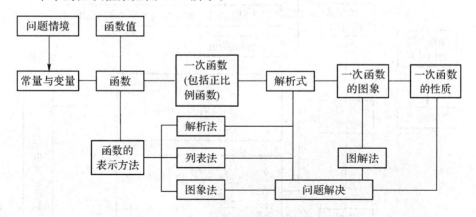

图 8-21　一次函数知识结构

(八)二次根式

本章的主要内容有二次根式、二次根式的性质、二次根式的运算(根号内不含字母、不含分母有理化)。《课程标准》把二次根式列入实数的范畴,可见该阶段所学的二次根式主要是数的算术平方根。二次根式的性质的依据是算术平方根的概念。本章的学习将为今后进一步学习根式奠定基础,本章的内容在日常生活和生产实际中有着广泛的应用。

二次根式属于"数与代数"领域的内容,它是在学生学习了平方根、立方根等内容的基础上进行的,是对七年级上册"实数""代数式"等内容的延伸和补充。二次根式的运算以整式的运算为基础,在进行二次根式的有关运算时,所使用的运算法则与整式、分式的相关法则类似;在进行二次根式的加减运算时,所采用的方法与合并同类项类似;在进行二次根式的乘除运算时,所使用的法则和公式与整式的乘法运算法则及乘法公式类似。这些都说明了前后知识之间的内在联系。

本章的知识框架如图 8-22 所示：

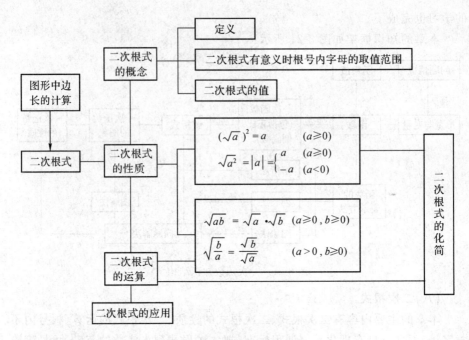

图 8-22　二次根式知识结构

(九)一元二次方程

本章的主要内容有一元二次方程的概念、一元二次方程的解法和一元二次方程的应用。一元二次方程的一般形式是 $y=ax^2+bx+c(a\neq 0)$，它的解法包括因式分解法、开平方法、配方法和公式法。一元二次方程是一类重要的整式方程。分式方程、根式方程，以及高次方程等都是通过转化为一元一次方程或一元二次方程来求解，因此，一元二次方程是今后继续学习方程的重要基础。一元二次方程与图形的面积、物体的运动、量的平均变化率等有着密切的联系，在日常生活和生产实际中有着许多应用。

本章的知识框架如图 8-23 所示：

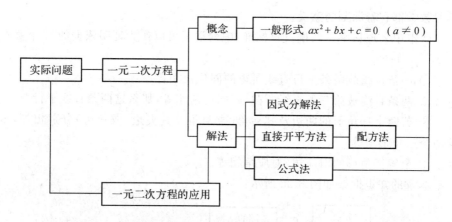

图 8-23 一元二次方程知识结构

(十)频数及其分布

本章主要内容是频数和频率、频数分布表、频数分布直方图和频数分布折线图。在前面已经学习过平均数(包括加权平均数)、众数、中位数、方差和标准差,这些统计量反映了数据的集中程度和离散程度两方面特征,但不能反映数据在各个区间的分布情况。频数和频率的概念是为了进一步表示数据的分布而产生的。频数表示数据分布的主要方式有频数分布表、频数分布直方图、频数分布折线图。频数分布表是制作频数分布直方图和频数分布折线图的必要准备。频数和频率不仅是进一步学习统计学的基础,也是学习概率学的基础。

本章的知识框架如图 8-24 所示:

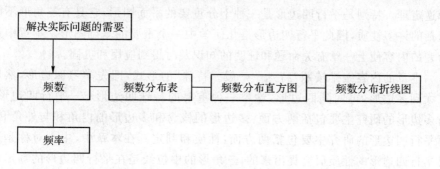

图 8-24 频数及其分布知识结构

(十一)命题与证明

本章主要内容有定义与命题、证明、反例和反证法。经过前面"空间与图形"有关内容的学习,已经完成从实验几何向推理几何的过渡,本章将开始学习有格式要求的论证几何。本章不仅要求学生掌握演绎推理的方法,并且要求能把演绎推理的过程合乎逻辑地表述出来。这对训练学生的思维能力和进一步学习数学都有着深刻的意义。

课本中公理只举了两例，但《标准》中列举了可以作为证明依据的"4 个基本事实"：

① 一条直线截两条平行直线所得的同位角相等；

② 两条直线被第三条直线所截，若同位角相等，那么这两条直线平行；

③ 若两个三角形的两边及其夹角（或两角及其夹边，或三边）分别相等，则这两个三角形全等；

④ 全等三角形的对应边、对应角相等。

本章的知识框架如图 8-25 所示：

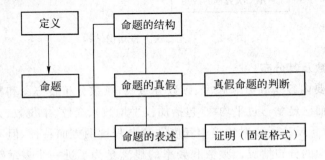

图 8-25　命题与证明知识结构

（十二）平行四边形

本章主要内容有多边形、平行四边形、中心对称、三角形的中位线、逆命题和逆定理。特别是平行四边形是一种十分重要的平面图形，它具有三角形不能概括的许多性质，因此平行四边形是几何学中一个重要的基础图形。本章中逆命题的内容使上一章有关命题和证明的知识及时得到应用和巩固。

本章的内容编排按照"特殊——一般—特殊"的形式，即先学习四边形，然后扩大到多边形，再回到四边形，学习一种重要的特殊四边形——平行四边形。对多边形的研究主要包括两方面：多边形的概念和多边形的内角和与外角和；对平行四边形的研究主要包括两方面：性质和判定。在本章中，中心对称是通过平行四边形的性质研究提出来的，三角形的中位线是在平行四边形的判定的应用时提出来的。

本章的知识框架如图 8-26 所示：

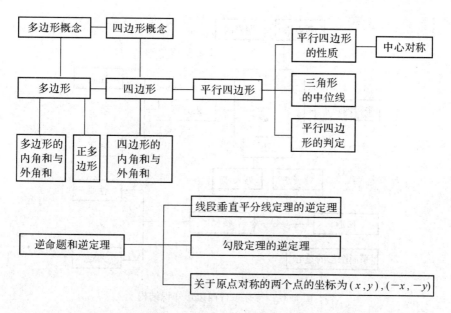

图 8-26　平行四边形知识结构

(十三)特殊平行四边形

本章的主要内容有矩形、菱形、正方形和梯形。矩形、菱形、正方形都是特殊的平行四边形,正方形还可以看做特殊的矩形,也可以看做特殊的菱形,而梯形不属于平行四边形。对矩形、菱形、正方形和等腰梯形这些图形的学习主要包括两方面:性质和判定。到本章结束,初中阶段由线段所组成的平面图形基本已介绍完毕。通过本章的学习,使前面所学的几何知识得到进一步的巩固和加深,为进一步学习空间与图形奠定基础。

本章的知识框架如图 8-27 所示:

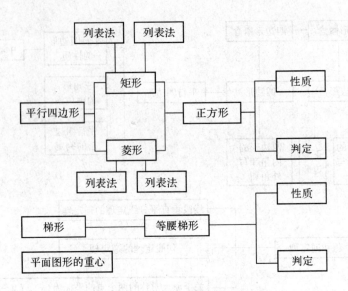

图 8-27　特殊平行四边形知识结构

第三节　九年级

一、教材的内容安排

浙教版九年级数学教材安排了如表 8-3 所示的一些内容：

表 8-3　浙江版九年级数学内容

九年级上册	九年级下册
第1章　反比例函数	第1章　解直角三角形
第2章　二次函数	第2章　简单事件的概率
第3章　圆的基本性质	第3章　直线与圆、圆与圆的位置关系
第4章　相似多边形	第4章　投影与三视图

二、对教材内容的分析

(一)反比例函数

本章的主要内容有反比例函数的概念、解析式、图像、性质及应用。本章是在已经学习了图形与坐标和一次函数的基础上,再次进入函数范畴,使学生进一步理解函数的内涵,并感受世界存在的各种函数及应用函数来解决实际问题。反比例函数是最基本的函数之一,是后续学习各类函数的基础。本章知识结构如图 8-28 所示：

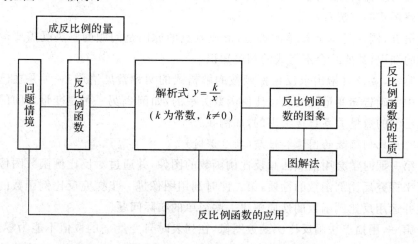

图 8-28　反比例函数知识结构

　　反比例函数是一次函数之后中学阶段又一重要的基本函数,它为今后学习图像是曲线的函数(如二次函数)提供了研究方法。反比例函数本身在日常生活和生产中也有着许多直接应用,这对学生建模思想、数形结合思想等重要思想方法的形成,也会产生较大的影响,所以反比例函数是本章教学的重点。

　　反比例函数的图像有两个分支,给反比例函数的性质带来复杂性,学生不易理解,这是本章教学的难点之一;综合运用反比例函数的解析式、图像和性质解决实际问题时,往往会遇到较复杂的问题情境,需要进行数学建模,利用图像以及综合运用方程、不等式及其他数学模型,所以综合运用反比例函数知识解较复杂的实际问题是本章教学又一主要难点。本章教学,应该注意如下的一些问题：

　　1.反比例函数(共 2 课时)

　　第一课时由《科学》中两个常用关系导出反比例函数概念;第二课时主要是用待定系数法求反比例函数。

　　第一,注意成反比例的量与反比例函数的区别,在前一学段,k 只能是正有理数,而现在 k 可以是除零外的任何实数,所以"若 y 与 x 成反比例,则 y 随 x 的增大而减小"不一定成立。

　　第二,反比例函数中的比例系数 k 与正比例函数中的比例系数 k 都是常数,不带单位。

　　第三,例 1 涉及许多科学知识,尤其是第三问需要用数学模式的变化来解释物理性质,这对学生在能力上有较高要求。其次对杠杆原理中的数量关系进行复习,扫清障碍。

　　第四,在讲解例 2 之前,应先引导学生回顾待定系数法求一次函数解析式的方法与步骤,再启发学生运用类比的方法,自主探究用待定系数法求反比例函数解析式的方法及步骤。

第五,例 3 是本节教学的难点,形成难点的原因是问题的解决既需要运用科学的知识,又要结合不等式的相关知识。

第六,要及时指出求反比例函数的解析式的两种常见情形:一种是在已知条件中明确告知变量之间成反比例函数关系的,如例 2;另一种是变量之间的关系由已学的数量关系直接给出的,如例 3。

2.反比例函数的图像和性质(共 2 课时)

第一课时学会用描点法画反比例函数的图像,并通过对反比例函数图像的分析来探究反比例函数的性质;第二课时利用图像进一步探究反比例函数的增减性并运用反比例函数的性质解决一些简单的实际问题。

第一,用描点法画反比例函数图像,在列表时自变量 x 的取值不能为零,但在列 x 与 y 的对应值表时仍可以以零为基准,左右均匀,对称取值;在连线时要强调,必须分别在各个象限内按照"按自变量从小到大的顺序"用两条光滑的曲线把所描的点连结起来。最后要使学生明确反比例函数的图像是双曲线,它有两支,这两个分支合起来才是反比例函数的图像,而不是反比例函数有两个图像。

第二,在进行函数的列表、描点、连线的活动中,就已渗透了反比例函数的图像和性质,因此在作图过程中,应让学生积极探索。

第三,例 1 第(2)题能够这样代入求解的依据是:函数的图像必须满足以下正反两方面的条件:坐标满足函数解析式的所有点都在图像上,图像上所有的点的坐标都满足函数解析式。在讲解第(3)题时可以先设问:另一支图像是否需要重新列自变量 x 与函数 y 的对应值表来画?反比例函数的图像有何特征?能否利用这种特征画图?

第四,讲反比例函数增减性时应注意以下几点:①让学生回顾画反比例函数图像的过程,在列表中探索当自变量 x 变化时,函数值 y 作如何相应的变化。②应充分利用图像特征来揭示反比例函数的增减性。③应充分发挥"自主探究—合作学习"这种学习方式的作用。

第五,确定以实际情境为模型的反比例函数的自变量的取值范围,一般应考虑两个方面,即函数自身的式子有意义及自变量要符合实际意义。一般有两种方法求自变量的取值范围:一种是利用函数的增减性,另一种是利用图解法。在本课时中,只要求学生能根据反比例函数的增减性,在一个象限内比较直观地找出范围。

第六,函数的图形是函数性质的直观表现,教学中要尽量利用数形结合的思想,借助图形帮助直观求解。

3.反比例函数的应用(1 课时)

本节两个例题的教学应充分体现数形结合的数学思想。小结例 1 时,可以小结利用函数解决实际问题的基本步骤。本节"探究活动"是例 1 的延伸,实际上隐含交轨法作图。本题有 6 个解。小结反思例 2 时应揭示建模思想,概括建模的方法和步骤。

(二)二次函数

函数是数学的核心概念,也是初中数学的基本概念,函数不仅仅可以看成变量之间的依赖关系,同时,函数的思想方法将贯穿整个数学学习过程。学生在学习了正比例函数、一次函数和反比例函数之后学习二次函数,这是对函数及其应用知识的学习深化和提高,是学生学习函数知识过程中的一个重要环节,起到承上启下的作用,为学生进入高中后进一步学习函数知识奠定基础。本章的内容在日常生活和生产实际中有着广泛的应用,是培养学生数学建模和数学思想的重要素材。

本章的主要内容有二次函数的概念、二次函数的图像、二次函数的性质和二次函数的应用。二次函数的图像是它性质的直观体现,对了解和掌握二次函数的性质具有形象直观的优势。二次函数作为初中阶段学习的重要函数模型,对理解函数的性质、掌握研究函数的方法、体会函数的思想是十分重要的,因此本章的重点是二次函数的图像与性质的理解与掌握。体会二次函数学习过程中所蕴含的数学思想方法,函数图像的特征和变换以及对二次函数性质的灵活应用是本章的难点。本章的知识结构如图 8-29 所示:

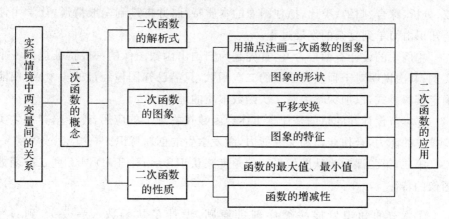

图 8-29　二次函数知识结构

本章的教学,应该注意以下的一些问题:

1.二次函数(1 课时)

第一,教材从三个具体的问题出发,通过学生间的合作学习,建立三个函数关系式;在得出三个关系式后,应要求学生进行化简,并写成降幂排列的形式。从三个解析式中自变量的个数、次数等方面进行观察,归纳它们所具有的共同特征。

第二,例1的设计目的是让学生初步形成二次函数模型的概念。这个例子的重点是自变量取值范围的确定。其中第(2)题是函数的列表表示法的应用,这是函数三种表示方法之一,为后面研究函数图像和学习函数的性质奠定基础。

第三,例2是用待定系数法确定二次函数的解析式,教材为避开解三元一次方程组,选择了二次项系数为1的二次函数作为模型,通过解二元一次方程组确定二次函数的系数,使学生体会函数与方程的有机联系。

2.二次函数的图像(共3课时)

第一,第一课时为描点法画二次函数 $y=ax^2$ 的图像并概括出图像特征。

①本节开头给出画函数图像的三个步骤,其目的是揭示画函数图像的一般步骤,让学生理解和掌握函数的图像的本质就是直角坐标系中满足函数关系式的点(x,y)的轨迹,图像上点的横坐标是自变量值,纵坐标是对应的函数值。

②描点法画函数图像的关键是选择一些具有代表性的点,这样才能做到"窥一斑而见全豹"。引导学生总结出画二次函数图像通常选择的一些关键的点有:顶点、与坐标轴的交点、对称点等,另外,选择的点也应考虑到简单、方便等因素。

③在观察的基础上培养学生的理性精神,要对所画的三个函数图像进行比较、分析、综合、归纳、类比,抓住图像的本质特征,并推广到一般情形,让学生体会知识由简单到复杂的发展过程。

④例1的设计有两层含义:首先是为归纳出函数图像的一般特征提供一个实例;其次说明对于顶点在原点的二次函数,只需已知图像经过的一个点,便能确定其解析式,以加深学生对二次函数本质的理解。

⑤本节设计题的目的是让学生体会函数在物理上的应用,逐步培养学生实验操作的能力,合作能力和探究能力,激发学生的创新意识。

第二,第二课时为从图像平移的角度来认识 $y=a(x+m)^2+k$ 型二次函数图像的特征。

①本节的知识发展按循序渐进原则,设计了从函数 $y=\frac{1}{2}x^2$ 到 $y=\frac{1}{2}(x+2)^2$,$y=\frac{1}{2}(x-2)^2$,再到 $y=\frac{1}{2}(x+2)^2+3$ 的图像的逐步认识过程,这样设计充分考虑了学生已有的知识,从学生认识的最近发展区出发,逐步扩展、加深。

②教学中可以让学生讨论函数解析式 $y=\dfrac{1}{2}(x+2)^2$，$y=\dfrac{1}{2}(x+2)^2+3$ 与 $y=\dfrac{1}{2}x^2+2x+2$ 及 $y=\dfrac{1}{2}x^2+2x+5$ 之间的关系，为下一节课作准备。

③教材已总结出函数 $y=a(x+m)^2(a\neq0)$ 的图像与函数 $y=ax^2$ 的图像只是位置不同，图像的形状、顶点在图像上的位置特征、图像的开口方向等完全相同。其中"顶点在图像上的位置特征"是指顶点处在图像上的最高点还是最低点。这一点应向学生说明，以免误解。

④本节课的重点是从图像平移的角度来认识函数图像之间的变换规律，因此要抓住变与不变这一对矛盾，充分利用数形结合的思想。教学既要注意用好"形"，但又不能仅仅满足于对"形"的认识，而要在抽象思维上培养学生的能力。

⑤本节课是信息技术与数学课程整合的较好素材，要充分利用信息技术在动态演示、图像绘制等视觉方面的优势，努力呈现以往教学中难以呈现的课程内容，帮助学生认识数学的本质。

第三，第三课时为利用配方法进行解析式的恒等变形并根据一般式确定二次函数的开口方向、对称轴、顶点坐标。

①本课时内容的教学要重视知识的前后衔接，可以设计一个过渡问题，从函数 $y=a(x+m)^2$ 图像的开口方向、对称轴和顶点坐标过渡到考虑函数 $y=ax^2+bx+c$ 的图像特征上来。

②设计例 4 的目的是要求学生会根据公式确定图像的顶点、开口方向和对称轴。

③设计例 5 的目的是要求学生会通过配方法来确定函数变换形式和图像的开口方向、对称轴和顶点坐标。

④本节"探究活动"的目的是通过比较让学生认识到在不同的直角坐标系下所得到的函数解析式是不同的。其中以抛物线的顶点在原点时所得的函数解析式最简单，因此建立直角坐标系时要充分利用已知曲线的对称性。

⑤本节"阅读材料——用计算机画二次函数的图像"在指导学生学习时，教师要运用好教育信息技术这一平台，引导学生通过观察动态二次函数图像的变化，进一步探索二次函数的性质。

3.二次函数的性质（1 课时）

第一，教材是通过实例来归纳二次函数的性质的，所以在教学中要多展示一些二次函数的图像，特别是与 x 轴有两个交点、一个交点和没有交点的二次函数的图像，让学生观察和识别哪些是二次函数的本质属性，哪些不是。

第二，通过观察图像，使学生了解抛物线与 x 轴的交点的横坐标，即当 $y=0$ 时对应的 x 的值就是方程 $y=ax^2+bx+c$ 的根，并由此确定二次函数的特征点，通过这些特征点可以方便地画出其草图。

第三,函数的增减性是函数的重要属性,教学中应通过二次函数的图像让学生认识二次函数何时递增、何时递减,并能确定相应的自变量的取值范围(这是和过去教材要求不同的地方)。值得注意的是,相应范围 $x \leqslant -\dfrac{b}{2a}$ 或 $x \geqslant -\dfrac{b}{2a}$ 都包括了 $-\dfrac{b}{2a}$,理由只能从图像来作一些直观说明,其实这是由函数的增减性的定义所决定的。

第四,范例的教学要求是用公式确定二次函数的顶点坐标,用方程求出图像与 x 轴交点的坐标,利用所求出的这些特征点,画出二次函数的草图,并说出其增减性。这个例子仅作为对二次函数性质的验证,教学中教师可根据实际情况进行分解或补充。

4.二次函数的应用(共 3 课时)

第一,第一课时为运用二次函数求实际问题中的最大值或最小值。

①本节从具体问题入手,以问题为背景,按照"问题情境—数学活动—数学应用—回顾反思"的模式呈现本节内容,通过实例巩固学生所学的知识。

②要充分发挥学生学习的主动性,引导学生联系自己的生活经历,使学生感受到函数就在身边,体会到数学知识的广泛性、应用性。

③教材以本章开始的种植面积问题的深入研究为引入,启发学生随着知识掌握的增多,对问题的研究也会更深入,由于问题的难度不大,建议这个问题让学生自主解决。

④例 1 从现实问题中建立二次函数模型,学生较难理解,是本节教学的一个难点。教学中要通过问题的分解,降低问题的难度,让学生经历数学建模的基本过程,通过问题的解决过程,使学生体会二次函数是一类最优化问题的重要数学模型,感受数学的应用价值。

⑤要及时归纳运用二次函数求实际问题中的最大值或最小值的一般步骤:首先应当求出函数解析式和自变量的取值范围,然后通过配方变形,或利用公式求它的最大值或最小值。值得注意的是,由此求得的最大值或最小值对应的自变量的值必须在自变量的取值范围内。

第二,第二课时为综合运用二次函数和其他数学知识解决有关距离、利润等的函数最值问题。

①本节有两个例子,例 2 是二次函数的优化模型的深入研究和发展,两船的距离是 $\sqrt{169t^2 - 260t + 676}$,这不是二次函数,但问题的本质是求二次函数 $y = 169t^2 - 260t + 676$ 的最小值。设计本题的目的是使学生进一步感受二次函数是探索自然现象、社会现象的重要工具,并且在运用的过程中可以不断地进行创新。

②讲解例 3 时要抓住以下几个环节:①引导学生观察题设中日均销售量与

销售单价的对应值表,启发学生比较相邻两列数据,并发现日销售量可以用销售单价与买入单价差 x 的一次函数表示;②启发学生找出所求函数解析式的主要数量关系:日均毛利润＝销售单价与买入单价差×日均销售量－固定成本;③确定自变量 x 的取值范围;④运用配方法或公式求出函数的最大值,并进行检验。

第三,第三课时为运用二次函数的图像求一元二次方程的解或近似解。

①本节教学要突出问题解决过程中数学模式可以互相转换的思想。所安排的两个范例反映了两个方面的问题解决,例 4 是运用一元二次方程求二次函数的图像与 x 轴或平行于 x 轴的直线的交点坐标,例 5 则是如何运用二次函数的图像求一元二次方程的近似解。

②例 4 的教学应着重讲清问题解决的思路,即先化归为求二次函数 $y＝10t-5t^2$ 的图像与 x 轴的两交点横坐标的差,再化归为解一元二次方程 $10t-5t^2＝0$。问题的第一问解决好了,第二问的解法学生就不难想到了。

③例 5 是利用二次函数图像求方程的近似解,教学中要引导学生不断创新,因为方程的解既可以看做是函数 $y＝x^2＋x-1$ 与 x 轴的交点的横坐标,也可以看成是两函数 $y＝x^2＋x$ 与 $y＝1$ 图像交点的横坐标,甚至还可以看做抛物线 $y＝x^2$ 与直线 $y＝1-x$ 交点的横坐标,但要注意引导学生对各种思路加以比较,提升学生的思维品质,这也是本课时探究活动所要达到的目标。教学中可以结合信息技术中"几何画板"等软件的应用,不断地优化教学过程。

④讲解"课内练习"第 3 题时,教师可鼓励学有余力的学生进一步探究 b^2-4ac 与二次函数 $y＝ax^2＋bx＋c$ 的图像与 x 轴交点的关系。

(三)圆的基本性质

圆属于"空间与图形"领域,在前面学生已经学习了直线形图形的有关性质,会借助于变换、坐标、证明等手段去认识图形的性质,并在小学的基础上,学生已经积累了大量有关圆的经验,本章是在此基础上,对圆的概念及其有关的性质进行系统的探索和证明,从圆的概念形成、圆本身的性质、圆中的量之间的关系以及圆中有关量的计算等方面,进一步加深对圆的认识。

圆是一种特殊的图形,它对于培养学生的数学能力,形成数学的思想方法具有重要的价值。由于圆既是中心对称图形又是轴对称图形,学生可以通过多种方式来认识它,这样有助于培养学生的数学能力。同时,圆的有关性质的探索是通过多种方法进行的,这样有助于学生形成基本的数学思想和方法。这些基本的数学思想方法有以下几个方面:①对称思想:圆的轴对称性、中心对称性;②推理思想:由对称性及其他方法来验证圆的有关结论;③分类归纳思想:将圆周角和圆心角之间的关系归结为同弧上圆周角与圆心角的关系,让学生形成分类讨论的思想;④算法思想:弧长、扇形的面积、圆锥的侧面积和全面积的计算公式不是直接给出的,而是让学生去进行探索、类比、归纳。不仅仅要求学生会计算,而且应该理解公式及其算法的意义。本章的知识结构如图 8-30 所示:

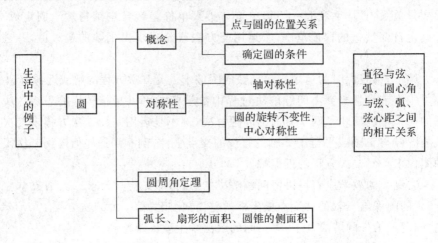

图 8-30 圆的基本性质知识结构

本章主要学习圆的定义、弦、弧、弦心距、圆心角、圆周角、扇形和三角形的外接圆等有关概念。圆是学习几何学的一个基础图形,圆的性质在日常生活和生产实践中有着广泛的应用,因此,本章教学的重点是有关弦、弧、圆心角、圆周角的圆的基本性质。圆的基本性质的几个主要定理的探究和证明过程比较复杂,其应用对逻辑思维能力方面有较高的要求,是本章教学的难点。

在"圆"这一节,主要是让学生通过圆的形成归纳出圆的定义。虽然在小学阶段,学生已经具有圆的有关知识,但还没有抽象出"平面上到定点的距离等于定长的所有点组成的图形叫做圆"的概念。通过探索如何过一点、两点和不在同一条直线上的三点作圆,使学生认识到"不在同一条直线上的三个点确定一个圆"这一确定圆的条件,它不仅仅是一个画圆的问题,而是使学生体会到在画圆中所体现的归纳的思想。另外,也使学生初步了解三角形的外心等有关知识。本节主要使学生体会圆的概念的形成过程。

圆是一种特殊的图形,它既是中心对称图形又是轴对称图形,这一点在前面学习对称性时,学生已经有所了解。本章安排圆的对称性主要是借助于圆的轴对称性,去探索"垂径定理";借助于圆的旋转不变性去探索圆中弧、弦、弦心距、圆心角之间的关系。而且由对称性可以尝试用其他的方法来验证有关的结论。在探索圆周角和圆心角之间的关系时,主要是归结为同弧上圆周角与圆心角的关系(即圆周角定理),让学生形成分类讨论的思想。

弧长、扇形的面积、圆锥的侧面积和全面积的计算公式不是直接给出的,而是让学生去进行探索、类比、归纳。弧长的公式是类比圆的周长公式而归纳得出;扇形的面积公式是类比圆的面积公式而得;圆锥的侧面积是通过其侧面展开图是一个扇形,进而由扇形的计算公式而得出的。因此,"弧长及扇形的面积"、"圆锥的侧面积和全面积"这两节不仅仅要求学生会计算,而且应该使他们理解公式的意义,理解算法的意义。

在本章教学中,还要注意以下几点:

①要使学生从事观察、测量、折叠、平移、旋转、推理等活动,帮助他们有意识地积累活动经验,获得成功的体验。教学中,应鼓励学生动手、动口、动脑,并进行同伴之间的合作交流。

②充分利用现实生活和数学中的素材,使学生探索与圆有关的概念和性质,尽可能地设计具有挑战性的情景,激发学生求知、探索的欲望。

③本章的一个特点是由圆的旋转不变性、轴对称性导出圆的有关性质(如圆心角定理、垂径定理等),体现了利用运动观点来研究图形的思想和方法。也让学生通过本章的学习,体验用运动观点来研究图形的思想和方法。因此,在圆的对称性、圆周角与圆心角的关系等内容中,要有意识地满足学生多样化的学习要求。

④在观察、探究和推理活动中,使学生有意识地归纳数学思想方法,发展学生有条理地思考,并能清晰地表达自己发现的能力。教学中,教师一方面应充分运用好课本已提供的丰富的素材,另一方面也应该选取一些学生身边的、熟悉的材料,丰富教学内容,以帮助学生认识圆的概念、理解圆的性质。

⑤从学习方式上,通过合作学习、探究活动这种形式,促进学生相互交流,从而最大限度获得数学能力的培养和体验数学思想。教学中应积极鼓励学生,当学生在探究过程中遇到困难时,应给予诱导启发,或给予必要的阶梯。让学生在这过程中体验如何学会学习,千万不能包办代替,过早给学生答案。应鼓励合作学习,从多角度思考,采用多种解决问题的办法,创造积极合作、讨论的氛围。

⑥评价时要关注学生思考方式的多样化,注重对学生观察、操作、探索圆的性质、推理等活动进行评价,包括学生在活动中的主动性、参与程度、与同学合作与交流的意识、思考与表达的条理性等。比如,对有关圆的概念的评价应侧重于看学生通过实例是否理解概念;对于圆的有关性质的评价应看学生是否借助于具体的思考方法去理解;对与圆有关的计算的评价,着重看学生是否懂得了基本的算理。

⑦在日常教学中,不仅仅要关注学生是否计算或推出某个结论,而且应该关注学生在各种数学活动中的情感和态度,特别是在小组活动中的表现。对于学生在探索过程中出现的新的方法、新的思想,教师要及时对学生解决问题过程中的创意进行反馈。

(四)相似三角形

相似形是指两个在形状、大小方面具有某种特殊关系的图形,在本套浙教版教科书中,它以全等三角形和相似变换为基础,是全等三角形在边上的推广,是相似变换的延续和深化。相似多边形、图形的位似则是相似三角形的推广和应用。相似三角形的知识又为进一步学习直线与圆、圆与圆的位置关系作准备,它是"空间与图形"领域中的重要内容,对前后各部分知识起到纽带的作用。本章的知识结构如图 8-31 所示:

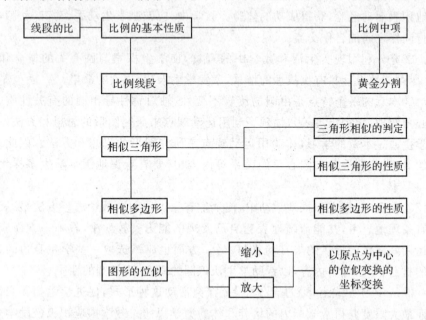

图 8-31 相似三角形知识结构

本章内容主要包括比例线段,相似三角形,相似三角形的条件、性质及其应用,相似多边形,图形的位似,精彩的分形等。学习比例线段是为进一步学习相似三角形而做的准备,相似多边形的概念和性质、图形的位似等知识的引出都以相似三角形为基础,因此相似三角形的判定和性质是本章教学的重点。利用相似三角形解决图形中的比例线段问题,有时思路比较复杂,并且涉及代数方面的知识,图形的位似不仅牵涉到位似比,还要确定位似中心,尤其是位似变换的相应坐标变换学生不容易理解,这些都是本章教学的主要难点。

本章的教学,应该注意以下几点:

1. 比例线段

本节安排 3 个课时:比例的基本性质、比例线段和黄金分割。研究相似三角形离不开研究比例线段,比例线段又是以比例的基本性质为依托,因此课本首先介绍比例的基本性质,利用比例的基本性质进行一些简单的变形。这里主要要求学生理解并初步掌握两种基本方法(或技能):一是利用比例的基本性质进行变形或求值;二是用"设比值"的方法进行变形或求值。课本安排两个例题的目的是让学生理解这两种方法（或技能）。成比例线段与线段的积之间有着内在的联系,利用线段的积相等来找成比例线段是一条很好的途径;计算线段的比以及根据比例尺进行计算,是比例线段的具体应用。课本通过计算图形的面积、线段的长度、比例尺等问题来介绍和运用比例线段,为后面进一步学习相似三角形做准备。

黄金分割在建筑、艺术等方面有较多的运用,与自然界也有着密切的联系。课本从比例中项出发,通过一些具体的例子让学生感受黄金分割的作用,并通过作图让学生感受到黄金分割点的存在性。本节课本所选取的问题是黄金分割应用的部分例子,从中说明其应用的广泛性。

2. 相似三角形

从相似变换引入相似三角形,反映了知识间的一种联系,同时也揭示了相似三角形所要研究的本质就是两个三角形边角之间的关系。通过与全等三角形的比较,突出全等与相似的相互关系:既有相同之处,更有不同之处。本节的学习应突出一种对应关系,即找两个相似三角形的对应边和对应角,关键是先找到其对应顶点。课本通过"做一做"、"课内练习"、"作业题"等来加深学生对"对应"的理解。安排的两个例题分别是对定义所包含的性质和判定两方面运用,这也是本节的另一个重点。

3. 两个三角形相似的判定

课本把探索两个三角形相似的条件分为两节课来学习。对每一种情形,都让学生经历"画图—猜想—验证（量一量、算一算）—归纳"等过程,使学生从直觉上接受具备这些条件的两个三角形是相似的。教材安排的三个例题是从运用这些条件的角度出发的,但有区别。例1是通过相似来解决实际问题,例2是第二个条件的直接运用,例3通过计算来判断这两个三角形是否具备第三个条件。这样既体现了几个相似三角形条件的运用,又体现了选题的多样性,以及教学中的多种功能。

4. 相似三角形的性质及其应用

相似三角形的性质主要指周长比和面积比。课本首先让学生选择合适的方法进行探索和归纳,然后运用相似三角形的性质,通过计算给出证明。例题1是相似三角形性质的一个简单应用;例题2是运用相似三角形的性质解决实际问题;例3是一个集方案设计、问题解决于一体的情境问题,能较好地培养学生分析问题、解决问题的能力及思维的发散性和灵活性。本节的练习题中会涉及相似三角形的对应高的比等于形似比的性质,关于这个性质在证明面积比等于相似比的平方时已经可以得到,课本作了总结,但不作为黑体字出现。并在下面的"做一做"具体体现,学生应能够理解。

5. 相似多边形

相似多边形是相似三角形的延伸和扩展,它与相似三角形有着必然的联系,其判定方法课本没有单独给出,只要求学生能依据定义作出判断即可,其性质与相似三角形类似。课本通过"做一做",把四边形的问题转化为三角形来处理,这也是研究多边形问题的一种常用方法。

6. 图形的位似

位似的两个图形具有一种特殊的位置关系,这种关系是通过位似中心来联系的。位似中心的位置决定了两个位似图形的位置,其关键是抓住对应点的连线都经过位似中心,而相似图形只研究它们的形状和大小,与这两个图形的位置无关。本节的位似只要求学生理解位似图形、利用位似将一个图形放大或缩小。

7. 课题学习:精彩的分形

本课题从雪花的形状出发,通过雪花曲线的形成过程,提出在自然界中广泛存在着这种分形的情形。让学生欣赏分形的美感,引导学生探究数学上分形。借助计算机等工具尝试进行分形,既开阔学生的视野,又丰富数学与生活的联系,同时培养学生的探究欲望和探究能力。

(五)解直角三角形

锐角三角函数刻画了直角三角形中边角之间的关系,它的直接应用是解直角三角形,而解直角三角形在解决生活和生产实际问题中有着广泛的应用。同时,锐角三角函数又是高中阶段学习任意角三角函数的基础,也是整个三角学的基础。研究图形中各个元素之间的关系,并把这种关系进行量化,是分析和解决问题中常用的一种数形结合的方法,这种方法是一种重要的数学思想。因此本章还包含了数形结合的思想。所以,本章内容也是初中阶段数学学习的重点内容之一。本章的知识结构如图8-32所示:

图8-32 解直角三角形知识结构

本章的主要内容有锐角三角函数和解直角三角形的概念、有关锐角三角函数的计算以及锐角三角函数在解决与直角三角形有关的问题中的应用。锐角三角函数是联系三角形边角之间关系的桥梁,解直角三角形是解决与直角三角形有关的数学问题和实际问题的关键,所以锐角三角函数和解直角三角形是本章教学的重点。锐角三角函数的概念比较抽象,难理解在与直角三角形有关的实际问题中涉及的数量关系往往较多,方法不易选择,这些都是本章教学的主要难点。本章的教学,应该注意以下几点:

1.锐角三角函数(共 2 课时)

(1)第一课时为锐角三角函数的概念,经历锐角的正弦、余弦和正切的探索过程

本节课以两个物体在两个坡角不同的斜面上向上运动为背景引入课题,并配以倾斜角不同的电梯作节前图。教学中教师可以根据学生的实际情况,重新设计学生熟悉的问题情境,如山坡、屋顶的斜面,或用木板现场搭建斜面等创设问题情境。使学生在熟悉的问题情境中,从已有经验出发,研究其中的数量关系。

"合作学习"中的三个问题是采用由特殊到一般的实验方法探索直角三角形中边角之间的关系。教学中要重视学生在探索过程中的交流。问题 1、2 分别将直角三角形的锐角固定,研究当边长变化时,其三边长两两之间的比值分别不变。当学生完成取点、测量和计算比值的操作后,应及时引导学生交流,从交流中发现,其三组比值与在角边上所取点的位置无关,由此体验直角三角形的锐角固定,边长变化时,其三边长两两之间的比值分别不变。同时引导学生比较问题 1、2 所得出的结论,发现锐角不同,相应的比值不同,即比值随角度的变化而变化。问题 3 是将 1、2 中的问题一般化,教学时应先引导学生根据问题 1、2 所得出的结论进行猜测,然后用相似三角形加以证明。

三角函数的概念比较抽象,教学时应引导学生回顾函数的概念,并比较"合作学习"中所得的结论,感受把三个比值定义为锐角的函数的合理性,由此突破教学难点。正弦、余弦和正切符号 $sinA$、$cosA$ 和 $tanA$ 的读法和书写教学中都要进行示范。用 $sinA$、$cosA$ 和 $tanA$ 表示直角三角形中两边的比时要引导学生结合图形进行,渗透数形结合,避免死记硬背。

通过例 1 的教学,进一步巩固直角三角形中锐角的正弦、余弦和正切所对应的两边之比。教学中要注意解题过程的示范,并归纳在直角三角形中求三角函数值时,往往要结合勾股定理的应用。

(2)第二课时为特殊角(30°、45°和 60°)的三角函数值

本节课是在上节课已建立三角函数概念的基础上进一步探求特殊角的三角函数值。教学时应引导学生在回顾直角三角形的两个锐角互余、直角三角形三边之间关系(勾股定理),以及直角三角形中,30°角所对的直角边等于斜边的一半等知识的基础上,根据锐角三角函数的定义,自主探求 30°、45°和 60°角的三角函数值。然后引导学生交流探求的结果,归纳出三个特殊角的 9 个三角函数值。

由于三个特殊角的三角函数值应用广泛,因此课本以表格的形式引导学生归纳。教学时可引导学生分别观察 30°、45°和 60°角的三个正弦值、三个余弦值及三个正切值之间的差别及存在的联系,以及其间蕴涵的规律:如 30°、45°和 60°角的三个正弦值由小到大,分母均为 2,分子依次为 1、$\sqrt{2}$、$\sqrt{3}$;而余弦函数值则正好相反。30°、45°和 60°角的三个正切函数值也由小到大,且三个数值存在

着某种"对称",以 45°角是正切值 1 为对称中心,30°和 60°角的正切值分别是 $\frac{1}{\sqrt{3}}$

和 $\frac{\sqrt{3}}{1}$,互为倒数,且形式上存在对称美。由此可突破特殊角三角函数值多、容易混淆的难点。

例 2 中首次出现三角函数平方($\sin^2 45°$)的书写方法,教学时要明确它的含义并进行书写示范。

例 3 是用特殊角的三角函数值解决与直角三角形有关的实际问题,以学生熟悉的做操动作为问题情境。教学的难点是当手臂与水平方向成 60°角时,想象从手指尖向水平方向作垂线,所得的垂线、水平线和手臂之间构成直角三角形,从而将实际问题转化为直角三角形中的计算问题。在例 3 的教学中,可以请学生模拟问题情境,共同分析解决问题的思路,得出解决问题的关键是构造直角三角形,求出当手臂与水平方向成 60°角时,手臂的垂直高度。另外,本例题也是首次在直角三角形中利用三角函数值求边长,其中体现了方程思想,教学时应加以归纳点拨。

2.有关三角函数的计算(共 2 课时)

(1)第一课时为用计算器求锐角的三角函数值

在引入课题后,介绍用计算器求锐角的三角函数值时,如果学生所用的计算器型号不一,可分小组合作学习,让每一组学生在相互帮助下学习,让每个学生都根据自己的计算器型号修改表中求三角函数值的按键顺序及显示结果,然后进行交流,归纳按键顺序及显示结果的异同。

用计算器求三角函数值的显示结果一般有 10 个数位,如果问题中没有特别说明,可精确到万分位,即保留四位小数;如果是运算的中间结果,则应保留尽可能多的小数位。

例 1 求三角形周长和面积的解题过程中,应先将所求的周长和面积表示成已知边长和已知角的三角函数的代数形式,最后再将边长和角度代入计算。这样处理一方面方便书写,另一方面可提高运算效率并减少计算误差。

(2)第二课时为用计算器根据三角函数值求锐角

本节课以求公路弯道的长为背景设计问题引入,目的在于说明由已知三角函数值求锐角也是解决现实生活中实际问题的需要。教学中要重视围绕"合作学习"的三个问题进行思考、交流,由此感受学习由已知三角函数值求锐角的必要性和学习的价值,由此激发学习兴趣。

在引入课题后,介绍用计算器求锐角时,如果学生所用的计算器型号不一,同样可分小组合作学习,让每一组学生在相互帮助下学习,让每个学生都根据自己的计算器型号修改课本中介绍的按键顺序。

用计算器求锐角,如果问题中没有特别说明,应将计算结果精确到 1″。如果问题中给出或经计算求得的三角函数值恰好是 30°、45° 和 60° 角的三角函数值,则应要求学生不用计算器直接说出它所对应的角。

3. 解直角三角形(共 3 课时)

(1)第一课时为解直角三角形的概念及其简单应用

本节课以平屋顶改建成坡屋顶为问题情境引入,说明现实生活中经常会遇到需要在直角三角形中由已知一些边、角求另一些边、角的问题。为叙述方便,本教科书给出了"解直角三角形"的名称,教学中只需要学生了解即可,不需要背、记概念。

例 1 是解直角三角形的解题过程示范,同时进一步巩固锐角三角函数知识。例 1 教学时,要注意引导学生分析已知条件,选择合适的求角和边的方法。可先让学生自主选择求 $\angle B$ 和 a,b 的方法,然后进行交流比较。如:①求 $\angle B$ 可以按教科书方法用直角三角形两个锐角互余求得,也可以在求出边长 a,b 后,通过计算 $\angle B$ 的正切值再用计算器求角得到。但采用后者不仅求解过程复杂,并且得到的是近似值,因此当已知一角时采用两锐角互余的方法求另一角比较合理简捷。②在求边长时选用不需要除法运算的三角函数比较便捷。③求边长 b 可用正切函数,由 $b=a\tan B$ 求得。但 a 是刚求得的近似值,用近似值代入计算不仅增加计算量,还可能影响结果的准确性,因此要尽量避免选用。如上种种,应在例 1 的基础上引导学生加以归纳、小结,同时培养学生养成解题后要反思总结的习惯,提高解决问题的能力。

例 2 是用解直角三角形的方法解决简单的实际问题,一方面巩固解直角三角形的方法,另一方面是用解直角三角形的方法解决实际问题的示范。例 2 教学后要引导学生小结:在直角三角形中,当已知两条边求第三边时,一般选用勾股定理;当已知一条边和一个锐角(或锐角的三角函数)时,选用适当的三角函数求解。解决一个问题往往需要综合运用直角三角形的性质、勾股定理和锐角的三角函数等。

(2)第二课时是解直角三角形在解决有关图形计算问题中的进一步应用

对例 3 中的两个术语"坡比"和"坡角",容易混淆,教学时可以让学生讨论,区别它们的联系和区别:它们都与坡面有关,坡比是坡面的高度与水平距离的比,坡角是坡面的倾斜度;坡比与坡角的正切值相等。另外,还可以引导学生归纳本章学习中遇到过的有关名词,分析它们的异同:斜面、斜坡、倾角、倾斜角等。

过梯形上底的端点作梯形的高,是将梯形中的计算问题化归为解直角三角形问题的常用辅助线,在例 3 教学后要引导学生加以总结。锐角三角形或钝角三角形的高是将其转化为直角三角形的辅助线。总之,过一点向一条线作垂线是将一些图形问题化归为直角三角形问题的基本辅助线。

例 4 教学中应引导学生结合图形加以分析,如果有条件可带学生到跑道上实地查看,动手实践怎样用皮卷尺确定弯道处两点间的路程,引导学生用数学知识将较难测量的弧长转化为方便测量的弦长,由此将实际问题转化为根据弧长求弦长的数学问题。而根据弧长求弦长在图形中归结为用两条半径和弦 AB 构造等腰三角形,再作等腰三角形的高,将求弦长的计算问题化归为解直角三角形问题来解决。联系弧长和弦长的关键量是弧所对的圆心角,所以首先要根据弧长的计算公式求出圆心角的度数。

通过本节课的"作业题"第 4 题和第 6 题,可以引导学生探求当已知三角形的一个锐角 A 及其两条夹边长 b,c 求三角形面积的方法,得出三角形的面积公式 $S=\dfrac{1}{2}bc\sin A$。但不要求学生记忆该公式。

(3)第三课时是解直角三角形在解决实际问题中的进一步应用

在例 5 教学中,首先应引导学生分析题意,联系速度与时间和路程的关系:已知时间求速度,关键要知道路程,由此将求速度问题转化为求路程问题。然后根据问题的描述画出船的位置和航行路线,借助图形的直观加以分析,用数形结合的方法将实际问题转化为数学中的解直角三角形问题,这是解决本例的关键,也是本例教学中要让学生重点体验和积累经验之处。

例 6 中 A 楼的高度,根据所给的条件,由视线、地面水平线和 A 楼边沿的铅垂线构成直角三角形可直接求得,而 D 楼的高度不能直接求得,但由条件可以求出 A、D 两幢楼的落差,由此可求得 D 楼的高度。因此解决本例的关键是以点 A 观察点 D 的视线为斜边和适当的水平线及铅垂线为直角边构造直角三角形,除课本给出的构造方法外,还可以采用过 D 点向水平线 AF 作垂线的方法得到。教学中可让学生尝试分析问题并构造三角形,然后交流不同构造方法的特点和便捷性,鼓励学生学习的积极性,使学习成为主动的富有个性的过程。

例 5、例 6 教学后应引导学生总结,将实际问题化归为解直角三角形问题,构造适当的直角三角形是关键。航行问题中的三角形往往由方位线和航行路线构成,高度测量问题中的三角形由视线、水平线和铅垂线等构成。方位线、视线可分别由方位角和视角确定,要求学生对方位角、和各种视角(如仰角、俯角、观察角)有准确的理解和想象,并能准确画出这些线。

"课内练习"第 3 题在画出图形后,需要根据勾股定理列方程解答,这是解直角三角形中常用方程思想,教学中要加以引导总结。

本节后的"设计题",如果学校没有测倾仪,教师可组织部分学生用一个大量角器动手制作。然后让学生分组、分时段实施测量。

4.课题学习:会徽中的数学(1 课时)

本课题学习教学目标为:让学生经历会徽中数学知识的挖掘与欣赏过程,进一步感受数学知识在图案设计中的应用,从而激发学生学习数学的兴趣,进一步体会直角三角形中边角之间的关系,加深对锐角三角函数、勾股定理等知识的理解和整体性认识,从而进一步发展应用解直角三角形解决问题的意识和能力。

　　教学中,在探索求$\angle A_1OA_2$,$\angle A_2OA_3$,…之前,可让学生思考,怎样画出图1-27,有几种不同的画法,由此让学生体会求$\angle A_nOA_{n+1}$的意义,激发探求$\angle A_nOA_{n+1}$的积极性。在探索第几个直角三角形的内角$\angle A_nOA_{n+1}$是第一个小于20°的角时,可以引导学生根据图形,列出边长 $OAn=\sqrt{n}\geqslant\dfrac{1}{\tan20°}$;或根据锐角三角函数的正切函数值随角度的增大而增大的关系列出不等式$\dfrac{1}{\sqrt{n}}\leqslant\tan20°$,然后可根据不等式的基本性质,将它变形为$\sqrt{n}\geqslant\dfrac{1}{\tan20°}$,再用计算器进行估计。

　　在探索北京国际数学家大会的会徽中蕴涵的数学时,在引导学生观察会徽特点的基础上,可以用怎样画出这个图案来激发探索的兴趣和探索的方向。如要使图案中的大小正方形边长分别为$m,n(m>n)$,则可以通过求出直角三角形的边长来画,也可以通过求出直角三角形的内角来画。

　　在"课题学习"的教学中,既要放手让学生自主探索,又要引导学生间进行合作与交流。如在学生自主提出关于北京数学家大会会徽的两个数学问题后,应引导学生交流,可请学生邀请同伴解答并相互评价;在学生自主探索如何画出图1-27和图1-28的方法后,让学生交流所想到的不同方法,以及相应画法所需要的数据与求法,并尝试画一画;在学生自主选取大小正方形边长的不同值画出图1-28后,交流所画的图形,欣赏图案的变化等等。

(六)简单事件的概率

　　概率,用事件发生的频率来作为概率的估计值在日常生活、自然、科技领域有着广泛的应用。中学生接触这个领域的知识,无论是对今后继续深造,还是参加社会实践就业都是十分必要的。《数学课程标准》(实验稿)把"统计与概率"单独作为一块内容是因为它的实用价值和教育意义。首先,在以信息和技术为基础的社会里,数据日益成为一种重要的信息,所谓让数据说话就是这层意思。可以说收集、整理、分析数据的能力,已成为信息时代每个公民的基本素质。"运用数据进行推断"的思考方法已经成为现代社会一种普遍适用并且强有力的思维方式。其次,义务教育阶段应当使学生熟悉统计与概率的基本思想方法,从而使他们逐步形成统计观念,进而形成尊重事实、用数据说话的态度。不仅如此,让学生了解随机现象也有助于形成科学的世界观和方法论。本章的知识结构如图8-33所示:

　　本章主要内容有简单事件的概率、估计概率和概率的简单应用。用等可能事件的概率公式解决一些现实问题,用频率来估计事件发生的概率在生活、生产中有着广泛的应用。它有助于我们在错综复杂的情况下,分析事件发生的可能性,帮助我们作出合理的判断和决策。因此这是本章学习的重点。等可能事件的概率的计算往往需要学生有较强的分析和综合能力;对在保持实验条件不变的情况下,随着实验次数的增加,某事件出现的频率趋于稳定,学生较难理解,这些是本章教学的难点。在本章教学中还要注意以下几点:

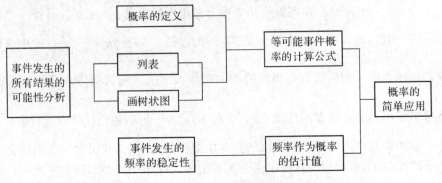

图 8-33 简单事件的概率知识结构

1.关于概率的定义

一般地,如果事件在一次试验中各种结果出现的可能大小是相等的,那么我们就说它是等可能事件。一般地,如果一次试验中所有事件可能发生的结果总数是 n,其中事件 A 可能发生的结果总数是 m 种,那么事件 A 的概率 $P(A)=\dfrac{m}{n}$。

2.概率内容比较抽象

试验的不确定性、概率结果的唯一性,常常使学生感到困惑。所以本章的编排是以问题带概念的形式来展开的,教学中应多选取贴近学生生活的实际问题,引发学生兴趣,加深对本章主要内容的理解。正因为这个原因,本套教科书采用循序渐进的方式,不断加深。

3.关于频率与概率

"概率与统计"模块内容到这里已全部学完。应适当注意统计与概率之间的内在联系,频率作为概率的估计值就是体现两者联系的一个方面。用频率的近似值估计概率,在教学中有两点要引起重视:一是实验条件不变;二是随着实验次数的增加,频率趋于稳定,这个稳定值可作为概率的估计值。实验条件不变实际上不容易做到,有条件的话用计算机模拟实验,教学效果将更好。

(七)直线与圆、圆与圆的位置关系

本章是继九年级上册圆的基本性质学习的基础上的延续和发展,从而让学生在初中阶段比较系统、完整地学习圆的知识,这是学生今后学习解析几何等知识的重要基础。由于直线与圆相切、圆与圆相切的概念具有一定的抽象性,所研究的问题往往是直线形与曲线形交织在一起,解决问题常需要综合运用代数、几何、三角等多方面知识,具有较高的综合性,所以,问题的解决过程有利于培养空间想象能力和逻辑推理能力,学会综合和分析的思想方法。本章的知识

结构如图 8-34 所示：

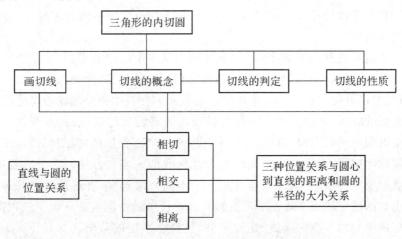

图 8-34　直线与圆、圆与圆的位置关系知识结构

本章的主要内容是直线与圆、圆与圆的位置关系，以及各种位置关系的判定和性质。本章的重点是圆的切线和圆与圆相切的判定及性质。利用直线与圆、圆与圆的位置关系的判断与性质来解决实际问题需要学生具有较强的理解能力及转化能力，综合程度较高，是本章的主要难点。

（八）投影与三视图

空间观念的形成是一个长期的过程，而使学生具有良好的空间观念是义务教育阶段数学教育的一个重要目标，在七年级上册的"图形的初步知识"，七年级下册的"图形和变换"、八年级上册"直棱柱""图形与坐标"等基础上，本章继续研究的"投影与三视图"，这也是反映空间观念的重要内容。通过本章的学习能丰富学生观察、操作、想象、交流等数学活动经验，能有效地帮助学生形成三维空间概念和发展空间想象能力。本章的知识结构如图 8-35 所示：

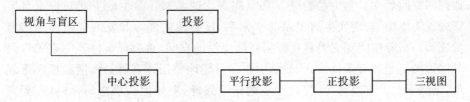

图 8-35　投影与三视图知识结构

本章的主要内容有视角、盲区、平行投影、中心投影和简单物体的三视图。投影是生活中常见的现象，而三视图又是特殊投影的产物。投影与三视图的知识在日常生活和生产中有广泛的应用，是培养学生空间观念的有效平台。因此，本章的教学重点是从正投影的角度来认识三视图。由于空间图形是三维的，位置的确定必须从三个方面来衡量，而平面图形是二维的，它只需从两个方

面进行衡量,因此画三视图需要人的思维不断在二维和三维之间转换,并常需要利用直观进行思考,这对学生的空间想象能力与推理能力要求较高,这是本章的教学难点。

本章内容在呈现方式上,正文充分利用现实生活中的素材,使学生在观察的基础上,抽象出空间图形,然后归纳出它们的结构特征,把握图形的特点。例题、习题中部分题目也注意与生产生活的联系。在教学中要注意给学生提供探索与交流的时间和空间,无论从概念的引出还是性质的探究,课本都提供了探索与交流的时间和空间。如在探究平行投影与中心投影的特征时,课本不仅提供了探究的空间,而且给出了具体的合作探究的内容与方法。对于三视图,在八年级上册"直棱柱"一章中,通过从三个不同方向观察,直观地得出三种视图的概念与画法。然而本章在学习投影后从正投影的角度重新认识了三视图,这样使三视图的内容逐级递进、螺旋上升,更符合学生的数学认知规律。本章还进一步对特殊的几何体——圆柱、圆锥、球的三视图进行识别并能画出其三种视图。除此之外,本章还对平行投影与中心投影,视点、视线和盲区进行初步的探讨。这些内容看似相互独立,但本质上却有着密切的联系。事实上,在特殊位置下物体的平行投影便是物体的三种视图;人看物体时的情形与中心投影本质上是一致的;影子与盲区也有很大的相似性。教学中要加强知识之间的有机整合,前后贯通。

视角、盲区等名称在日常生活中使用频率非常高,在数学教科书中学习这些概念非常有必要,很好体现了新课程的理念——数学来源生活,学习数学又为生活服务。在教学中,要注意这里的知识与生活的联系,从实际事例背景中引出概念。对中心投影和平行投影,只要求学生通过实例了解这种现象,不要求学生从严格的教学意义上去理解,但要求学生了解其区别。教学中可以充分展示生活中的事例,也可让学生根据已有的知识去寻找,丰富他们的经验,拓展他们的空间观念。学生经验是发展空间观念的基础。学生的空间知识来自丰富的现实原型,与现实生活关系非常紧密,这是他们理解和发展空间观念的宝贵资源。培养空间观念要将视野拓展到生活的空间,重视现实世界中有关空间与图形的问题。有条件的话,教学中要尽可能地使用计算机动画展示投影等现象,增强学生的直观感受,提高学生的学习兴趣,更好地认识空间几何体,提高几何直观能力,促进对知识的理解。

在圆柱、圆锥、球的视图学习中,要引导学生寻找圆锥、圆柱、球的三种视图的异同,并注意在三视图中虚线的意义与运用。画投影与三视图是本章的一个重要教学目标。在画投影的练习中,一般会给出某些点或线段在投影面上的投影。画图时只需根据这些信息在投影面上较准确地画出其他点或线的投影。练习中不应任意拔高画图的要求。同样要严格控制画三视图的要求。三视图教学应以常见的几种简单几何体及其简单组合体为主,不要求画复杂几何体的三视图。

研讨活动

活动主题

统计与概率
——在理性的世界里,所有的判断都是统计学

研讨目标

■把握课程标准对统计与概率的要求,以及在统计与概率教学中应该注意的问题;

■认识统计与概率的应用价值,以及在中学学习统计与概率的意义和作用;

■体会统计思维的特点,体会随机思维与确定思维的差异。

研讨方式

通过问题思考、阅读材料、案例分析、小组讨论、大组交流等活动方式,使得研讨参与者领悟上述研讨目标,把握研讨内容。

研讨内容

活动卡	
1.阅读《标准》中对统计与概率的要求,分别找出在初中各年段中的重点。	
2.尽可能多地列出统计与概率应用的实例,并填在下表中。	

应用的领域	应用的实例
日程生活	社会生产
自然科学	社会科学
体育艺术	其　他

3.与其他人交流实例,不断扩充上表。

4.请思考以下的问题,并详细说明的你的理由。

❖ 天气预报说:"某地明天降水的概率是80%,它的含义是什么?"实际上,这个地方却没有降水,你如何看待这件事情?

❖ 中奖率为千分之一的彩票,买1000张一定会中奖。你如何看待这一说法?

❖ 掷一枚均匀的硬币5次,朝上的面都是正面,第6次该得到正面还是反面?

❖ 一种药的宣传单上称该药的有效率是90%,你如何看待这一数据?

❖ 一项决策的平均收益率是1500万元,这意味着实施该决策后,决策者将得到1500万元的收益。你如何看待这一说法?

❖ 如果购买某产品,即使知道该产品的次品率为万分之一,却完全有可能购买到次品。既然如此,了解随机事件的规律有什么用处呢?

5.与其他人交流自己对上述问题的答案以及感受。

研讨建议

1. 主持人组织研讨者尽可能列举统计与概率在各方面的应用,完成活动卡中的表格。通过实例展示表,使研讨者体会统计与概率的广泛应用,也可根据实际,选择若干具体实例进一步讨论。

2. 研讨者独立阅读《标准》有关内容,找出要求以及重点,然后主持人组织开展交流,汇总所有要求与重点。可以结合实际情况,鼓励研讨者交流自己的看法,也可以将这一活动作为进一步讨论的问题,鼓励研讨者活动后完成,并提供相关的资料。

3. 主持人进行现场调查,完成活动卡中任务 4 的第一个问题。

4. 支持人组织研讨者共同分析活动卡中任务 4 的每一个问题的答案,提炼出基本的知识,并总结常见的一些错误,组织研讨者发表自己的感受,以体会统计思维的特点。

5. 活动时间:1 课时。

思考问题

1. 课题学习是"综合与实践"领域在第三学段(7－9 年级)的重要形式。浙教版初中数学实验教科书编排了哪些课题学习的主题?

2. 试就题 1 中的某一个课题学习的主题,设计一个活动的方案,并给出相应的评价标准。

3. 浙教版初中数学实验教科书对于《标准》中"数与代数"领域的内容是如何安排的? 你认为它的编排是否合理? 如果合理,请说明理由;如果不合理,请给出你的一些建议。

4. 培养学生的空间观念是义务教育阶段数学课程的重要目标之一。你认为浙教版初中数学实验教科书在这一方面做得如何? 有哪些可取之处? 还存在哪些不足之处?

5. 《标准》认为:教材是学生学习活动的基本素材,是实现课程目标、实施教学的重要资源。对于教材的编写,《标准》要求应该"给学生提供探索与交流的空间"。你认为浙教版初中数学实验教科书在这一方面体现得如何? 请你选择的某一个内容,谈一谈你的看法。

6. 对于数与代数的内容,应该重视有关内容的几何背景,运用几何直观帮助学生理解、解决有关的代数问题。你能否在浙教版初中数学实验教科书中找出相应的一些内容呢?

进一步阅读的书籍以及拓展资源

1.范良火等.义务教育课程标准实验教科书数学教学参考书.杭州:浙江教育出版社,2006.

2.浙江省教育厅教研室.初中学科教学建议·数学(征求意见稿).

3.初中数学资源网:http://www.1230.org.

4.浙江教研网:http://jys.zjedu.org.

参考文献

[1] 中华人民共和国教育部. 全日制义务教育数学课程标准（实验稿）. 北京：北京师范大学出版社，2001.

[2] 中华人民共和国教育部制订. 普通高中数学课程标准（实验）. 北京：人民教育出版社，2003.

[3] 数学课程标准研制组. 全日制义务教育数学课程标准（实验稿）解读. 北京：北京师范大学出版社，2002.

[4] 数学课程标准研制组. 普通高中数学课程标准（实验）解读. 南京：江苏教育出版社，2004.

[5] 人民教育出版社，课程教材研究所，中学数学课程教材研究开发中心. 普通高中课程标准实验教科书数学（A 版）. 北京：人民教育出版社，2004.

[6] 刘邵学，等. 普通高中课程标准实验教科书：数学. 北京：北京师范大学出版社，2007.

[7] 张景中，等. 普通高中课程标准实验教科书：数学. 长沙：湖南教育出版社，2007.

[8] 单樽，等. 普通高中课程标准实验教科书：数学. 南京：江苏教育出版社，2007.

[9] 范良火，等. 义务教育课程标准实验教科书：数学七年级（上、下）、八年级（上、下）、九年级（上、下）. 杭州：浙江教育出版社，2007.

[10] 教育部基础教育司，教育部师范司. 数学课程标准研修. 北京：高等教育出版社，2004.

[11] 人民教育出版社，课程教材研究所，中学数学课程教材研究开发中心. 普通高中课程标准实验教科书数学教师教学用书（A 版）. 北京：人民教育出版社，2004.

[12] 范良火，等. 义务教育课程标准实验教科书：数学教学参考书. 杭州：浙江教育出版社，2006.

后　记

本书是集体智慧的结晶。参与编写的人员既有长期从事数学学科教学论的高校中青年骨干教师、博士、副教授，也有中学一线以及教研部门的高级教师、特级教师，还有课程与教学论专业、数学教育学研究方向的博士生、硕士生。各章的具体分工如下：

第一章　杨光伟（浙江师范大学）

第二章　程龙海（宁波大学）

第三章　周仕荣（漳州师范学院）

第四章　黄忠裕　黄友初（温州大学）

第五章　唐恒均（西南大学）

第六章　白改平（浙江师范大学）

第七章　徐元根　徐　杭　郝　婷　唐慧荣（浙江师范大学）

第八章　傅瑞琦（金华市教研室）　汤旭新（金华市婺城区教研室）

　　　　童桂恒（金华市第四中学）

在编写本书的过程中，得到了浙江大学出版社的大力支持和协助，并提出了一系列重要的意见和建议，在此特向他们表示由衷的感谢。

由于编者水平所限，不妥之处在所难免，恳请广大读者以及同行批评指正。我们希望与大家齐心协力，为实现课程改革的基本理念和课程标准所设定的课程目标做一些积极和有效的工作。

本书主编　杨光伟

2011 年 3 月于金华